KB107078

한국, 일본, 대만의 언어 학습과 이미지 형성 연구

- 한국어 학습자와 일본어 학습자를 중심으로 -

齊藤明美 編

生越直樹 篠原信行 任栄哲 齊藤良子

제이앤씨
Publishing Company

본서는 일본, 한국, 대만에서 실시한 앙케트 조사를 기초로 언어학습과 나라, 국민, 언어에 대한 이미지 형성의 관련을 연구목표로 한 것이다. 일본에 있어서 한국과 한국인에 대한 이미지, 그리고 한국과 대만에 있어서 일본, 일본인에 대한 이미지에 대해서는 지금까지 몇몇 조사연구가 이루어졌으며 그 결과가 보고되어 왔다. 그러나 언어학습의 경험과 나라, 국민, 언어에 대한 이미지 형성과의 관련에 대해 연구된 것은 별로 없었던 것 같다.

본서는 『言語学習と国、国民、言語に対するイメージ形成の研究』의 한국어판으로 제Ⅰ부는 生越直樹 교수와 齊藤良子 교수가 담당하여 일본과 대만에 있어서 한국어교육과 한국, 한국인, 한국어의 이미지에 대해 언급한다. 먼저, 일본에 있어서 한국어교육의 개관과 문제점에 대해 기술하고, 다음으로 일본에 있어서 한국어학습과 한국에 대한 이미지 형성에 대해 언급하며, 일본에 있어서 한국어학습 후의 이미지 변화에 대해 기술한다. 이어서 한국어학습에 대한 호의적 경향과 한국어학습의 학습 신념과 학습 전략의 관련에 대해 언급한다. 그리고 마지막으로 대만에 있어서 한국어학습과 한국에 대한 이미지 형성에 대하여, 일본에서의 조사와 비교를 중심으로 기술한다.

제Ⅱ부는 篠原信行 교수가 맡아 대만에 있어서 일본어교육과 일본, 일본인, 일본어에 대한 이미지에 대해 언급한다. 먼저 대만에 있어서 일본어교육의 개관과 문제점에 대해 기술한 후, 대만의 일본어학습자의 동기, 도달 목표, 학습 방법을 중심으로 언급한다. 그리고 마지막으로 대만 대학생의 일본과 일본어에 대한 의식과 이미지 형성에 주는 영향에 대해 기술한다.

제Ⅲ부는 齊藤明美와 任栄哲 교수가 담당하여 한국에 있어서 일본어교육과 이미지에 대해 언급한다. 먼저, 한국에 있어서 일본어교육의 개관과 문제점에 대해 기술한 후, 한국에 있어서 일본어의 위상에 대해 언급한다. 이어서 한국에 있어서 일본어학습과 일본, 일본인, 일본어에 대한 이미지 형성에 대해 언급한다. 그리고 한국과 대만 조사의 비교, 한국의 일본어학습자와 일본의 한국어학습자의 목표언어에 대한 이미지 비교를 한다.

본서는 상기와 같은 조사 연구에 따라, 한국어와 일본어에 있어서 언어학습과 대상언어의 나라, 국민, 언어에 대한 이미지가 깊이 관계되어 있음을 밝히고 있다. 언어학습자는 미학습자에 비하여, 좋은 이미지를 가지고 있다. 그러나 학습자와 미학습자의 이미지 비교만으로는 학습 경험에 의해 이미지가 좋아진 것인지, 처음부터 좋은 이미지를 가지고 있는 사람이 학습한 것인지는 밝힐 수 없었다.

따라서 본서에서는 한국어학습을 경험한 후에 이미지가 변화된 것인지에 대한 조사도 병행하여, 학습 경험과 나라, 국민, 언어에 대한 이미지의 변화도 밝히고 있다. 또한 언어학습에 대한 호의도가 높은 학습자는 적극적으로 학습한다는 결과도 얻었다. 이러한 연구 성과는 이후 바람직한 외국어교육에 대한 하나의 지침이 될 것으로 생각한다. 본서는 일본, 한국, 대만에서의 한국어학습과 일본어학습에 관한 연구이나, 향후 과제로서 기타 지역, 기타 언어에 관해서도 조사 대상을 넓힐 필요가 있다고 생각된다. 본서가 앞으로의 언어학습과 이미지 연구의 시초가 되어 주었으면 하는 바람이다.

　마지막으로 본서 출판에 있어서 수고를 아끼지 않으신 육혜영 교수(한림대학교, 연세대학교 원주캠퍼스 국제교육원 강사)께 깊이 감사의 마음을 전하고 싶다. 그리고 조사에 협력해 주신 학생들과 선생님들, 또한 본서의 출판을 맡아주신 J&C 출판사님께도 깊이 감사의 말을 전하고 싶다.

2014년 7월

편저자 齊藤明美

차 례

제 I 부 일본과 대만에 있어서 한국어교육과 이미지 형성

▌ 제1장 ▌ 일본에 있어서 한국어교육의 개관과 문제점   13
    1. 일본에 있어서 한국어교육   13
    2. 일본의 대학에 있어서 한국어교육의 상황   15
    3. 한국어교육의 문제점   21

▌ 제2장 ▌ 일본에 있어서 한국에 대한 이미지 형성과 한국어 학습   29
    1. 서론   29
    2. 조사의 개요   30
    3. 한국(일본)에 대한 이미지   31
    4. 이미지 형성에 관한 요소   32
    5. 한국어 학습 동기와 한국어의 장래성   38
    6. 결론   45
    〈부록〉 앙케트 조사표(일본조사)   47

▌ 제3장 ▌ 일본에 있어서 한국어 학습자의 한국, 한국인, 한국어에 대한 이미지 변화
    1. 서론   59
    2. 선행연구   60
    3. 목적   62
    4. 방법   62
    5. 일본인 한국어 학습자의 한국, 한국인, 한국어에 대한 이미지   64
    6. 일본인 한국어 학습자의 한국, 한국인, 한국어의 이미지 변화   74
    7. 결론   85

┃ 제4장 ┃ 일본인 한국어 학습자의 학습에 대한 호감도가
           학습 신념과 학습 전략에 주는 영향   89
           1. 서론   89
           2. 선행연구   90
           3. 방법   95
           4. 결과 및 논의   96
           5. 결론   112

┃ 제5장 ┃ 대만에 있어서 한국에 대한 이미지 형성과 한국어 학습   117
           ─ 일본조사와 비교를 중심으로 ─
           1. 서론   117
           2. 대만에 있어서 한국어교육   118
           3. 조사의 개요   119
           4. 한국에 대한 이미지   119
           5. 이미지 형성에 관련된 요소   121
           6. 한국어 학습 동기와 한국어의 장래성   125
           7. 결론   132
           〈부록〉 앙케트 조사표(대만조사)   133

제Ⅱ부 대만에 있어서 일본어교육과 이미지 형성

▎제1장▎ 대만에 있어서 일본어교육의 개관과 문제점　　145
　　1. 서론　　145
　　2. 대만 일본어교육의 역사적 변천(제2차 세계대전 이후)　　146
　　3. 대만의 일본어교육의 현황　　148
　　4. 대만의 일본어교육의 문제점　　157
　　5. 결론　　161

▎제2장▎ 대만 대학생의 일본과 일본어에 대한 의식과
　　　　 이미지 형성에 영향을 미치는 요인에 대하여　　163
　　1. 서론　　163
　　2. 조사의 개요　　164
　　3. 조사결과의 집계와 분석　　166
　　4. 결론　　192

▎제3장▎ 대만의 일본어 학습자는 일본어 학습을 어떻게 파악하고 있는가　195
　　　　 － 일본어 학습 동기, 도달 목표, 학습 방법을 중심으로 －
　　1. 서론　　195
　　2. 조사의 개요　　196
　　3. 학습 동기　　196
　　4. 도달 목표와 학습 방법　　202
　　5. 결론　　211
　　〈부록〉 앙케트 조사표(대만조사·일본어판)　　213
　　〈부록〉 앙케트 조사표(대만조사·중국어판)　　226

제Ⅲ부 한국에 있어서 일본어교육과 이미지 형성

❚ 제1장 ❚ 한국에 있어서 일본어교육의 개관과 문제점　241
　　1. 서론　241
　　2. 세계 일본어교육의 상황　242
　　3. 한국에 있어서 일본어교육의 상황　244
　　4. 문제점　258
　　5. 결론　260

❚ 제2장 ❚ 한국에 있어서 일본어의 위상　263
　　－ 중국어와 비교를 중심으로 －
　　1. 서론　263
　　2. 현대 한국의 일본어 사정　264
　　3. 그늘이 보이기 시작한 일본어교육　270
　　4. 한국인의 언어의식의 흐름　275
　　5. 결론　284

❚ 제3장 ❚ 한국에 있어서 일본, 일본인, 일본어에 대한
　　이미지 형성과 일본어 학습　289
　　1. 서론　289
　　2. 조사의 개요　291
　　3. 조사결과　293
　　4. 결론　309

┃ 제4장 ┃ 한국에 있어서 일본어 학습과 일본, 일본어에 대한 이미지 형성 313
　　　　　 － 대만조사와 비교를 중심으로 －
　　　　　 1. 서론　　　　　　　　　　　　　　　　　　　　　　313
　　　　　 2. 조사의 개요　　　　　　　　　　　　　　　　　　314
　　　　　 3. 한국과 대만의 일본어 학습에 대하여　　　　　　315
　　　　　 4. 일본·일본어에 대한 이미지　　　　　　　　　　332
　　　　　 5. 결론　　　　　　　　　　　　　　　　　　　　　342

┃ 제5장 ┃ 일본어 학습자와 한국어 학습자의 목표언어에 대한 이미지　345
　　　　　 － 한국과 일본의 학습자를 중심으로 －
　　　　　 1. 서론　　　　　　　　　　　　　　　　　　　　　345
　　　　　 2. 조사의 개요　　　　　　　　　　　　　　　　　　346
　　　　　 3. 조사내용과 방법　　　　　　　　　　　　　　　　346
　　　　　 4. 조사 시기　　　　　　　　　　　　　　　　　　　347
　　　　　 5. 한국에서 일본어를 학습하고 있는 학생의 조사결과　347
　　　　　 6. 일본에서 한국어를 학습하고 있는 학생의 조사결과　359
　　　　　 7. 결론　　　　　　　　　　　　　　　　　　　　　368
　　　　　 〈부록〉 앙케트 조사표(한국조사 · 일본어판)　　　　370
　　　　　 〈부록〉 앙케트 조사표(한국조사 · 한국어판)　　　　382

색인 / 397

제 I 부

일본과 대만에 있어서 한국어교육과
이미지 형성

▌제1장▌ 일본에 있어서 한국어교육의 개관과 문제점

▌제2장▌ 일본에 있어서 한국에 대한 이미지 형성과 한국어 학습

▌제3장▌ 일본에 있어서 한국어 학습자의 한국, 한국인, 한국어에
         대한 이미지 변화

▌제4장▌ 일본인 한국어 학습자의 학습에 대한 호감도가
         학습 신념과 학습 전략에 주는 영향

▌제5장▌ 대만에 있어서 한국에 대한 이미지 형성과 한국어 학습
         ― 일본조사와 비교를 중심으로 ―

제1장

일본에 있어서 한국어교육의
개관과 문제점

生越 直樹

1. 일본에 있어서 한국어교육

일본에서는 최근 아시아에 대한 관심이 높아지고 있다. 특히 한국에 대해서는 2002년의 월드컵, 그 후 한류 붐 등, 관련된 일련의 일들로 일본인의 한국, 한국어에 대한 관심은 이전보다 높아졌다. 1990년대부터 조금씩 증가하기 시작한 한국어 학습자도 2000년대가 되자 급증하여, 대학을 비롯한 고교와 민간 어학학교 등, 많은 기관에서 한국어를 가르치게 되었다. 최근에는 학습자의 급격한 증가도 잦아들어, 학습자수가 전년 수준에 머물고 있는 추세이나, 그래도 이전에는 생각할 수 없을 만큼 일본인이 한국어를 배우고 있다. 또한 현재, 일본인의 여행지로 가장 인기 있는 나라는 한국으로 수많은 일본인이 한국을 방문하고 있다. 여기서는 일본에 있어서 한국어교육의 현상을 기술함과 동시에 그 문제점에 대해서도 지적해보고자 한다.

먼저 일본에 있어서 한국어교육의 상황을 간단히 언급해 보겠다. 국제문화포럼(2005)에 의하면 한국어를 가르치고 있는 대학은 2003년 현재 335개교, 학습자 수는 4만 명에서 5만 명에 달한다고 한다.

고교에서는 약 200개교에 한국어 수업이 마련되어 있다[1]. 게다가 아루쿠(アルク 2005)에는 한국어를 가르치고 있는 민간 어학학교 등의 리스트가 게재되어 있는데, 그에 따르면 민간 어학학교 143개교, 대학 공개강좌 35개교, 각 지방자치단체와 국제교류단체 교실 30곳, 재일본 대한민국 민단 교실 42곳, 사설교실과 서클 57곳, 총 307곳에서 한국어를 가르치고 있다. 이 외에, NHK나 방송대학을 이용하여 배우고 있는 사람도 있다. NHK의 한글강좌 교재(TV)는 2006년에 약15만 부 팔려 영어 다음이다. 또한 방송대학에서는 년 간 약3000명의 학생이 한국어를 수강하고 있다.

이와 같이 일본에서는 다양한 기관에서 한국어를 가르치고 있으며, 학습자 수도 상당히 많을 가능성이 있다[2]. 그러나 정확한 자료가 없고 그 전체상을 파악하기는 곤란한 상황이다. 그러한 상황에서 2005년에 국제문화포럼에서 일본의 대학에 있어서 한국어교육의 현상에 관한 보고서가 간행되었다. 이 보고서는 국제문화포럼이 2002년부터 2003년에 걸쳐 전국 대학과 한국어 담당교원을 대상으로 실시한 앙케트 조사결과를 정리한 것으로 각 대학의 과목 수, 교원 수, 교육상의 문제점 등을 밝히고 있다. 본 장에서는 이 보고서의 내용을 참고로 하면서 일본의 대학 특히 4년제 대학의 한국어교육의 현상과 그 문제점에 대해 기술해 보고자 한다.

---

1) 고교의 한국어교육 상황에 대해서는 국제문화포럼(1999) 및 국제문화포럼(2005)에 자세한 보고가 있으므로, 참조하기 바란다.
2) 한국어교육 상황 전체에 관해서는 노마 히데키·나카지마 히토시(2005)에 자세한 보고가 있다.

2. 일본의 대학에 있어서 한국어교육의 상황

2.1 가르치고 있는 대학의 수

먼저 한국어 수업을 하고 있는 대학의 수에 대하여 살펴보겠다. 국제문화포럼(2005)에는 문부과학성의 발표를 근거로 한 각 외국어 실시 상황이 정리되어 있다 (〈표 1〉 참조). 이에 따르면, 2002년 현재, 4년제 대학에서 한국어 수업을 하고 있는 대학은 322개교, 전체의 46.9%이다. 이 숫자는 독일어 84.1%, 중국어 82.8%, 프랑스어 79.2%에 비해, 30%이상 낮은 숫자로 한국어는 아직 일본의 대학 전체에서 행해지고 있는 상황은 아니다. 그러나 〈표 1〉에서도 알 수 있듯이 한국어는 2000년에 비해 6%나 실시율이 높아져 있다. 다른 외국어는 대부분 변화가 없는 데에 비해, 한국어만 많아지고 있으며, 최근 한국어 수업을 시작한 대학이 늘어났음을 알 수 있다. 실시 상황의 변화를 좀 더 자세히 살펴보면 〈표 2〉와 같다. 단 〈표 2〉는 단기대학(2년제)도 포함시킨 숫자이므로 〈표 1〉의 숫자와 일치하지 않는다.

〈표 1〉 4년제 대학의 외국어교육 실시현황: 2000~02년도(국제문화포럼(2005:29))

년도 종별	2002년				2001년				2000년			
	사립	국립	공립	합계	사립	국립	공립	합계	사립	국립	공립	합계
전학교 수	512	99	75	686	496	99	74	669	478	99	72	649
영어	509	95	73	677	494	95	73	662	472	94	72	638
	99.4%	96.0%	97.3%	98.7%	99.6%	96.0%	98.6%	99.0%	98.7%	94.9%	100.0%	98.3%
독일어	424	95	58	577	416	95	58	569	406	94	58	558
	82.8%	96.0%	77.3%	84.1%	83.9%	96.0%	78.4%	85.1%	84.9%	94.9%	80.6%	86.0%

중국어	422	88	58	568	397	85	57	539	375	83	56	514
	82.4%	88.9%	77.3%	82.8%	80.0%	85.9%	77.0%	80.6%	78.5%	83.8%	77.8%	79.2%
프랑스어	403	88	52	543	393	88	51	532	380	87	51	518
	78.7%	88.9%	69.3%	79.2%	79.2%	88.9%	68.9%	79.5%	79.5%	87.9%	70.8%	79.8%
한국어[3]	234	58	30	322	204	49	32	285	187	46	30	263
	45.7%	58.6%	40.0%	**46.9%**	41.1%	49.5%	43.2%	**42.6%**	39.1%	46.5%	41.7%	**40.5%**
스페인어	173	44	23	240	173	40	19	232	163	40	19	222
	33.8%	44.4%	30.7%	35.0%	34.9%	40.4%	25.7%	34.7%	34.1%	40.4%	26.4%	34.2%
러시아어	113	54	22	189	114	54	21	189	108	54	20	182
	22.1%	54.5%	29.3%	27.6%	23.0%	54.5%	28.4%	28.3%	22.6%	54.5%	27.8%	28.0%

주 : 문부 과학성 「대학에 있어서의 교육 내용 등의 개혁 상황에 대해서」를 바탕으로 하였다.
각국어의 상단에 학교 수, 하단에 실시율을 나타냈다. 한국어의 학교 수 및 2002년도에
대학 전체와 국립대학에서의 실시율이 10포인트 이상 차이가 있는 외국어 실시율을 굵게
표시하였다.

〈표 2〉 대학 등에 있어서 개설현황 : 1988~2003년도 (국제문화포럼(2005:33))

년도	대학 등의 전체	4년제 대학				단기대학 외			
		사립	국립	공립	합계	사립 단대	공립 단대	그 외 [c]	계
1988년	-	50	10	8	68	-	-	-	-
1993년[a]	-	67	(10)	13	(90)	-	-	-	-
1995년[b]	185	100	25	18	143	40	2	-	42
1998년	-	154	38	23	215	-	-	-	-
2000년	327	187	46	30	263	58	6	-	64
2001년	-	204	49	32	285	-	-	-	-
2002년	-	234	58	30	322	-	-	-	-
2002-03년	410	243	58	34	335	62	7	6	75

3) 국제문화포럼(2005)에서는 한국어가 「한어(韓語)」로 표시되어 있으나 여기서는
「한국어」로 표시한다.

주 : 문부과학성, 한국교육재단 외의 데이터를 바탕으로 작성했다. 「-」란은 자료에 의한 확인
이 되어 있지 않다.
a. 국립대학만 확인하였다. 1993년도 국립의 수는 4교밖에 확인되어 있지 않으므로 , ( ) 안에
88년도 수치를 기재하였다.
b. 한국교육재단의 조사 자료(일본에 있어서의 한국어교육 실태조사 보고 1996)이다.
c. 고등전문학교(2), 방송대학, 해상보안대학교, 방위대학교, 템플대학은, 기타에 포함시켰다.

〈표 2〉의 숫자에서 1990년대 후반부터 현재까지 급격하게 한국어
수업 실시 대학이 늘어났음을 알 수 있다. 특히, 2002년에 증가한 것은
월드컵의 영향이 아닐까 한다. 이 표에는 2003년까지 숫자밖에 게재되
어 있지 않으나 국제문화포럼의 조사나 필자가 얻은 정보에 의하면,
그 후에도 새롭게 한국어 수업을 시작한 대학은 연간 10개교 정도가
계속해서 늘어나고 있다. 따라서 현재는 독일어, 중국어, 프랑스어 실
시교의 숫자에 상당히 근접해 있다고 볼 수 있다. 학습자 수에 대해서
도 앞서 언급한 바와 같이 2003년도 현재에는 단기대학까지 포함시켜
대학 전체에서 4만~5만 명으로 볼 수 있으나, 수업 설치 대학이 늘어
나고 있는 것으로 보아 이후에도 계속해서 늘어날 것으로 추측된다.
실제로 한 학년에 1000명 이상의 이수자가 있는 대학도 드물지 않다.

2.2 수업 실시형태

다음으로, 한국어 수업 실시형태에 대하여 살펴보고자 한다. 한국어
를 필수과목으로 실시하고 있는 학교는 5, 6개교 밖에 없으며, 대부분
의 대학에서는 선택 필수, 혹은 선택 과목으로 실시하고 있다. 선택
필수과목이란 몇 가지 외국어 중에서, 한 개 또는 두 개의 외국어를
반드시 이수해야하는 경우를 가리키며, 선택 과목이란 이수가 의무가
아니고 학생이 자신의 의지로 자유롭게 수강하는 경우를 말한다. 국제

문화 포럼의 보고서를 보면 정확한 실시 상황은 파악하기 어려우나, 적어도 100개교 정도는 선택 필수과목으로 실시하고 있는 것 같다. 일본의 대학에서는 한 과목을 일주일에 1회 행하는 것이 일반적이며, 1회 수업 시간은 대부분 90분이다. 선택 필수과목의 경우는 주 2회 수업을 1년간, 또는 2년간 받는 경우가 많다. 단순 계산하자면, 1년간이면 80시간, 2년간이면 160시간 학습하게 된다.

한편, 국제문화포럼의 조사에서는 한국어 수업의 강의 내용에 대해서도 조사하고 있다. 그에 의하면 강의 내용에서 가장 많은 것은 「문법·회화」이며, 전체의 절반 가까운 수업이 「문법·회화」수업이다. 종래 대학의 외국어 수업은 문법이나 강독이 중심이었으나, 한국어에 대해서 말하자면 회화를 보다 중시하는 경향이 있어, 실천적인 능력 양성에 주력하고 있다는 것을 알 수 있다. 그 배경에는 지금 대학생은 실천적인 외국어능력을 추구하고 있으며, 대학 수업도 그에 대응하는 형태로 변화하고 있다는 것, 더욱이 한국어의 경우는 한국과의 교류 확대에 따라 한국인과의 커뮤니케이션 기회가 늘어나고 있다는 것으로 볼 수 있다.

2.3 교원

한국어를 가르치는 교원에 대해서는 국제문화포럼의 조사결과를 보면, 대학전체(단기대학 포함)에서 170명의 전임 교원, 그 외에 계약 기간이 정해진 계약직 교원 10명이 있다. 더욱이 시간강사가 있지만 복수 대학에서 가르치고 있는 경우가 많기 때문에 실제 숫자는 파악하기 어렵다. 보고서에서는 약 500명 정도로 추정하고 있다. 그렇다면 일본의 대학에서 한국어교육에 종사하고 있는 교원은 약 700명 가까이 된다는 셈이 된다. 하지만 한국어 수업을 하고 있는 대학에서 전임 교원이 없는 대학이 135개교나 된다. 이것은 한국어 실시 대학 전체의 42%에 해당한다 또한, 전임 교원이 1명밖에 없는 대학이 102개교 (32%)나 되어, 각 대학의 한국어교육 체제는 대단히 빈약하다는 것을 알 수 있다.

국제문화포럼의 조사는 2003년이었으나 그 후 매년 10명 정도의 전임 교원 모집이 이루어지고 있어서 현재 전임 교원 수는 200명 이상이 될 것으로 생각된다. 모집하는 대학을 보면 처음으로 한국어 전임 교원을 채용하는 곳이 많아 교육 체제는 이전보다 조금씩 나아지고 있다. 단지, 상당수가 계약직 교원으로, 교원 수가 늘어나도 안정적인 대우를 받고 있는 사람은 그다지 증가하는 것 같지 않다.

이 외에 국제문화포럼의 조사에서는 시간강사를 포함한 교원전체 중에서 한국어를 모어로 하는 교원(485명)이 일본어를 모어로 하는 교원(266명)의 2배정도 임을 밝히고 있다. 이것은 실천적인 외국어능력을 추구하는 경향이 있다는 것, 일본어 모어화자에게 교원이 될 만한 인재가 적다는 것과 관계가 있다고 생각된다. 한국어를 모어로 하는 교원이 많은 것은 다른 외국어교육과 크게 다른 점으로, 플러스도 있으나 마이너스도 있다. 이 점에 대해서는 문제점 부분에서 다시 한 번 언급하겠다.

2.4 학습 동기

한국어교육의 현상에 대하여 마지막으로 다른 각도에서 살펴보고자 한다. 生越(2004)는 일본의 대학에서 한국어를 배우는 학생과 한국의 대학에서 일본어를 배우는 학생에게 학습 동기를 앙케트 조사하였다. 그 결과에 관한 상세한 분석은 본서의 다음 장에서 소개하고 여기서는 대략적인 경향을 기술하고자 한다.

조사결과를 보면 일본 학생들이 한국어를 배우는 큰 이유는 한국(한국인, 한국문화)과 한국어 자체에 대한 관심에서임을 알 수 있다. 한편, 한국 학생들이 일본어를 배우는 이유는 역시 일본(일본인, 일본문화)에 대한 관심이 가장 많으며, 일본어 자체에 대한 관심은 그다지 높지 않다. 일본 학생들과 다른 점은 대중문화에 흥미를 가지고 공부하는 학생들이 많다는 점이다.

더욱이, 최근에 齊藤(2006)가 일본의 대학에서 한국어를 학습하고 있는 학생을 대상으로 한국어 학습과 영어 학습의 동기와 학습 전략에 대한 앙케트 조사를 행하였다. 그 결과로 학습동기에 대해서는 다음과 같은 점을 밝히고 있다.

1) 영어보다 한국어 쪽이 그 언어를 사용하고 있는 사람을 더욱 이해하고 싶다는 기분이 강하다.

2) 영어를 하는 것을 매우 중요하다고 생각하고 있으나, 한국어를 하는 것은 별로 중요하다고 생각하지 않는다.

3) 학생들에게 영어 학습은 좋은 직장을 잡을 수 있는 찬스로 연결되나, 한국어 학습은 그렇지 않다고 생각하고 있다.

4) 영어의 경우는 실질적인 이익을 얻기 위해 배우는 경향이 강하며, 한국어의 경우는 그 언어 자체로의 흥미나 그것이 사용되고 있는 문화 등에 흥미가 있어서 배우는 경향이 강하다.

이 외에『한국어 시작하는 법 · 계속 하는 법』(2005)에서는 「한국어 저널」이라는 잡지의 독자 엽서를 바탕으로 한국어 학습 동기를 조사하고 있다. 그 결과에서도 가장 많은 응답은 「한국에 대한 관심 · 동경」(33%), 「한류 영향」(22%), 「한국인 지인 · 친구, 배우자 등이 있다」(14%)

의 순으로 되어 있다. 학생뿐만 아니라 일반 사람도 한국(인·문화)에 대한 관심이 한국어 학습의 큰 동기가 되고 있다는 것을 알 수 있다. 더욱이 대학생과 비교하여, 일반인에게는 한류 영향도 매우 크다는 것을 알 수 있다. 드라마·영화, 음악 등 대중문화와의 접촉이 한국어 학습 동기가 된다는 것은 이전에는 없었던 새로운 움직임으로 이후에 도 주목해야 할 것이다.

3. 한국어교육의 문제점

3.1 문제점

이상으로, 국제문화포럼의 보고서와 그 외 자료를 근거로 일본의 대학에서 한국어교육의 현상에 대하여 기술하였다. 다음으로 한국어교육의 문제점에 대해 생각해 보고자 한다. 국제문화포럼(2005)에서는 한국어교육의 문제점에 대해서도 조사하였으며 그 결과는 〈표 3〉과 같다.

〈표 3〉 대학 등에 있어서 한국어교원의 현상과 문제점 (복수응답) (국제문화포럼(2005:67))

선택항목	응답 총수		대학 등의 종류			응답자의 직위				
	대학 등 전체		4년제		단대 외		전임	시간강사		그 외
	157	100.0%	135	86.0%	22	14.0%	67 42.7%	52	33.1%	38 24.2%
①학생 수에 비해 교원의 절대 수가 부족하다	47	29.9%	40	29.6%	7	31.8%	18 26.9%	22	42.3%	7 18.4%
②다수의 교원이 시간강사로 신분이 불안하다	94	59.9%	86	63.7%	8	36.4%	43 64.2%	37	71.2%	14 36.8%

③한국어 교수법을 배우지 않은 교원이 많다	45	28.7%	40	29.6%	5	22.7%	26	**38.8%**	16	30.8%	3	7.9%
④한국어 원어민이라는 자격만으로 가르치는 교원이 많다	37	23.6%	34	25.2%	3	13.6%	20	**29.9%**	14	26.9%	3	7.9%
⑤그 외	25	15.9%	21	15.6%	4	18.2%	0		0		0	
	248		221		27		107		89		27	

주: 표 안의 아라비아 숫자는 응답 수, %는 각 설문에서 항목마다 응답율을 나타낸다. 굵은 숫자는 각 설문의 응답율 상위 3항목을 나타낸다. 단, 고등전문학교는 응답 수가 적으므로 제외하였다.

〈표 3〉의 결과를 참고로 하면서 현 시점에서 한국어교육의 문제점으로 교원과 교재 문제를 제기하여 몇 가지 언급해 보고자 한다.

3.2 교원 문제

먼저 교원 문제에 대해서는 앞서 현상 부분에서도 기술한 바와 같이 전임 교원 수가 적다는 점이 가장 큰 문제이다. 전임 교원이 없는 대학에서는 충분한 한국어교육을 하기는 어렵다. 또한, 전임 교원 한 사람만으로는 충분한 교육 체제라고 말할 수 없으며, 한 대학에 복수의 전임 교원이 있는 것이 바람직하다. 2.3에서 기술한 바와 같이 최근에는 매년 10개교 정도의 대학에서 한국어 전임 교원을 모집하고 있으므로, 조금씩 상황은 개선되고 있으나 아직 불충분하다. 특히 계약직 교원 모집이 많아지고 있다는 것은 교원의 신분이 안정되지 않아 본격적인 한국어교육을 하는데 지장이 된다.

한편 전임 교원 모집은 앞으로도 계속될 것으로 생각되나, 채용 희망자가 많아서 매우 심한 경쟁이 예상된다. 일본에 유학하고 있는 한국인 유학생 중에는 일본에서 취직을 희망하는 사람이 늘어나고 있으며, 더욱이 한국에서 한국어교육에 종사하고 있는 사람이 응모하는 예도 많아지고 있다. 이렇게 한국어 모어화자의 채용 희망자가 많음에 비해 일본어 모어화자의 채용 희망자는 그다지 많지 않다. 그 결과, 전임 교원으로 한국어 모어화자가 채용되는 경우가 많아지고 있으며, 전임 교원이 한국어 모어화자뿐인 대학도 많다. 그러나 일본어 모어화자에 대한 효과적인 교육이라는 관점에서 보면 전임 교원으로서 일본어 모어화자와 한국어 모어화자 양쪽 모두 서로 협력하여 수업을 운영하는 것이 바람직할 것이다. 일본어 모어화자 교원이 적은 원인은 일본의 대학에서 한국어 전문가를 양성하는 곳이 적기 때문이다. 한국어 전문가를 양성하는 기관을 늘리는 것이 급선무라고 말할 수 있을 것이다[4]. 한편 한국의 대학에 유학하여 한국어교육 전문가를 목표로 하는 일본인도 많아지고 있으나, 그 사람들 중에는 일본 학회에서 발표 실적이 없는 사람이 많이 있다. 한국어교원을 채용하는 대학 대부분은 한국어 전문가가 없는 경우가 많다. 그 경우 일본에서의 연구 실적이 중요시될 가능성이 있으므로 일본 학회에서 연구 실적을 쌓을 필요가 있을 것이다.

또 한 가지, 교원에 관한 큰 문제는 교원의 자질이다. 〈표 3〉에서도 「한국어의 교수법을 배우지 않은 교원이 많다」, 「한국어 원어민이라는 자격만으로 가르치고 있는 사람이 많다」는 점을 문제점으로 지적하는 사람이 상당히 많다. 현재 일본 대학에서 한국어를 가르치고 있는 교원

---

4) 일본 대학에 있는 한국·한국어 관련 학과·코스에 대해서는 生越直樹(2003), 노마 히데키·나카지마 히토시(2005)를 참조할 것. 학부에서 한국·한국어 관련 학과·코스를 설치하는 대학은 이전보다 늘어났으나, 대학원을 설치하는 곳은 적다.

대부분은 한국어교육에 관한 수업과 훈련을 받은 적이 없는 사람들이다. 어학 교육과 전혀 관계없는 전공분야 사람도 많다. 특히 최근에는 학습자의 급증에 대처하기 위해 지금까지 교육 경험이 없는 사람들도 다수 시간강사가 되어 가르치고 있다. 지금까지는 교육 내용과는 관계없이 말하자면 교원측은 아무것도 하지 않아도 학습자가 증가하는 시기이었다. 그러나 학습자의 증가가 일단락된 현재, 교육 방법·내용을 향상시키지 않으면 학습자가 감소할 가능성이 있다. 이러한 의미에서 교원의 자질향상과 교육 내용의 향상은 급선무라 하겠다.

한편 교원의 자질 향상에 관해서는, 이미 몇 가지 시도가 행하여지고 있다. 2004년부터 여름방학 기간 동안에 한국어교사를 대상으로 하는 연수회가 개최되고 있어, 많은 수강자가 참가하고 있다. 수강자의 감상을 읽어 보면 한국어에 관한 기본적인 지식을 배울 수 있었던 점, 가르치기 어려운 점에 대하여 구체적으로 가르치는 방법 습득, 등을 평가하고 있디. 이러한 연수회는 앞으로도 계속 할 필요가 있을 것이다. 2009년은 후쿠오카(福岡)에서 연수회가 개최되었으며, 교원의 자질로 문제를 안고 있는 것은 대도시보다 교원의 적임자가 적은 지방이라는 점에서, 앞으로도 일본 각지에서 개최되는 것이 바람직할 것이다.

또한 연수회 등을 통하여 한국어 모어화자 교원 중에는 구식 외국어 수업밖에 모르는 사람이 있다는 것도 알게 되었다. 수업의 대부분을 문법 설명에 사용하고 교실에서의 연습 활동을 거의 하지 않는 경우가 있는 것 같다. 그 사람들이 받은 외국어 수업은 그러한 타입의 수업이 었으므로, 그것을 그대로 한국어 수업에서도 하고 있는 것이다. 이래서는 모처럼 한국어를 모어로 하는 교원임에도 그 이점을 잘 살리지 못한다. 이러한 교원에게는 실제 수업을 견학시킬 필요가 있다. 이를 위해서는 한국에서 연수를 생각해 보아야 할 것이다. 한국에서의 교사 연수는 이미 몇 곳의 기관에서 행하고 있으나, 한국 측 연수 담당자가 일본의 교육 현장을 모르는 경우가 많다. 그 때문에 연수 참가자의 희망과 연수 내용이 일치하지 않으며, 충분한 성과를 올릴 수 없는 것 같다. 앞으로는 한일 기관이 협력하여 연수 프로그램을 책정 운영하는 것도 필요하지 않을까 생각한다.

3.3 교재 문제

제2의 문제는 교재에 대해서이다. 현재 일본에서는 수많은 한국어 교재가 시판되고 있으나, 대부분이 초급교재로 중급, 상급교재는 대단히 수가 적다. 중급, 상급이 되면 한국에서 간행되고 있는 교재를 사용하는 것도 생각할 수 있다. 그렇지만 그들 교재는 일본의 교육 사정에 맞지 않기 때문에 사용하기 어렵다. 한국에서 간행된 교재는 인텐시브 코스에서 사용하는 것을 전제로 하고 있기 때문에, 일본의 대학과 같이 주 1~2회의 수업으로 사용하기에는 양이 너무 많다. 또한, 내용적으로도 한국에서 살고 있는 것을 전제로 하기 때문에, 해외에서 학습할 경우에는 불필요한 부분이 있다. 앞으로는 일본에서 중급, 상급교재의 작성을 서둘러야 하며 더불어 한국에서도 해외의 한국어교육에서도 사용할 수 있는 교재를 개발해 주었으면 한다.

교재와 관련하여 문제점을 또 한 가지 지적하고자 한다. 해외에서 한국어를 가르칠 때 고민하는 문제 중 하나가 표준어 및 맞춤법 문제이다. 한국어 현행 맞춤법으로는 회화적인 표현의 맞춤법이 명확하지 않은 경우가 군데군데 보인다. 예를 들면

· 맞춤법의 문제

(1) 오고시<u>예요</u>. / 오고시<u>에요</u>.

(2) 젓가락 주세요. 네, 젓가락<u>요</u>? / 적가락<u>이요</u>?

· 발음의 문제

(3) 모음 '애', '에'의 구별

(4) '외'의 발음

(5) 개별 어휘의 발음 예를 들면 '맛있다'의 발음

· 복수의 형태가 사용되고 있는 경우

(6) 선생님은 저기 <u>계신데요</u>. / <u>계시는데요</u>.

(1)의 경우 최근에는 '예요' 라고 쓰는 경우가 많은 것 같으나, 맞춤법의 규정에 없는 이상 '에요'를 틀렸다고는 할 수 없다. 한국어 학습에서 가장 먼저 학습하는 사항임에도 불구하고 명확한 규정이 없다는 것은 이해하기 어렵다. 현재의 맞춤법·표준어 규정은 규정이 불충분한 점이나 실제의 상황과 괴리된 점이 있다. 해외에서 많은 사람이 한국어를 학습하고 있는 현재, 그에 대응하기 위해서라도 맞춤법, 표준어 규정 개정이 요구된다.

이상으로 일본에 있어서 한국어교육의 상황과 문제점을 기술하였다. 이전에 비해 급증한 한국어 학습자에 대하여, 그에 대응하는 교육 체제는 상당히 늦어지고 있다. 이전의 한국어 학습자는 숫자는 적으나, 매우 명확한 동기를 가지고 있었으며 학습 의욕도 높았다. 그 때문에 교원의 교육 방법에 다소 문제가 있더라도 학습자는 어느 정도의 수준까지 숙달해 갔다. 그러나 학습자가 많아진 현재, 한국어에 대한 관심도 학습 의욕도 다양하다. 특히 관심과 의욕 모두 낮은 학습자에게 대응하기 위해서는 확실한 교재와 교원이 필요하다. 일본의 한국어교육은 이제부터가 중요한 시기라고 말할 수 있다.

参考文献

アルク(2005) 『韓国語のはじめ方・つづけ方(韓国語ジャーナル・スペシャル)』, アルク

生越直樹(2003) 「일본 대학에 있어서의 한국어교육」, 『日本研究』18, 中央大学校日本研究所

오고시 나오키(生越直樹)(2004) 「한국, 한국인에 대한 이미지 형성과 한국어 학습」, 『한국언어문화학』Vol.1 No.2, 국제한국언어문화학회

오고시 나오키(生越直樹)(2005) 「도쿄대학의 한국어교육 및 연구」, 『한국어교육』16-2, 국제한국어교육학회

오고시 나오키(生越直樹)(2006) 「일본 대학에서의 학습자 동기 강화 방안과 교사 자질 향상 방안」, 『제1회 범세계 한국어 교육 단체・지역 대표자 세미나 한국어 해외 보급과 국제 교류의 증진』(発表論文集), 韓国国際交流財団・国際韓国語教育学会

金東俊(1996) 『日本に있어서의 韓國語教育實態調査報告』 韓国教育財団

国際文化フォーラム(1999) 『日本の高等学校における韓国朝鮮語教育』

国際文化フォーラム(2005) 『日本の学校における韓国朝鮮語教育:大学等と高等学校の現状と課題』(국제문화포럼(2005) "일본의 학교에서의 한국어교육 : 대학 등과 고등학교의 현 상황과 과제")
   (http://www.tjf.or.jp/korean/chousa/ch2005_j.htm で閲覧可能)

노마 히데키(野間秀樹)・나카지마 히토시(中島仁)(2005) 「일본의 한국어 교재」, 『한국어교육론1』, 국제한국어교육학회편, 한국문화사

노마 히데키(野間秀樹)・나카지마 히토시(中島仁)(2005) 「일본의 한국어교육」, 『한국어교육론3』, 국제한국어교육학회편, 한국문화사

齊藤良子(2006) 『英語・韓国語両言語学習者の学習意識と学習ストラテジー:BALL調査とSILL調査の結果分析を通じて』, 東京大学大学院総合文化研究科碩士論文

제2장

일본에 있어서 한국에 대한 이미지 형성과
한국어 학습

■ 生越 直樹

1. 서론

일본에 있어서 한국, 한국인에 대한 이미지, 혹은 한국에 있어서 일본, 일본인에 대한 이미지에 대해서는 지금까지 여러 형태로 조사가 이루어졌다. 그러나 언어 학습 경험과 이미지 관계에 대해서는 그다지 상세한 조사는 행해지지 않은 것 같다. 우리 연구팀은 언어 학습 경험이 나라와 사람에 대한 이미지 형성에 어떤 영향을 미치는 것인지를 알아보기 위해, 일본, 한국, 대만에서 대학생을 대상으로 앙케트 조사를 행하였다. 일본에서는 한국 · 한국인 · 한국어에 관한 이미지에 대해, 한국에서는 일본 · 일본인 · 일본어에 관한 이미지에 대해, 대만에서는 한국 · 한국인 · 한국어와 일본 · 일본인 · 일본어 양쪽에 대해 조사를 행하였다. 본고에서는 일본에서의 조사 결과를 보고하며 더불어 한국에서의 조사결과와 비교하고자 한다.

2. 조사의 개요

일본에서의 앙케트 조사는 2003년 10월부터 11월에 걸쳐 A대학 및 도쿄(東京) 부근 대학 몇 곳에서 행하였다. A대학에서는 선택 필수 외국어로 한국어를 선택한 학생(1, 2학년), 및 자유 선택과목으로 한국어 수업을 받고 있는 학생, 그리고 한국어 비학습자 데이터를 수집하기 위해, 프랑스어, 스페인어 수업 수강자에게 조사를 행하였다[1]. 이외에, 한국어 학습자의 데이터를 늘리기 위해, 다른 대학에서 한국어를 학습하고 있는 학생도 조사하였다. 그 결과, 한국어 학습경험자는 211명(58.9%), 비학습자는 147명(41.1%), 총 358명의 데이터를 수집하였다. 한편, 이번 일본조사는 A대학 학생을 중심으로 하였기 때문에 학습경험자의 약70%, 비학습자는 전원이 A대학 학생으로, 협력자가 어느 특정 대학에 치우치고 있다. 따라서 이번 결과가 일본 대학생의 평균적인 모습을 니다내는 것인가 여부는, 더욱 조사가 필요할 것이다.

한국에서의 조사는 2003년 5월에 서울 소재 B대학교 학생 180명과 춘천 소재 C대학교 학생 232명, 총 412명을 대상으로 하였다. 일본어 학습과 일본·일본어에 대한 관계의 깊이를 고려하여, 일본 관련 학과 학생(139명), 교양일본어 수강생(141명),이공계 학부학생(132명) 인 3개 그룹에 대하여 조사하였다. 한편, 한국조사에서는 일본어 학습경험자가 77.2%이며 비학습자가 22.8%이었다. 일본조사에 비해 비학습자가 적으므로 전체 결과를 살펴 볼 경우에는 주의를 요한다.

---

1) 조사는 기본적으로 어학 수업을 이용하여 행하였다. 수업 시간에 조사표를 배포하여, 그 자리에서 응답하게 한 후 회수하였다. 한국에서의 조사도 같은 방법으로 행하였다.

3. 한국(일본)에 대한 이미지

이번 일본조사에서는 한국에 대하여 어떤 이미지를 가지고 있는가, 한국조사에서는 일본에 대하여 어떤 이미지를 가지고 있는가를 각각 질문하였다 (부록 조사표 1-1참조). 일본인 학생 전체의 한국에 대한 이미지와 한국인 학생 전체의 일본에 대한 이미지를 비교하면 〈표 1〉과 같다[2]. 일본조사와 한국조사에서는 한국어(일본어) 학습자 비율이 다르므로 단순하게 비교는 할 수 없으나 양쪽 모두 상대 나라에 다소 좋은 이미지를 가지고 있다고 말할 수 있겠다. 적어도 일본과 한국 학생 사이에 상대 나라에 대한 이미지가 크게 다르지 않은 것 같다.

〈표 1〉 한국(일본조사) · 일본(한국조사)에 대한 이미지(수치%)

	한국의 이미지	일본의 이미지
매우 좋다	5.1	3.6
좋다	36.1	38.9
다른 나라와 다르지 않다	45.6	42.3
나쁘다	12.4	12.7
매우 나쁘다	1.0	2.4

다음으로 일본조사 결과를 한국어 학습경험자와 비학습자로 나누어서 나타낸 것이 〈그림 1〉이다. 〈그림 1〉에서 알 수 있듯이, 한국어 학습경험자와 비학습자를 비교하면 학습경험자 쪽이 한국에 대하여 좋은 이미지를 가지고 있다. 비학습자는 「특히 다른 나라와 다르지 않다」는

---

2) 본고에서 나타낸 한국조사 결과 데이터는 齊藤明美(2003)에 의한 것이다.

응답이 가장 많아, 학습경험자와 비교하여 이미지가 나빠졌다 라기보
다 한국에 대한 관심이 낮다고 봐야 할지도 모르겠다. 한편 한국조사
결과를 학생의 종류별로 나타내면 〈그림 2〉와 같다. 한국조사에서도
일본어 학습에 가장 많은 시간을 사용하고 있는 일본 관련 학과 학생이
가장 좋은 이미지를 가지고 있으며, 교양일본어 수강자, 이공계 학부학
생으로 일본어와 관련이 적어짐에 따라 좋은 이미지가 줄어들고 있다.
이 결과로 볼 때 언어 학습과 그 나라에 대한 이미지에는 명확한 상관
성이 있으며, 학습자일수록 좋은 이미지를 가진다고 말할 수 있을 것
이다.

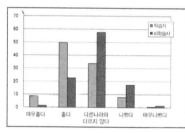

〈그림 1〉 한국에 대한 이미지
(학습자와 비학습자)(수치%)

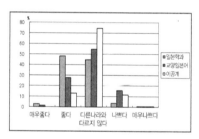

〈그림 2〉 일본에 대한 이미지
(학생 종류별)(수치%)

4. 이미지 형성에 관한 요소

4.1 한국 이미지의 형성

더욱이 이번 일본조사에서는 한국에 대한 이미지 형성에 있어서 어
떤 요소가 영향을 주고 있는가를 조사해 보았다. 조사에서는 다양한

항목을 제시하여 이미지 형성에 영향을 주고 있는 정도를 대, 중, 소, 무, 4개 중에서 선택하는 방법을 취하였다 (조사표 1-2 참조). 〈그림 3〉은 응답 결과를 대를 3, 중을 2, 소를 1로 수치화하여, 그 총수를 응답자의 수로 나누어 각 항목의 영향도를 나타낸 것이다. 수치가 커질수록 그 항목은 한국의 이미지 형성에 있어서 큰 영향을 미치고 있다는 것이 된다. 〈그림 3〉에서는 한국어 학습자와 비학습자를 나누어 나타내고 있다.

조사결과를 보면 전체적인 경향으로서 매스컴의 보도가 한국의 이미지 형성에 큰 영향을 주고 있다고 볼 수 있다. 「신문 보도」 이외에 「과거의 일한 관계」나 「축구 월드컵」도 매스컴에서 크게 다루었던 화제로 모두 수치가 높았다. 주목할 만한 것은 한국의 이미지에 대하여 질문했음에도 불구하고 「한국과 북한의 관계」 「일본과 북한의 관계」 「북한에 관한 보도」라는 북한에 관계되는 항목의 수치가 높다는 점이다. 현재 일본에서는 납치 문제를 비롯하여, 북한에 관한 보도가 다양하게 이루어지고 있다. 아마 북한에 관한 일련의 보도가 한국에 대한 이미지 형성에도 영향을 미치고 있다는 것일 것이다. 그 영향이 플러스 방향으로 작용하고 있는지, 마이너스 방향으로 작용하고 있는지는 이번 조사에서는 명확치 않다. 이 점에 대해서는 더욱 조사해 볼 필요가 있다. 어느 쪽도 모두 일본 대학생이 한국과 북한을 관련시켜 보고 있다는 것은 확실하다. 이렇게 영향이 큰 항목에는 매스컴 보도와 관련된 사항이 많이 포함되어 있다.

이 외에 전체적으로 볼 때 「한국산 상품」 「현재 한국의 경제」 「한국 기업의 활동」이라는 한국의 경제에 관련된 항목의 수치가 낮다. 이로부터 한국 경제에 관한 사항은 그다지 이미지 형성에 영향을 주고 있지 않다고 생각할 수 있다. 이번 조사한 학생들의 경우, 경제보다 정치에 관한 사항이 이미지 형성에 큰 영향을 주고 있는 것 같다.

그러면 한국어 학습경험의 유무는 이미지 형성에 영향을 주고 있는 것일까? 〈그림 3〉에서 알 수 있듯이 일부 항목에서는 학습경험자와 비학습자가 상당히 수치가 다르다. 학습경험자는 비학습자에 비해 「재일한국인」, 「한국인 한국어교사」, 「한국의 가수·탤런트」 수치가 높다. 수치는 조금 낮으나 「일본인 한국어교사」도 비학습자와 크게 다른 항목이다. 이것들은 모두 사람에 관한 항목으로 학습경험자의 한국 이미지는 한국에 관계되는 인물로부터 상당히 영향을 받고 있다고 볼 수 있다.

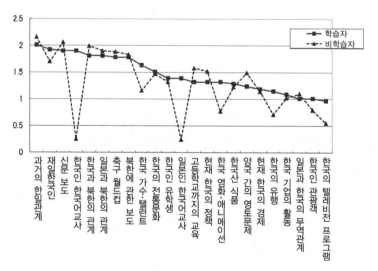

〈그림 3〉 한국의 이미지 형성에 관련된 요소

한편 비학습자는 한국에 관계되는 인물과 접할 기회가 없기 때문에, 영향이 낮아지는 것일 것이다. 더욱이 「한국의 영화·애니메이션」 「한국의 유행」 「한국의 텔레비전 프로그램」이라는 대중문화에 관한 항목에서 학습경험자와 비학습자 사이에 큰 차이를 볼 수 있다. 학습경험자는 정치에 관한 매스컴 보도뿐만 아니라, 한국에 관계되는 인물, 대중문화 등 다양한 관점에서 한국의 이미지를 형성하고 있다. 이것은 한국어를 학습함에 따라, 사람과의 접촉을 포함하여 폭넓은 정보와 접하게 되기 때문이 아닐까 한다.

한편 비학습자의 경우는 영향을 받는 분야가 좁다. 학습경험자보다 수치가 높은 「고등학교까지의 교육」, 「현재 한국의 정책」, 「양국 간 영토문제」라는 항목도 교과서의 기술이나 매스컴의 보도에 의한 것으로, 비학습자는 매스컴 보도나 서적에서의 정보에 의해 이미지를 형성하고 있다고 생각할 수 있다. 비학습자는 스스로 체험한 정보가 아니라 간접적 그리고 수동적인 정보를 기초로 하고 있다는 점이 특징적이다.

이상을 정리하면, 다음과 같다.

1) 전체적인 경향으로서 이번에 조사한 대학생의 경우 한국에 대한 이미지는 매스컴의 보도, 특히 정치에 관련된 보도에 크게 영향을 받고 있으며, 경제 관계에 따른 영향은 적다.

2) 학습경험자의 한국 이미지는 매스컴 보도, 한국에 관한 인물, 대중문화 등 다양한 관점에서 형성되어 있다.

3) 비학습자의 한국 이미지는 오로지 매스컴과 서적을 통한 정보에 의하고 있어, 정보가 한정적이며 수동적이다.

4.2 한국 이미지와 일본 이미지

이미지 형성에 관련된 요소에 대해서는 한국조사와 일본조사 모두 같은 질문을 하였다. 여기서는 일본조사와 한국조사 결과를 비교하여 보겠다. 〈그림 4〉는 일본조사(한국의 이미지)와 한국조사(일본의 이미지) 결과를 나타낸 것이다. 양쪽 조사 모두 학습경험자와 비학습자를 합한 수치를 나타내며, 항목 순서는 일본조사에서 수치가 높은 순으로 되어 있다. 〈그림 4〉의 항목명이 「한국/일본의 전통문화」 등으로 되어 있으나, 일본조사에서는 「한국의 전통문화」, 한국조사에서는 「일본의 전통문화」로 되어 있는 것을 함께 나타내고 있다.

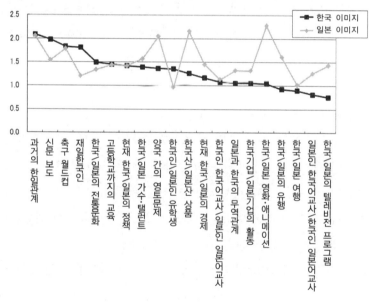

〈그림 4〉 이미지 형성에 관련된 요소(일본조사와 한국조사 결과)

〈그림 4〉에서 알 수 있듯이, 한국조사에서는 「일본영화·애니메이션」, 「일본산 상품」 항목에서 수치가 높으며, 일본조사 항목인 「한국의 영화·애니메이션」, 「한국산 상품」과 큰 차이가 있다. 더욱이 한국조사의 「일본의 유행」, 「일본의 텔레비전 프로그램」 항목도 일본조사와 큰 차이가 있다. 한국에서는 일본의 대중문화와 제품이 일본 이미지 형성에 큰 영향을 미치고 있는 것 같다.

또 하나 주목할 점은 「양국 간 영토문제」로 한국조사와 일본조사에서 차이가 크다는 것이다. 최근 일어난 독도 (일본명 「다케시마(竹島)」)를 둘러싼 한일 양국의 반응 차이도 이러한 영토문제에 대한 관심의 차이가 배경에 있는 것일지도 모른다. 이 외에 한일 관계에 관련된 「현재 한국/일본의 정책」, 「한국과 일본과의 무역 관계」, 「한국 기업/일본 기업의 활동」에서도 다소 차이가 있다. 또한 역사에 관련된 「과거 한일 관계」는 일본조사와 마찬가지로 한국조사에서도 수치가 높다.

이러한 점으로부터 한국에서는 정치, 역사, 경제 등 다양한 분야에서 한일 관계가 일본의 이미지 형성에 상당히 영향을 끼치고 있다고 볼 수 있다. 한편 일본조사에서는 「과거 한일 관계」 수치가 높으며, 역사적인 한일 관계가 이미지 형성에 큰 영향을 주고 있는 점은 한국조사와 같다. 그러나 정치·경제에 관한 한일 관계에 대해서는 관련된 항목의 수치가 한국에 비해 전체적으로 낮아, 한국만큼 큰 영향력은 가지고 있지 않은 것 같다.

이 외에 〈그림 4〉를 보면 한국조사 쪽이 전체적으로 수치가 높다. 이에 대해서는 한국조사 쪽이 학습경험자가 많기 때문인지, 한국 대학생의 일본에 대한 관심이 높기 때문인지, 현 단계에서는 판단할 수 없다. 더욱 조사가 필요하다.

한편 한국조사에서도 일본어 학습경험자와 비학습자로 나누어서 응답 경향을 살펴 본 결과, 학습경험자가 비학습자보다 이미지 형성에 있어서 폭넓은 분야에서 영향을 받고 있어, 이 점은 일본조사와 같았다.

이 외에 이번 조사에서는 「한국」 「일본」과는 달리 「한국인」 「일본인」에 대한 이미지에 대해서도 질문해 보았으나 결과는 한국/일본에 대한 이미지와 거의 같았다. 이번에 조사한 대학생들의 경우 나라와 사람에 대하여 거의 같은 이미지를 가지며, 이미지 형성에 있어서도 같은 사항에서 영향을 받고 있다고 볼 수 있다.

5. 한국어 학습 동기와 한국어의 장래성

5.1 학습 동기

이번 조사에서는 이미지 형성에 관한 질문 이외에 한국어 학습의 동기에 대해서도 질문하였다 (조사표 2-1a 참조). 현재 한국어를 학습하고 있는 학생에게 학습 동기를 질문하여 〈그림 5〉와 같은 결과를 얻었다. 한국조사에서도 일본어 학습자에게 학습 동기를 질문하여 그 결과도 함께 〈그림 5〉에 나타냈다. 한편 〈그림 5〉에서는 일본조사에서 응답이 많았던 순으로 항목을 배열하였다. 항목명이 「한국/일본을 알고 싶다」 등으로 되어 있는 경우는 〈그림 4〉와 같이 일본조사에서는 「한국을 알고 싶다」, 한국조사에서는 「일본을 알고 싶다」로 되어 있는 항목이다.

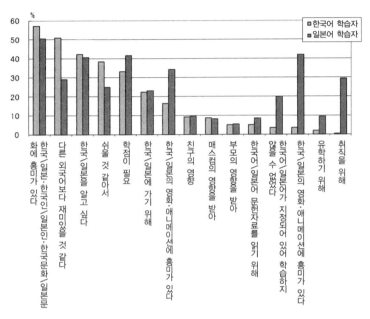

〈그림 5〉 한국어·일본어 학습 동기(복수응답)(일본조사와 한국조사 결과)(수치%)

먼저 한국어 학습의 동기를 살펴보면 한국인, 한국문화에 흥미를 가져서, 또는 알고 싶어서, 라는 나라와 사람·문화에 대한 관심에서 학습한 사람이 가장 많다. 더욱이 한국어가 재미있을 것 같다, 간단할 것 같다는 한국어 자체에 대한 관심도 큰 동기가 되고 있다. 한국인·한국문화와 한국어에 대한 관심이 한국어 학습의 가장 큰 이유라고 말할 수 있다.

한편 일본어 학습의 이유를 살펴보면 한국어와 같이 일본이라는 나라와 사람·문화에 대한 관심이 큰 이유가 되고 있다. 그러나 일본어 자체에 대한 관심은 한국어만큼 높지 않다. 일본어 학습의 동기와 한국어 학습동기가 크게 다른 것은 만화나 애니메이션, 영화나 텔레비전이라는 대중문화에 흥미가 있어 학습하고 있는 학생이 많다는 점이다. 앞 절에서 일본과 한국 모두 상대 나라의 대중문화가 각각의 나라와 사람에 대한 이미지 형성에 큰 영향을 주고 있다는 것을 지적하였다. 한국에서는 일본의 대중문화가 이미지 형성에 영향을 줄 뿐만 아니라, 일본어 학습에 큰 동기가 되고 있다. 한국 대학생과 일본, 일본어 관계에 있어서 일본의 대중문화가 대단히 큰 영향을 미친 요인이라는 것을 알 수 있다.

한편, 일본 대학생의 경우 한국의 대중문화에 대한 흥미는 한국의 일본어 학습자만큼 높지 않다. 한국의 대중문화는 한국·한국인에 대한 이미지 형성에는 큰 영향이 있으나, 그것 자체를 적극적으로 알고자 하는 데까지는 이르지 않았다고 말할 수 있겠다. 하지만 최근 일본에서는 한국 영화나 텔레비전 드라마가 화제가 되는 경우가 많아, 앞으로는 적극적으로 흥미를 가지는 젊은이도 늘어나지 않을까라고 생각된다.

이 외에 한국의 일본어 학습자 중에서는 「취직을 위해」라는 이유를 든 사람이 많다. 이 점도 일본의 한국어 학습자와 다르다. 한국에서는 일본어능력이 업무상 플러스로 간주되는 데에 비해 일본에서는 한국어능력이 확실한 이점으로 평가되지 않는다는 것이 원인일 것이다.

이번 일본조사에서는 한국어 학습 미경험자에게 한국어를 학습하지 않는 이유도 물어 보았다 (조사표 2-1c 참조). 학습하지 않는 이유로 가장 많았던 것은 「공부하고 싶은 다른 외국어가 있다」(48.9%), 다음으로 「장래, 한국어를 사용하는 직업을 가질 가능성이 낮다고 생각한다」(38.8%), 「우리 학과에서는 한국어를 이수하지 않아도 된다」(36.7%)라는 응답이 많았다. 같은 응답자에게 현재 배우고 있는 언어에 대해,

그 언어의 학습 이유도 물어 본 결과, 「장래, 그 언어를 사용하는 직업
을 가질 가능성이 높다고 생각한다」고 답한 사람이 많았다. 이러한
점에서 일본의 대학생 중에도 장래를 생각하여 외국어를 선택하는 학
생이 상당히 많다는 것을 알 수 있다.

5.2 장래성

더욱이 이번 조사에서는 학생들에게 「한국어를 공부하여 장래 도움
이 된다고 생각하는가」라는 질문도 하였다 (조사표 1-9 참조). 결과는
〈표 2〉와 같다. 이 질문에 대해서 학습경험자는 물론, 비학습자에서도
도움이 된다는 응답이 많다. 도움이 된다고 답한 사람에게는 더욱이
어떤 도움이 될 것인가 라는 질문을 하였다 (조사표 1-9a 참조). 한국조
사에서도 일본어에 대해서 같은 질문을 하였으므로 그 결과도 함께
〈그림 6〉에 나타냈다. 이 질문은 복수응답이 가능하므로 각 항목의
수치는 전체 중에서 그 항목을 선택한 사람의 비율을 나타내고 있다.

〈표 2〉 한국어는 장래 도움이 된다고 생각하는가(수치%)

	예	아니요
학습자	68.9	24.4
비학습자	50.0	41.2

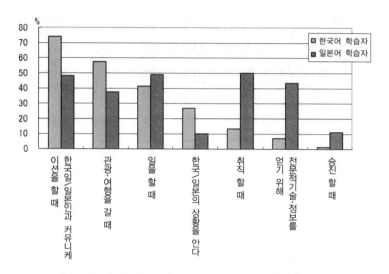

〈그림 6〉 한국어/일본어는 어떤 도움이 되는가(일본조사와 한국조사 결과)

먼저 일본의 조사결과부터 살펴보자. 한국어 학습경험의 유무로 응답 결과가 크게 다르지 않아, 여기서는 양자를 합하여 나타냈다. 일본조사에서는 한국어가 한국인과의 커뮤니케이션이나 관광에 도움이 된다고 보는 사람이 많으며 취직이나 승진이라는 자신의 인생설계와 직접 결부시켜서 생각하는 사람은 적다. 한국의 상황이나 정보를 얻기 위해서라는 응답도 적다. 이러한 응답 경향을 보면 응답이 많은 커뮤니케이션이나 관광은 반드시 높은 한국어능력을 필요로 하지 않는 항목인 데에 비해, 응답이 적은 상황파악, 정보획득, 취직은 높은 한국어능력이 요구된다. 결국 그다지 높은 한국어능력이 없어도 좋은 항목에서 수치가 높았다. 바꿔 말하면 이번의 일본 학생들은 자신이 높은 한국어능력을 익히는 것을 전제로 하지 않고 있다는 것이다. 학생들은 높은 한국어능력을 가지는 것이 장래 도움이 된다는 것보다, 한국어를 알고 있는 것 자체가 장래 도움이 된다고 생각하고 있는 것 같다.

한편 한국조사에서는 일, 취직, 정보수집이라는 실용적이며 동시에 높은 능력이 요구되는 항목에서 수치가 높다. 특히 취직, 정보수집 항목은 일본조사보다 상당히 높았다. 일본인과의 커뮤니케이션도 높은 수치이나 일본조사와 비교하면 상당히 낮았다. 한국 학생들은 자신들이 높은 일본어능력을 익히는 것과 함께 그 일본어가 실용적인 면에서 도움이 될 것을 상정하고 있다고 말할 수 있을 것이다.

한편 이번 조사에서는 일본과 한국 학생이 목표로 하는 한국어/일본어능력에 대해서도 질문하였다 (조사표 2-5 참조). 조사표에서는 회화·청해·독해·작문의 각 분야에 대하여 장래 어느 정도 가능하면 만족할 것인가를 질문하였다. 한국 학생 가운데, 일본에서 한국어를 학습하고 있는 학생과 같은 정도의 시간 수로 공부하고 있는 것은 교양일본어의 수강자다. 양자의 결과를 나타낸 것이 〈그림 7~10〉으로 수치는 모두 %이다.

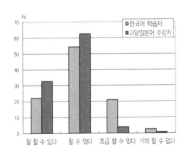

〈그림 7〉 한국어/일본어 장래 회화능력

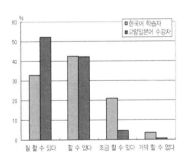

〈그림 8〉 한국어/일본어 장래 청해능력

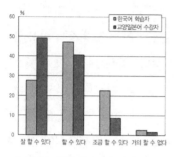

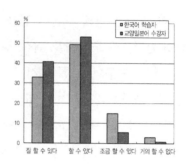

〈그림 9〉 한국어/일본어 장래 독해능력   〈그림 10〉 한국어/일본어 장래 작문능력

　그림에서 알 수 있듯이 양자의 장래 목표로 하는 수준에는 조금 차이
가 있다는 것을 알 수 있다. 「잘 할 수 있다」「할 수 있다」「조금 할
수 있다」는 선택지 중에서 일본 학생은 각 분야 모두 「할 수 있다」를
선택한 학생이 가장 많으며, 한국 학생의 경우는 회화 이외에는 「잘
할 수 있다」가 가장 많으며, 회화에서도 일본 학생보다 「잘 할 수 있다」
「할 수 있다」는 수치가 높다. 이 결과에서도 한국 학생은 일본 학생보
다 높은 능력을 익히려고 하고 있음을 알 수 있다.

　이상 기술한 것을 정리하면 다음과 같다.

1) 일본 학생들의 경우 한국인·한국문화와 한국어에 대한 관심이
한국어 학습의 가장 큰 이유가 되고 있다. 한편 한국 학생의 경우
일본인·일본문화 이외에 일본의 대중문화에 대한 관심이 일본
어 학습의 큰 이유가 되고 있다.

2) 한국에서는 일본의 대중문화가 이미지 형성에 영향을 줄 뿐만
아니라 일본어 학습의 큰 동기가 되고 있으나, 일본에서는 한국의
대중문화에 대한 흥미는 한국의 일본어 학습자만큼 높지 않다.

3) 일본 학생은 높은 한국어 능력을 가지는 것이 장래 도움이 된다는

것보다, 한국어를 알고 있는 것 자체가 장래 도움이 된다고 생각하고 있다. 한편 한국 학생들은 자신들이 높은 일본어능력을 익히는 것과 함께 그 일본어가 실용적인 면에서 도움이 될 것으로 상정하고 있다.

6. 결론

본 장에서는 일본 대학생에게 행한 앙케트 조사를 바탕으로 한국·한국인에 대한 이미지 형성과 한국어 학습의 관련성, 더욱이 한국어 학습동기와 한국어에 대한 장래성에 대해 논하였다. 고찰에서는 한국에서 실시한 같은 조사를 참조하여 한국에서의 일본·일본인의 이미지와 일본어 학습과의 차이에 대해서도 언급하였다.

마지막으로 이번 앙케트 조사에 협력해 주신 일본, 한국의 학생들, 수업 담당 선생님들, 결과 집계를 도와 준 천혜란 씨와 이광휘 씨에게 다시 한번 감사드린다.

▌参考文献

IAKLE日本支部(1995)「일본에 있어서의 Korean Language 교육의 실태 조사」,『한국어교육』5, The International Association for Korean Language Education

生越直樹(1996)「日本における韓国語教育の現状と問題点」,『日本学報』37, 韓国日本学会

生越直樹(2002)「일본 대학에 있어서의 한국어 교육과 교수법」,『국제한국어교육학회 제12차 국제학술대회 외국어로서의 한국어 교수법의 현재와 미래』(発表論文集), The International Association for Korean Language Education

生越直樹(2002)「東京大学における韓国語の教育・研究」,『東京大学・ソウル大学校フォーラム2002 東京大学における韓国学の教育と研究 -その過去・現在・未来』(発表論文集), 東京大学大学院人文社会系研究科 韓国朝鮮文化研究室

生越直樹(2004)「한국, 한국인에 대한 이미지 형성과 한국어 학습」,『한국언어문화학』Vol.1 No.2, 国際韓国言語文化学会

齊藤明美(2003)『한국, 대만에서의 일본어교육현황 및 일본에서의 한국어교육현황 고찰 — 어학교육을 위한 언어적, 문화적 배경 기초조사를 중심으로— 基礎資料(韓国篇)』

〈부록〉앙케트 조사표(일본조사)

韓国及び韓国語に関するアンケート調査

調査責任者 東京大学大学院総合文化研究科 生越直樹(03-5454-6339)

> このアンケート調査は日本の大学生を対象にしています。内容は,韓国,韓国人,韓国語に対するイメージ調査,及び具体的な韓国語学習に関する事柄です。
> 正しいとか間違っているということはありませんので,感じられたとおりに気楽に答えてください。

◎ 最初に, あなたご自身のことについて少し教えてください。

_____の部分に書き入れるか,該当する部分・番号に○を付けてください。

0-1. 所属　　大学　　　　学部　　　　学科/学類　　年

0-2. 年令　　才　性別(男,女)

0-3. 国籍(日本,韓国・朝鮮, その他)

0-4. 出生地 日本(_____都道府県_____市町村区),

外国(_____)

0-5. 家族に韓国語を話せる人がいますか。(はい　いいえ)

0-6. 韓国人の先生に韓国語を教わったことがありますか。(はい　いいえ)

0-7. 韓国人の知り合いがいますか。(はい　いいえ)

0-8. 今まで韓国語を学習したことがありますか。(はい　いいえ)

　　　(はいと答えた人)

0-8a. 学習期間はどのくらいですか。

　　　1.半年未満　　2. 半年以上1年未満　　3. 1年以上2年未満　　4. 2年以上

0-8b. いつ学習しましたか。

　　　1.小学校以前　2.小学校時代　3.中学校時代　4.高校時代　5.大学入学後

◎ 次の質問に答えてください。
　[韓国，韓国人，韓国語のイメージについて]

1-1. あなたは韓国に対してどんなイメージを持っていますか。(○を付けてください)
　　1. とてもよい。　　　　　2. よい。　　　　　3. 特に他の国と変らない。
　　4. 悪い。　　　　　　　　5. かなり悪い。

1-2. 以下の各事項は，あなたの韓国に対するイメージ形成にどのくらい大きな影響を与えています
　　か。各事項ごとに，影響の度合を一つずつ選び，□に✔を書き入れてください。

	大	中	小	無
(1) 過去の日韓関係	大□	中□	小□	無□
(2) 韓国の伝統文化	大□	中□	小□	無□
(3) 韓国の映画,アニメ	大□	中□	小□	無□
(4) 韓国の流行	大□	中□	小□	無□
(5) 韓国人観光客	大□	中□	小□	無□
(6) 新聞の報道	大□	中□	小□	無□
(7) 高等学校までの教育	大□	中□	小□	無□
(8) 韓国のテレビ番組	大□	中□	小□	無□
(9) 現在の韓国の経済	大□	中□	小□	無□
(10) 日本と韓国との貿易関係	大□	中□	小□	無□
(11) 韓国の歌手,タレント	大□	中□	小□	無□
(12) 韓国人韓国語教師	大□	中□	小□	無□
(13) 日本人韓国語教師	大□	中□	小□	無□
(14) 韓国製の商品	大□	中□	小□	無□
(15) 両国間の領土問題	大□	中□	小□	無□
(16) 現在の韓国の政策	大□	中□	小□	無□
(17) 韓国企業の活動	大□	中□	小□	無□
(18) 韓国人留学生	大□	中□	小□	無□
(19) サッカーワールドカップ	大□	中□	小□	無□
(20) 在日韓国人	大□	中□	小□	無□
(21) 韓国と北朝鮮の関係	大□	中□	小□	無□
(22) 日本と北朝鮮の関係	大□	中□	小□	無□
(23) 北朝鮮に関する報道	大□	中□	小□	無□

1-3. あなたは**韓国人**に対してどんなイメージを抱いていますか。(○を付けてください)

    1. とてもよい。   2. よい。   3. 特に他の国と変らない。

    4. 悪い。   5. かなり悪い。

1-4. 以下の各事項は,あなたの**韓国人**に対するイメージ形成にどのくらい大きな影響を与えていますか。各事項ごとに影響の度合を一つずつ選び, □に✔を書き入れてください。

	大	中	小	無
(1) 過去の日韓関係	□	□	□	□
(2) 韓国の伝統文化	□	□	□	□
(3) 韓国の映画,アニメ	□	□	□	□
(4) 韓国の流行	□	□	□	□
(5) 韓国人観光客	□	□	□	□
(6) 新聞の報道	□	□	□	□
(7) 高等学校までの教育	□	□	□	□
(8) 韓国のテレビ番組	□	□	□	□
(9) 現在の韓国の経済	□	□	□	□
(10) 日本と韓国との貿易関係	□	□	□	□
(11) 韓国の歌手,タレント	□	□	□	□
(12) 韓国人韓国語教師	□	□	□	□
(13) 日本人韓国語教師	□	□	□	□
(14) 韓国製の商品	□	□	□	□
(15) 両国間の領土問題	□	□	□	□
(16) 現在の韓国の政策	□	□	□	□
(17) 韓国企業の活動	□	□	□	□
(18) 韓国人留学生	□	□	□	□
(19) サッカーワールドカップ	□	□	□	□
(20) 在日韓国人	□	□	□	□
(21) 韓国と北朝鮮の関係	□	□	□	□
(22) 日本と北朝鮮の関係	□	□	□	□
(23) 北朝鮮に関する報道	□	□	□	□

1-5. あなたは韓国語に対してどんなイメージを持っていますか。
(各項目ごとに一つを選んで○を付けてください。)

(1) ぞんざい	丁寧	どちらでもない
(2) 汚ない	きれい	どちらでもない
(3) 乱暴	おだやか	どちらでもない
(4) 嫌い	好き	どちらでもない
(5) 重苦しい	軽快	どちらでもない
(6) 聞きとりにくい	聞きとりやすい	どちらでもない
(7) 非能率的	能率的	どちらでもない
(8) くどい	あっさりしている	どちらでもない
(9) 遅い	速い	どちらでもない
(10) 固	柔らかい	どちらでもない
(11) 難しい	易しい	どちらでもない
(12) 大声で話す	小声で話す	どちらでもない

1-6. 韓国へ行ったことがありますか。
　　1. ある　　　　2. ない
　　(1.を選んだ人(韓国に行ったことのある人)だけ答えてください)
1-6a. 韓国へ行った目的は何ですか。(複数選択可)
　　　①観光　　　　②語学研修　　　　③交流プログラム　　　④親族訪問
　　　⑤その他(　　　　　　)
1-6b. 一番長く滞在した期間はどのくらいですか。(　　　　　　　　　　　)

1-7. 将来(また)韓国に行ってみたいですか。
　　1. はい　　　　2. いいえ　　　　3. どちらでもいい
　　(1.を選んだ人(また行きたい人)だけ答えてください)
1-7a. その理由は何ですか。(複数選択可)
　　　①韓国のことをもっと知りたいから。　　②習った韓国語を使ってみたいから。
　　　③興味があることを直接体験したいから。　④近い国だから簡単に行けそうだから。
　　　⑤友人に会いたいから。　　　　　　⑥韓国語を勉強したいから。
　　　⑦その他(　　　　　　　　　　)

1-8. 世界共通語は英語だと言われていますが,英語ができても韓国語が必要だと
思いますか。
　　1. はい　　　　　2. いいえ　　　　3. その他(　　　　　　　　　　)

1-9. 韓国語を勉強して将来役に立つと思いますか。
　　1. はい　　　　　2. いいえ　　　　3. その他(　　　　　　　　　　)
　　(「1.はい」を選んだ人だけ答えてください)
　1-9a. 具体的にどのような点で役立つと思いますか。(複数選択可)
　　　　① 仕事をする時　　　　　② 就職する時　　　　③ 観光旅行に行く時
　　　　④ 韓国の状況を知るため　⑤ 韓国人とコミュニケーションする時
　　　　⑥ 専門の技術,情報を知るため　⑦ 昇進する時
　　　　⑧ その他(　　　　　　　　　　)

1-10. あなたは今後どの外国語を勉強すれば役に立つと思いますか。
　　　役に立つと思う順に3つ書いてください。
　　　(1)_____　(2)_____　(3)_____

[韓国語学習について]
2-1. あなたは韓国語を勉強したことがありますか。
　　　a. 現在学んでいる　　　　　→ 2-1aへ
　　　b. 以前学んだことがある　　→ 2-1bへ
　　　c. 一度も学んだことがない → 2-1cへ

　2-1a. (2-1.でa.を選んだ方(学んでいる方)に質問します。)韓国語を学習している
　　　　理由は何ですか。(複数選択可)
　　　　a. 韓国のことが知りたい。　　b. ほかの外国語より面白そうだ。
　　　　c. 易しそうだ。　　　　　　　d. 韓国,韓国人,韓国文化に興味がある。
　　　　e. 韓国語が指定されていて,学習せざるを得なかった。
　　　　f. マスコミの影響を受けた。　g. 友人の影響を受けた。
　　　　h. 父母の影響を受けた。　　　i. 韓国の映画,テレビ番組に興味がある。
　　　　j. 韓国の漫画・アニメに興味がある。　k. 韓国語の文献資料を読むため。

l. 韓国へ行くため。　　　　　m. 単位が必要

n. 就職のため。　　　　　　　o. 留学するため。

p. その他 (　　　　　　　　　　　　　　　)

2-1b. (2-1. でb. を選んだ方(以前学んだ方)に質問します。)韓国語の学習をやめた理由は
何ですか。(複数選択可)

a. 韓国に興味がなくなった。　　　　b. 韓国語は面白くなかった。

c. 韓国語は難しかった。　　　　　　d. 韓国,韓国文化はつまらなかった。

e. 現在は韓国語を履修しなくてもよくなった。　f. マスコミの影響を受けた。

g. 友人の影響を受けた。　　　　　　h. 父母の影響を受けた。

i. 韓国語を勉強しても希望する就職はできないと思う。

j. 将来韓国語を使う仕事をする可能性は低いと思う。

k. 自分の研究では韓国語の文献資料を読む必要がない。

l. 日本社会にとって韓国語は以前ほど重要な言語ではない。

m. もう必要な外国語の単位を取得した。　n. 韓国,韓国人が嫌いになった。

o. 単位がとれなかった。　　　　　　p. 韓国に行く必要がない。

q. その他 (　　　　　　　　　　　)

2-1c. (2-1. でc. を選んだ方(学んだことのない方)に質問します。)韓国語の学習を
しない理由は何ですか。(複数選択可)

a. 韓国に興味がない。　　　　　　　b. 韓国語は面白くなさそうだ。

c. 韓国語は難しそうだ。　　　　　　d. 韓国文化が嫌いだ。

e. 私の学科では韓国語を履修しなくてもよい。　f. マスコミの影響を受けた。

g. 友人の影響を受けた。　　　　　　h. 父母の影響を受けた。

i. 韓国語を勉強しても希望する就職はできないと思う。

j. 将来韓国語を使う仕事をする可能性は低いと思う。

k. 自分の研究では韓国語の文献資料を読む必要がない。

l. 日本社会にとって韓国語は重要な言語ではない。

m. 他に勉強したい外国語がある。　　n. 韓国,韓国人が嫌いだ。

o. 韓国の漫画・アニメに興味がない。　p. 韓国のテレビ番組は面白くない。

q. 韓国に行く必要がない。　　　　　r. その他(　　　　　　　　　　　)

2-2. **(現在韓国語を履修していない人に質問します。)**

あなたが現在,英語以外に学んでいる外国語は何ですか。もし複数ある場合は,
もっとも熱心に学んでいる言葉を一つだけ選んでください。

a. ドイツ語　　b. フランス語　c. スペイン語　　d. ロシア語　　e. イタリア語
f. アラビア語　g. 中国語　　　i. その他(　　　　　　　　　)

2-2a. あなたがその言語を学ぼうと思ったのはなぜですか。(複数選択可)

a. その言葉を使う国に興味がある。　　b. 面白しろそうだ。
c. 易しそうだ。　　　　　　　　d. いろいろな外国語の学習に興味がある。
e. 私の学科ではその外国語を履修しなければならない。
f. マスコミの影響を受けた。　　　　g. 友人の影響を受けた。
h. 父母の影響を受けた。　　　i. その言葉を勉強すると就職の時に有利だ。
j. 将来,その言葉を使う仕事をする可能性が高いと思う。
k. 自分の研究ではその言葉で書かれた文献資料を読む必要がある。
l. 日本社会にとってその外国語は重要な言語だ。
m. 今はあまり重要ではないが,将来は重要な言語になりそうだ。
n. その国の文化に興味がある。
o. その国の製品が好きだ。　　　　p. その国に行くため。
q. 特に理由はない。　　　　　　r. その他 (　　　　　　　　　　)

◎ 現在韓国語を履修していない人は,これで終りです。
　ここからの質問には現在韓国語を学習している人のみ答えてください。

2-3. 韓国語を学習する事によって韓国語に対するイメージが変わりましたか。

1. はい　　　　　　　2. いいえ

2-4. 英語と比べて韓国語はどんな言語だと思いますか。

1. 英語より難しい。
2. 英語と比べて特に変わりはない。難しくも易しくもない。
3. 英語より易しい。

2-5. 現在, 自身の韓国語の能力で何ができると思いますか。また将来, 韓国語がどのくらいできれば満足ですか。(( )の中に該当するアルファベットを記入してください。)

(1) 韓国語の会話について

　　現在の程度 (　　　　　)　　　　将来の希望 (　　　　　)

　　a. よくできる(専門的な討論ができる)　　b. できる(韓国で一人で旅行ができる)

　　c. すこしできる(韓国語で買物ができる)　　d. ほとんどできない

(2) 韓国語の聴解について

　　現在の程度 (　　　　　)　　　　将来の希望 (　　　　　)

　　a. よくできる(テレビを見たり, ラジオを聴いた時,内容が十分に理解できる程度)

　　b. できる(テレビドラマで言っている内容がおおよそわかる)

　　c. すこしできる(テレビドラマの内容がすこし理解できる)

　　d. ほとんどできない

(3) 韓国語の読解について

　　現在の程度 (　　　　　)　　　　将来の希望 (　　　　　)

　　a. よくできる(辞書を引かずに小説が読める)

　　b. できる(辞書を引かずに新聞が読める)

　　c. すこしできる(辞書を引きながら新聞が読める)

　　d. ほとんどできない

(4) 韓国語の作文について

　　現在の程度 (　　　　　)　　　　将来の希望 (　　　　　)

　　a. よくできる(レポートが書ける)　　b. できる(メールが書ける)

　　c. すこしできる(簡単なメモが書ける)　　d. ほとんどできない

2-6. あなたにとって韓国語で難しいのは下のどれですか。(複数選択可)

　　a. 会話　　b. 聴解　　c. 読解　　d. 作文　　e. その他(　　　　　)

2-7. 韓国語を学習する時,あなたにとって難しいのは何ですか。(複数選択可)

　　a. ハングル文字　　　　b. 発音　　　c. イントネーション　　　d. 分かち書き

　　e. 正書法・綴り　　f. 単語　　g.接続語尾　　h. 文末語尾　　i. 時制　　j. 助詞

　　k. 外来語　　l. 漢字語　　m. 変則(変格動詞)　　n. 敬語　　o. 韓国語らしい表現

　　p. インフォーマルな会話　　q. フォーマルな会話　　r. その他(　　　　　)

2-8. あなたにとって韓国語で易しいのは下のどれですか。

    a. 会話　　b. 聴解　　c. 読解　　d. 作文

2-9. 韓国語を学習する時,あなたにとって易しいのは何ですか。(複数選択可)

    a. ハングル文字　　b. 発音　　c. イントネーション　　d. 分かち書き

    e. 正書法・綴り　f. 単語　g. 接続語尾　　h. 文末語尾　i. 時制　　j. 助詞

    k. 外来語　　l. 漢字語　m. 変則(変格)動詞　　n. 敬語　　o. 韓国語らしい表現

    p. インフォーマルな会話　　q. フォーマルな会話　　r. その他(　　　　　　　　)

2-10. 韓国語を学習する時,具体的にはどのような方法で学習しますか。(複数選択可)

    a. 韓国語の教科書を暗記する　　b. 授業を大切にする　　c. 授業の予習, 復習をする

    d. 韓国の書物・新聞を読む　　　e. カセットテープ,CDを聴く　　f. ビデオテープを見る

    g. ラジオを聴く　　　　　　　h. テレビを見る　　　　i. 韓国人と会話をする

    j. テレビゲームをする　　　　　k. 漫画を読む　　　　l. 韓国の歌をうたう

    m. 語学学校に行く　　　　　　　n. 韓国への旅行　　　　o. 韓国語で文通をする

    p. インターネットをする　　　　q. その他(　　　　　　　　　　　　)

2-11. いままでやってみた韓国語学習法の中で役に立った方法は何ですか.

    (2-10のa~qの中から3つ選んでください。)

    (1)＿＿＿＿＿＿＿　　(2)＿＿＿＿＿＿＿　　(3)＿＿＿＿＿＿＿

2-12. 韓国語の授業に望む内容(授業で学びたい内容)や方法は何ですか。

    (3つ選択してください。)

    (1) 内容

      a. 会話　　b. 聴解　　c. 作文　　d. 読解

      e. 文法　　f. 翻訳　　g. 発音　　h. その他(　　　　　　　　　　)

    (2) 方法 - 韓国人の先生に教わるとすればどういうふうに教えてもらいたいですか。

      望む方法はどんな方法ですか。(5つ選択してください)

      a. クイズやゲームを多く取り入れてほしい。　　b. 歌を教えてほしい。

      c. 漫画や絵などを使って教えてほしい。　　　d. ビデオを使って教えてほしい。

      e. 韓国語だけで授業してほしい。　　　　　　f. 教科書に忠実に教えてほしい。

      g. 母国語の翻訳をたくさん入れてほしい。　　h. 文法をしっかり教えてほしい

    i. 会話中心に授業をしてほしい   j. 書きことば中心の授業をしてほしい

    k. 作文ができるように教えてほしい   l. 文型練習をたくさんしてほしい

    m. 読解中心の授業をしてほしい   n. 聴解中心の授業をしてほしい

    o. 韓国の生活,文化を教えてほしい   p. 韓国の社会について教えてほしい

    q. 韓国の政治,経済を教えてほしい

    r. 韓国人とコミュニケーションができるようにしてほしい

    s. その他(   )

(3) 方法 - 日本人の先生に望む方法はどんな方法ですか。(5つ選択してください)

    a. クイズやゲームを多く取り入れてほしい。   b. 歌を教えてほしい。

    c. 漫画や絵などを使って教えてほしい。   d. ビデオを使って教えてほしい。

    e. 韓国語だけで授業してほしい。   f. 教科書に忠実に教えてほしい。

    g. 母国語の翻訳をたくさん入れてほしい。   h. 文法をしっかり教えてほしい。

    i. 会話中心に授業をしてほしい。   j. 書きことば中心の授業をしてほしい。

    k. 作文ができるように教えてほしい。   l. 文型練習をたくさんしてほしい。

    m. 読解中心の授業をしてほしい。   n. 聴解中心の授業をしてほしい。

    o. 韓国の生活,文化を教えてほしい。   p. 韓国の社会について教えてほしい。

    q. 韓国の政治,経済を教えてほしい。

    r. 韓国人とコミュニケーションができるようにしてほしい。

    s. その他(   )

2-13. 家で韓国語を学習する時に,何に重点を置いて学習していますか。

    (2つ選択してください)

    a. 会話   b. 聴解   c. 読解   d. 発音   e. 単語   f. 作文

    g. 文法   h. その他(   )

2-14. 韓国語の学習をする時,現在のあなたの学習環境で問題があるとすれば,

    どんな点ですか。(複数選択可)

    a. 韓国語の新聞がない   b. 韓国語関係のカセットテープ,CDが少ない

    c. 一クラスの学生数が多い   d. 韓国語教材の種類が少ない

    e. 韓国人の先生が少ない   f. 授業時間数が少ない。

    g. クラス以外では使うチャンスがない   h. その他(   )

2-15. 大学を卒業した後韓国語を使って何かしたいと考えていますか。

    a. 大学院に進学したい   b. 留学したい   c. 翻訳家になりたい

    d. 通訳になりたい   e. 観光旅行をしたい

    f. 仕事上韓国語を必要とする会社に就職したい

    g. 入社試験に韓国語が必要な会社に就職したい

    h. 娯楽(ゲーム)   i. 情報収集   j. 特になし

    k. その他(   )

ご協力どうもありがとうございました。

일본에 있어서 한국어 학습자의 한국, 한국인, 한국어에 대한 이미지 변화

■ 齊藤良子

1. 서론

최근 일본 대학에서 한국어 학습자가 증가하고 있어, 영어 이외의 어학으로서 인기 있는 제2외국어 중의 하나로서 위치를 확립하고 있다고 생각한다. 일본의 한국어 학습자는 다양한 동기에서 한국어를 선택하여 배우고 있으나, 한국, 한국인, 한국어에 대하여 그들은 어떤 이미지를 가지고 있는 것일까? 그리고 그 이미지는 한국어를 학습함으로써 변화되는 것일까? 그리고 만약 변화된다면 어떻게 변화되는 것일까?

본 연구는 한국어 학습자가 가지고 있는 한국, 한국인, 한국어에 대한 이미지와 학습 경험이 주는 변화를 밝히는 것을 목적으로 하여, 2008년 6월에 이미지 조사 (이하 「전기조사」)와, 같은 해 12월에 이미지 변화 조사(이하 「후기조사」)를 행하여, 그 결과를 분석하였다.

본 연구에서는 먼저 한국, 한국인, 한국어에 대한 이미지에 관한 선행 연구에 대해 언급하고, 다음으로 전기조사에서 밝혀진 초급한국어 학습자의 한국, 한국인, 한국어에 대한 이미지 조사 결과를 논하고, 마지막으로, 후기조사로부터 밝혀진 초급한국어 학습자의 학습 경험에 따른 한국, 한국인, 한국어에 대한 이미지 변화에 대해 논하고자 한다.

2. 선행연구

한국, 한국인, 한국어에 대한 이미지의 선행 연구에는 纓坂(2008), 한국어 학습자의 이미지 연구에는 오고시(生越)(2004,2006), 金由那(2004, 2006), 林炫情・姜姫正(2007)이 있다. 그리고 한국, 한국인에 대한 이미지 변화에 대해서는 長谷川(2005, 2011)가 있다.

纓坂(2008)는 한국어 학습 경험의 유무와 관계없이 대학생과 성인을 조사 대상으로 하여 한국의 이미지와 그 요인에 대하여 조사하였다. 이 연구에서 대학생의 한국 이미지는 음식, 스포츠 등의 인상이나, 혹은 검은 머리 등의 신체적 특징에 머물러, 한국인 이미지는 긍정적이었으나, 단순하며 피상적이라는 것을 밝혔다.

다음으로, 한국어 학습자와 비학습자의 한국, 한국인, 한국어에 대한 이미지의 차이에 대해서는 다음과 같은 연구가 있다.

오고시(2004)는 일본의 대학에서 조사를 한 결과, 한국어 학습자 쪽이 비학습자보다도 한국이나 한국인에게 좋은 인상을 가지고 있다는 것과 한국에 대한 인상은 매스컴의 보도가, 한국인에 대한 인상에는 한국의 대중문화가 크게 영향을 주고 있다는 것을 밝혔다.

生越(2006)는 일본인 대학생의 한국어 학습자를 대상으로, 한국과 한국어에 관한 이미지 조사를 행하였다. 그 결과, 오고시(2004)와 같이 학습경험자 쪽이 비학습자에 비해 좋은 이미지를 가지고 있다는 것, 매스컴의 보도가 한국의 이미지 형성에 큰 영향을 주고 있다는 것, 한국 문화나 한국인이 한국어 학습의 동기가 되고 있다는 것을 밝혔다.

金由那(2004, 2006)은 대학, 한국 학교, 문화센터에서 한국어를 배우고 있는 학습자를 대상으로 일본에 있어서 외국어로서 한국어의 교육 상황과 한국어 학습자의 의식 실태에 대해 고찰하였다. 그 결과, 언어의 이미지 조사에 있어서, 한국어에 대하여 「친근감이 있다」「효율적이다」「좋아한다」라는 이미지를 가지고 있다는 것을 밝혔다.

林炫情・姜姫正(2007)은 일본의 대학에서 한국어・조선어 수업, 또는 한국・조선 문화론을 수강하고 있는 학생을 대상으로 설문 조사를 행하여, 한국어 학습자의 다수는 한국어에 대하여 「좋아한다」「친근감이 있다」라는 이미지를 가지고 있음을 밝혔다.

한국, 한국인 이미지 변화에 대해서는 長谷川(2005, 2011)의 연구가가 있다.

長谷川(2005)는 질문지 조사에 따라 한국 드라마 「겨울연가」의 시청 행동과 시청자의 한국인에 대한 태도변화 관계에 대해 질적・양적으로 분석을 하였다. 그 결과, 한국인에 대한 이미지는 드라마 시청에 의해 호전되었으며 한국인에 대한 관심도 높아진 것으로 나타나 일본에서의 한국 드라마 방영은 양국 간의 이문화 커뮤니케이션의 관점에서 바람직한 결과를 낳고 있다는 것을 밝히고 있다.

長谷川(2011)는 일본인 대학생이 가진 한국인에 대한 이미지가 한국의 드라마를 시청함으로써 어떻게 변화되는지를 조사하였다. 그 결과, 드라마 시청 전의 조사에 있어서 한국인에 대한 이미지는 전체적으로 음식이나 텔레비전에서 본 거리 등의 피상적인 것과, 한류 드라마의 유행에 따라 생기게 된 새로운 이미지가 혼재하고 있다는 것이 중심이었다. 한편, 드라마 시청 후의 조사에서는 長谷川(2005)의 연구와 같이 한국의 문화적 특징에 대한 이해가 깊어지고, 친근감이 늘어난 결과를 보여, 「한국과 한국인에 대한 긍정적인 이미지가 증가하였다」는 것을 밝혔다.

3. 목적

본 연구는 한국어 학습자가 가지고 있는 한국, 한국인, 한국어에 대한 이미지와 그 변화에 대하여 밝히는 것을 목적으로 하여 2008년 6월과 같은 해 12월에 일본의 대학에서 제2외국어로서 초급한국어를 학습하고 있는 일본인 학습자를 대상으로, 한국, 한국인, 한국어에 대한 이미지 조사와 그 변화에 관한 조사를 실시하여, 분석하였다.

4. 방법

4.1 조사 참가자

본 연구에서는 이미지의 변화를 밝히기 위해, 대학에서 제2외국어로 초급한국어를 학습하고 있는 대학생을 대상으로 조사를 하였다. 이것은 학습 기간이나 학습 방법이 같은 학습자를 대상으로, 조사를 실시하기 위해서이다. 또, 일본에서는 한국어를 배우는 많은 학습자들이 전공과목으로 한국어를 배우는 것이 아니라, 영어 이외의 외국어, 즉 제2외국어로 한국어를 배우는 경우가 많다. 그 때문에, 보다 일반적인 한국어 학습자가 가지고 있는 이미지를 밝히기 위하여, 대학에서 제2외국어로 배우고 있는 학습자를 조사 대상으로 하였다.

본 연구의 조사에서는 일본의 K대학에서 전기, 후기를 통하여 같은 수업을 받고 있는 학습자를 조사 대상으로 하였다. 조사는 전기 6월과 후기 12월에 총 2회 실시하였다. 조사 참가자는 전기조사와 후기조사 양쪽 모두 참가한 사람도 있으며, 어느 한 쪽만 참가한 사람도 분석 대상으로 하였다. 이것은 후기조사에만 참가한 사람일지라도 조사를 실시한 초급한국어 수업과 같은 내용을, 조사를 실시하지 않은 초급한국어 수업에서 배웠기 때문에[1] 학습 내용이나 학습 경험 등에 있어서 양쪽 조사에 참가하고 있는 사람과 후기조사에만 참가한 사람 사이에 차이는 없으며, 학습 경험에 따른 이미지 변화 조사를 행하는 데에 있어서 문제는 없다고 생각하였기 때문이다.

4.2 질문지

본 연구에서는 전기조사로 「이미지 조사」, 후기조사로 「이미지 변화 조사」를 행하였다. 먼저, 전기조사의 이미지 조사 질문지로는 의미이분법(Semantic Differential ; SD)을 이용하였다. 조사 항목은 田中(1969),

---

1) 조사를 실시한 대학은 1년 2학기 시메스터제 커리큘럼으로, 같은 교과서를 이용하여 같은 내용을 가르치는 한국어 초급 클래스가 복수 개강되어 있으므로, 후기에는 전기와 다른 클래스로 이동할 수 있도록, 전기에 하는 학습 내용에 기준을 두었다. 따라서, 전기에 조사하지 않은 클래스에서 이동해 와서 후기조사에만 참가한 학생이라 하더라도, 전기조사에 참가한 학생과 학습 경험이나 내용은 거의 같기 때문에, 학습 경험에 의한 이미지 변화에 관한 조사를 하는 데에 있어서 문제는 없다고 판단하였다.

岩下(1979, 1983)를 참고하여 예비조사를 행하여, 전기조사는 한국에 관한 이미지 31항목, 한국인에 관한 이미지 31항목, 한국어에 관한 이미지 30항목으로 구성하였다. 이 질문지에 대한 평정은 5점 척도 법[2]을 사용하였다.

후기조사에서는 전기조사에서 이용한 의미이분법을 기초로 하여 독자적으로 작성한 이미지 변화 질문지를 사용하였다. 질문지는 한국, 한국인, 한국어에 대한 이미지가 어떻게 변화된 것인지에 대하여, 한국 이미지 31항목, 한국인 이미지 31항목, 한국어 이미지 30항목으로 구성하였다. 이 질문지에 대한 평정은 7점 척도 법을 사용하였다. 각 질문지의 상세한 내용은 각 장에서 기술하고자 한다.

5. 일본인 한국어 학습자의 한국, 한국인, 한국어에 대한 이미지

5.1 조사 절차

5.1.1 전기조사 참가자

조사 참가자는 조사 시에 K대학에서 「조선어초급」을 수강한 일본인 대학생 39명이다. 39명은 남성 14명, 여성 25명으로 평균 연령은 18.9세 (SD=. 88)이다. 조사 참가자의 학년은 1학년에서 3학년으로, 1학년 21

---

2) 본 조사에서는 조사표의 좌우에 이미지에 관한 평가어가 쓰여 있으며, 조사 참가자가 좌우 어느 쪽 이미지를 가지고 있는지를 대답하는 SD조사지의 특징을 살려 조사 참가자에게 이해하기 쉽게 전달하고, 정확하게 답하기 위해, 「오른쪽 이미지」「왼쪽 이미지」라는 척도 법을 사용하였다.

명, 2학년 14명, 3학년 4명이다. 전기조사 참가자는 같은 해 4월부터 대학에서 한국어 문법 수업을 주 1회 수강하고 있다. 조사 시의 문법 습득 내용은 한글을 읽을 수 있게 되어 기초적인 문법을 이해할 수 있게 된 시점이다.

5.1.2 조사 방법

K대학에서 필자가 담당한 「조선어초급」 수업 시간 내에 질문지를 배포하고 응답을 요청하여, 수업 중에 회수하였다. 실시 시간은 30분정 도이었다.

이 조사에서는 한국어 학습자를 대상으로 「당신이 생각하는 〈한국, 한국인, 한국어〉의 이미지」에 대하여 질문하였다. 전기조사 질문지는 앞서 말한 대로, SD법을 이용하여, 한국에 관한 이미지 31항목, 한국인 에 관한 이미지 31항목, 한국어에 관한 이미지 30항목으로 구성하였다. 항목의 응답 형식은 각 항목의 좌우에 나타낸 이미지에 관한 단어를 기준으로, 「1. 매우 오른쪽 이미지」 「2. 다소 오른쪽 이미지」 「3. 어느 쪽이라고 말할 수 없다」 「4. 다소 왼쪽 이미지」 「5. 왼쪽 이미지」의 5점 척도 법으로 답하게 하였다. 이것은 평점이 높으면 왼쪽 이미지, 낮으 면 오른쪽 이미지가 된다. 예를 들어, 질문이 「좋아하는 이미지: 싫어 하는 이미지」의 경우, 평점이 높으면 「좋아하는」 이미지, 평점이 낮으 면 「싫어하는」 이미지로 답한 것이 된다.

5.1.3 분석방법

한국, 한국인, 한국어에 대한 이미지 조사 결과를 항목마다 평균과 표준편차를 산출하여, 학습자가 각각에 대하여 어떤 이미지를 가지고 있는지를 밝혔다.

요인분석은 주요인법, 프로 맥스 회전으로 행하였다. 고유치의 감쇠 상황과 요인의 해석 가능성으로부터 요인을 추출하였다. 요인구성 요소로는 요인 부하량이 .4이상인 항목을 채용하였다. 그 결과, 한국 이미지는 5요인, 한국인 이미지는 4요인, 한국어 이미지는 6요인이 타당하다고 생각되었다. 그리고 내적일관성을 검토하기 위하여 크롬바 α를 산출하였으며, 그 결과는 대체적으로 충분한 값을 얻을 수 있었다. 요인분석 부하량 및, α계수, 요인 상관, 그리고 항목마다 평균과 표준편차는 한국 이미지는 〈표 1〉, 한국인 이미지는 〈표 2〉, 한국어 이미지는 〈표 3〉에 나타냈다.

이하, 요인별로 자세히 검토해 가고자 한다. 한편, 결과 수치는 표와 같고, 항목마다 평균치가 3.5이상을 「비교적 높다」, 4이상을 「높다」, 2.5이하를 「비교적 낮다」, 2이하를 「낮다」고 표현하였다. 또한, 3.5에서 2.5의 사이는 「어느 쪽이라고 말할 수 없다」의 범주로 하여 「명확한 이미지가 없다」고 표현하였다. 그리고 각 항목 번호는 「Q ○○」라고 표기한다.

5.2 한국의 이미지

5.2.1 요인분석 결과

전기 한국 이미지 조사 31항목에 대하여 상기와 같이, 요인분석을 행하여, 5요인이 추출되었다. 제1요인은 좋아한다, 멋지다, 즐겁다, 좋다, 등에 관한 항목에서 요인 부하량이 높으므로, 「한국 선호가 요인」이라고 명명하였다(설명량은 17.96%). 제2요인은 애국심이나 단결력,

경쟁적 등에 관한 항목에서 요인부하량이 높음으로, 「애국심 요인」이
라고 명명하였다(설명량은 15.09%). 제3요인은 신뢰할 수 있다, 질서를
지킨다, 전통적인 등에 관한 항목에서 요인부하량이 높음으로, 「충성
성 요인」이라고 명명하였다(설명량은 7.52%). 제4요인은 근대적, 풍부,
선진적 등에 관한 항목에서 요인부하량이 높음으로, 「선진국성 요인」
이라고 명명하였다(설명량은 6.58%). 제5요인은 활기가 있다, 성급하
다, 강하다 등에 관한 항목에서 요인부하량이 높음으로, 「활발성 요인」
이라고 명명하였다(설명량은 4.58%). 5요인의 누적 설명량은 51.72%이
었다. 이하 요인마다 자세하게 검토해 가겠다. 한편, 요인분석 부하량
및, α계수, 요인상관 그리고 항목마다의 평균과 표준편차는 〈표 1〉에
나타냈다.

5.2.2 한국의 이미지 결과와 고찰

한국에 대한 이미지 조사 결과는 다음과 같다. 한국 선호가 요인으
로는 Q13, Q30, Q26의 평균이 비교적 높았다. 애국심 요인에서는 Q11,
Q10, Q12 의 평균이 높으며, Q2의 평균이 비교적 높았다. 충성성 요인
에서는 Q17의 평균이 높으며, Q5, Q27, Q24의 평균이 비교적 높았다.
활발성 요인에서는 Q9의 평균이 비교적 높았다.

이 결과로부터, 한국어 학습자는 한국에 대하여 「좋아하며 (Q13),
즐겁고 (Q30), 좋은 (Q26)나라(한국 선호가 요인)」「정열적 (Q2)이고,
애국심(Q11)과, 단결력이 강하며 (Q10), 상하 관계가 엄격한 (Q12)나라
(애국심 요인)」「전통적 (Q17)이고, 민주적인 (Q5)나라이며, 가깝고
(Q27), 친숙한(Q24)나라(충성성 요인)」「활기가 있는 (Q9)나라(활발성
요인)」이라는 이미지를 가지고 있다는 것이 밝혀졌다.

〈표 1〉 전기조사 한국의 이미지 척도 요인패턴 및 평균(M)과 표준편차(SD)

항목	I	II	III	IV	V	공통성	M	SD
I. 한국 선호가(α=.87)								
Q13. 좋아하는 : 싫어하는	.94	.30	-.03	-.15	-.01	.77	3.69	.77
Q30. 즐거운 : 즐겁지 않은	.85	-.01	-.04	-.07	.04	.68	3.64	.74
Q26. 좋은 : 나쁜	.78	.22	.22	-.02	-.09	.70	3.69	.73
Q14. 멋진 : 멋지지 않은	.67	-.13	.08	-.11	.27	.53	3.18	.68
Q16. 세련된 : 세련되지 않은	.59	.19	.07	.13	-.27	.46	3.03	.71
II. 애국심(α=.81)								
Q11. 애국심이 강하다 : 애국심이 약하다	.21	.83	.07	.10	-.23	.58	4.38	.75
Q10. 단결력이 강하다 : 단결력이 약하다	.25	.63	.11	.06	.08	.45	4.15	.78
Q29. 쾌활한 : 쾌활하지 않은	.25	-.60	-.17	-.04	.08	.45	3.05	.65
Q18. 우호적인 : 적대적인	.09	-.60	.19	.27	.28	.56	3.26	.82
Q2. 정열적인 : 냉정한	.23	.58	.07	.09	.26	.51	3.69	.89
Q12. 상하관계가 엄격한 : 상하관계가 엄격하지 않은	.14	.54	.16	.04	.16	.39	4.13	.80
Q19. 협력적인 : 경쟁적인	.28	-.50	.20	.17	-.27	.73	2.97	.96
Q21. 평화적인 : 공격적인	.42	-.47	.05	.21	-.01	.64	3.10	.85
III. 충성성(α=.75)								
Q8. 신뢰 할 수 있는 : 신뢰 할 수 없는	.17	.20	.66	.00	-.04	.52	3.28	.76
Q5. 민주적인 : 비민주적인	-.19	-.06	.58	.34	-.07	.50	3.59	.88
Q7. 질서를 지키는 : 질서를 지키지 않는	-.01	.21	.58	.16	.01	.44	3.41	.94
Q22. 자립적인 : 의존적인	.54	.10	-.57	.01	.09	.43	3.38	.78
Q17. 전통적인 : 전통적이지 않은	.10	.00	.53	-.32	.24	.37	4.03	.74
Q15. 귀여운 : 귀엽지 않은	.11	.18	.51	-.08	.14	.33	3.18	.68
Q27. 가까운 : 먼	.17	-.13	.42	-.21	-.02	.26	3.97	.67
Q24. 친숙한 : 친숙하지 않은	.12	.04	.41	.16	.12	.29	3.59	.75
IV. 선진국성(α=.76)								
Q1. 근대적인 : 근대적이지 않은	-.34	.22	.15	.77	.01	.68	3.38	.85
Q3. 풍요로운 : 가난한	-.04	.11	-.01	.73	-.14	.51	3.31	.80
Q31. 선진적 : 발전 도상적	.37	-.08	-.33	.63	-.09	.62	3.26	.79
Q20. 개방적인 : 폐쇄적인	.01	-.14	-.02	.63	.32	.53	3.13	.66
Q23. 국제적인 : 국제적이지 않은	.13	.41	.06	.44	.09	.41	3.28	.72
V. 휠빌싱(α=.68)								
Q9. 활기가 있는 : 활기가 없는	.17	-.08	.23	-.08	.82	.74	3.95	.65
Q25. 여유로운 : 조급한	.14	-.38	.31	-.27	-.49	.72	2.72	.69
Q4. 이해하기 쉬운 : 이해하기 어려운	.27	-.05	.13	.03	-.47	.38	3.18	.85
Q28. 강한 : 약한	-.19	.27	.33	.05	.45	.52	3.38	.63

요인 간 상관

	I	II	III	IV	V
I	1.00	-.27	.30	.26	-0.8
II		1.00	-.08	-.07	.35
III			1.00	.26	.04
IV				1.00	.08
V					1.00

한편, 선진국성에 대해서는 명확한 이미지를 가지고 있지 않다는 것을 알았다. 이상의 결과로 한국어 학습자는 한국에 대하여, 좋아한다, 즐겁다, 좋다, 가깝다, 친숙함이 느껴진다는 긍정적인 이미지를 가지고 있으며, 더욱이 애국심이나 단결력이 강하다는, 전통적인 이미지도 가지고 있음을 알 수 있다.

5.3 한국인의 이미지

5.3.1 요인분석 결과

전기조사의 한국인 이미지 조사 31항목에 대하여, 한국 이미지와 같은 요인분석을 실시하였다. 그 결과, 이하의 4요인이 추출되었다. 제1요인은 친하기 쉽다, 정이 많다, 효도하는 등에 관한 항목에서 요인부하량이 높음으로「온정심성 요인」이라고 명명하였다(설명량은 18.24%). 제2요인은 고집이 세다, 확실하게 말한다, 적극적인 등에 관한 항목에서 요인부하량이 높음으로「주장성 요인」이라고 명명하였다(설명량은 16.43%). 제3요인은 성실한, 정의감이 강하다, 근면한 등에 관한 항목에서 요인부하량이 높음으로「견실성 요인」이라고 명명하였다(설명량은 10.59%). 제4요인은 좋아하는, 좋다, 멋지다, 상냥한 등에 관한 항목에서 요인부하량이 높음으로「한국인 선호가 요인」이라고 명명하였다(설명량은 7.00%). 4요인의 누적 설명량은 52.25%이었다. 이러한 한국인에 대한 이미지 요인분석 결과, 다음과 같은 것을 알게 되었다. 한편, 요인분석 부하량 및, α계수, 요인상관 그리고 항목마다의 평균치와 표준편차는〈표 2〉에 나타냈다.

5.3.2 한국인의 이미지 결과와 고찰

한국인에 대한 이미지 조사 결과는 다음과 같다. 온정심성 요인에서는 Q14의 평균이 높고, Q15, Q3, Q1의 평균이 비교적 높았다. 주장성 요인에서는 Q30의 평균이 높으며, Q25, Q16, Q13, Q9의 평균이 비교적 높았다. 견실성 요인에서는 Q5의 평균이 높으며, Q10, Q29, Q8의 평균이 비교적 높고, Q20의 평균이 비교적 낮았다.

〈표 2〉 전기조사 한국인의 이미지 척도 요인패턴 및 평균(M)과 표준편차(SD)

항목	I	II	III	IV	평균치	M	SD
I. 온정성(α=.85)							
Q2. 사교적인: 사교적이지 않은	.94	.22	-.07	-.26	.78	3.49	.97
Q4. 친금감이 있다: 친금감이 없다	.83	-.06	-.09	-.11	.65	3.44	.88
Q15. 정이 많은: 정이 없는	.68	.15	.28	.13	.68	3.82	.82
Q3. 예의 바른: 예의 없는	.67	-.10	.47	-.24	.67	3.87	.89
Q1. 밝은: 어두운	.64	.22	-.32	-.03	.45	3.62	.94
Q14. 효도하는: 불효하는	.58	.21	.24	.01	.45	4.10	.91
Q19. 우호적인: 적대적인	.47	.21	-.06	.07	.32	3.18	.94
II. 주장성(α=.84)							
Q25. 기가 센: 기가 약한	.07	.91	.11	.25	.84	3.90	.85
Q26. 감정적인: 감정적이지 않은	.04	.80	-.04	.05	.61	3.97	.81
Q13. 확실하게 말하는: 확실하게 말하지 않는	-.07	.78	-.21	.07	.61	3.90	.94
Q18. 고집 센: 유연한	-.08	.60	.38	-.22	.69	3.49	.91
Q9. 적극적인: 소극적인	.16	.56	.04	.09	.32	3.87	.77
Q11. 겸허한: 뻔뻔한	.29	-.52	.33	.19	.60	3.05	.83
Q30. 상하관계가 엄격한: 상하관계가 엄격하지 않은	.05	.51	.25	.27	.39	4.05	.92
Q22. 협조적인: 경쟁적인	.29	-.41	-.16	.20	.43	2.82	.82
III. 견실성(α=.85)							
Q5. 성실한: 불성실한	.18	.06	.78	-.19	.67	4.00	.86
Q10. 정의감이 강한: 정의감이 약한	.14	.29	.76	.08	.77	3.82	.85
Q29. 지적인: 지적이지 않은	-.32	.06	.73	.28	.65	3.59	.88
Q20. 무책임한: 무책임하지 않은	-.02	.11	-.67	-.12	.48	2.36	.81
Q8. 근면한: 태만한	-.09	.16	.64	-.14	.49	3.95	.79
Q21. 신중한: 신중하지 않은	-.23	-.50	.56	-.02	.48	3.31	.73
Q6. 신뢰 할 수 있는: 신뢰 할 수 없는	.29	-.11	.56	.16	.52	3.28	.76
IV. 한국인 선호가(α=.42)							
Q31. 좋아하는: 싫어하는	.20	.42	-.15	.75	.69	3.41	.79
Q17. 좋은: 나쁜	.24	-.13	.12	.65	.69	3.62	.85
Q27. 귀여운: 귀엽지 않은	-.45	.08	.21	.60	.41	3.31	.73
Q26. 멋진: 멋지지 않은	-.16	.04	.28	.56	.37	3.33	.66
Q24. 상냥한: 싱냥하시 않은	.17	-.19	-.08	.51	.45	3.31	.83
Q28. 가까운: 먼	.29	.14	-.12	.46	.21	3.82	.72

요인 간 상관	I	II	III	IV
I	1.00	-.12	.11	.36
II		1.00	.14	-.23
III			1.00	.09
IV				1.00

한국인 선호가 요인에서는, Q17, Q28의 평균이 비교적 높았다.

이 결과로부터, 한국어 학습자는 한국인에 대하여 「효도(Q14)하고, 정이 많으며 (Q15), 예의 바르고 (Q3), 밝은 (Q1)사람 (온정심성 요인)」 「상하관계가 엄격하고(Q30), 기가 세며 (Q25), 감정적 (Q16)이고, 확실하게 말하고 (Q13), 적극적인 (Q9)사람 (주장성 요인)」 「성실하고(Q5), 무책임하지 않으며 (Q20), 정의감이 강하며 (Q10), 근면한 (Q8)사람

(견실성 요인)」,「좋은 (Q17), 가까운 (Q28)사람 (한국인 선호가 요인)」
이라는 이미지를 가지고 있다는 것을 알았다. 이상의 결과로부터, 한
국어 학습자는 한국인에 대한 평가가 높다는 것을 알았으며, 긍정적인
이미지를 가지고 있다는 것이 밝혀졌다.

한편,「사교적이다 : 사교적이지 않다 (온정성 요인)」「친하기 쉽다 :
친하기 어렵다 (온정성 요인)」「우호적인 :적대적인 (온정성 요인)」
「좋아하는 : 싫어하는 (한국인 선호가 요인)」「상냥하다 : 상냥하지
않다 (한국인 선호가 요인)」 등, 친근감에 관한 명확한 이미지는 가지
고 있지 않은 것 같다. 이 친근감이 없다고 하는 결과는 纓坂(2008)에서
밝혀진, 한국인 이미지는 긍정적이나, 단순하고 피상적이라는 결과와
관련이 있다고 말할 수 있을 것이다.

5.4 한국어의 이미지

5.4.1 요인분석 결과

전기조사의 한국어 이미지 조사 30항목에 대하여, 한국 이미지와
같은 요인분석을 행하였다. 그 결과, 이하의 6요인이 추출되었다. 제1
요인은 평판이 좋은, 인기 있다, 좋다, 좋아하는 등에 관한 항목에서
요인 부하량이 높음으로,「한국어 호평가 요인」이라고 명명하였다 (설
명량 17.20%). 제2요인은 영어와 비슷하다, 세계에서 통한다, 도움이
되는 등에 관한 항목에서 요인부하량이 높음으로,「유효성 요인」이라
고 명명하였다 (설명량은 11.39%). 제3요인은 세련된, 소리가 이름다
운, 글자가 아름다운, 도회적인 등에 관한 항목에서 요인부하량이 높음
으로,「세련성 요인」이라고 명명하였다 (설명량은 8.51%). 제4요인은

약하다, 부드럽다, 무섭지 않은 등에 관한 항목에서 요인부하량이 높음으로, 「경연성(硬軟性) 요인」이라고 명명하였다(설명량은 7.89%). 제5요인은 개성적인, 독특한, 신기한 등에 관한 항목에서 요인부하량이 높음으로, 「독자성 요인」이라고 명명하였다(설명량은 5.52%). 제6요인은 친숙해지기 쉽다, 귀엽다, 일본어와 비슷한 등에 관한 항목에서 요인부하량이 높음으로, 「친근성 요인」이라고 명명하였다(설명량은 3.97%). 6요인의 누적 분석 비는 54.47%이다. 이 한국어 이미지의 요인분석 결과, 다음과 같은 것을 알았다. 요인분석 부하량 및 α계수, 요인상관 그리고 항목마다의 평균과 표준편차는 〈표 3〉에 나타냈다.

5.4.2 한국어의 이미지 결과와 고찰

한국어에 대한 이미지 조사 결과는 다음과 같다. 한국어 선호가 요인에서는 Q4, Q6, Q7의 평균치가 비교적 높았다. 유효성 요인에서는 Q30의 평균이 높으며, Q27의 평균이 비교적 높고, Q26의 평균이 비교적 낮았다. 경연성 요인에서는 Q19의 평균이 비교적 높았다. 독자성 요인에서는 Q15, Q16, Q10의 평균이 높으며, Q20의 평균이 비교적 높았다. 친근성 요인에서는 Q1, Q25의 평균이 비교적 높았다.

이 결과로부터, 한국어 학습자는 한국어에 대하여 「좋아하며 (Q7), 좋은 (Q4), 친하기 쉬운 (Q3), 경쾌한 (Q6) 언어(한국어 선호가 요인)」 「즐거운 (Q30), 도움이 되는 (Q27), 영어와 비슷하지 않은 (Q26) 언어(유효성 요인)」 「강한 (Q19) 언어(경연성 요인)」 「개성적 (Q15)이고, 독특(Q16)하고, 신기하고(Q20), 빠른 (Q10) 언어(독자성 요인)」 「친숙한 (Q1), 일본어와 비슷한 (Q25) 언어(친근성 요인)」라는 이미지를 가지고 있음이 밝혀졌다. 한편, 한국어의 세련성에 대하여 명확한 이미지를 가지고 있지 않다는 것도 알게 되었다.

〈표 3〉 전기조사 한국어의 이미지 척도 요인패턴 및 평균(M)과 표준편차(SD)

항목	I	II	III	IV	V	VI	평균치	M	SD
Ⅰ. 한국어 호평가(α=.80)									
Q18. 평판이 좋은 : 평판이 나쁜	.74	.34	.08	.12	-.18	-.07	.73	3.18	.76
Q17. 인기 있는 : 인기 없는	.72	.29	-.01	-.05	-.11	-.43	.66	3.31	.80
Q4. 좋은 : 나쁜	.66	-.03	.09	.10	-.13	.02	.52	3.67	.74
Q6. 경쾌한 : 답답한	.65	-.27	-.20	.11	.23	.13	.64	3.56	.99
Q3. 친하기 쉬운 : 친하기 어려운	.65	-.07	.24	-.06	-.21	.12	.44	3.64	.78
Q7. 좋아하는 : 싫어하는	.53	.27	.07	.23	.22	.10	.61	3.87	.73
Q29. 간단한 : 어려운	-.47	.04	-.07	.10	-.06	.02	.23	2.74	1.02
Q22. 밝은 : 어두운	.41	-.38	.32	.14	.00	-.28	.54	3.31	.73
Ⅱ. 유효성(α=.71)									
Q30. 즐거운 : 즐겁지 않은	-.02	.68	-.05	.55	.18	.05	.67	4.00	.69
Q26. 영어와 유사한 : 영어와 유사하지 않은	.05	.65	.02	.00	-.25	.03	.46	2.44	.91
Q28. 세계에서 통하는 : 세계에서 통하지 않는	.05	.62	.13	-.27	.06	.07	.55	2.79	.86
Q27. 도움이 되는 : 도움이 안 되는	.16	.56	.06	-.24	.25	.02	.54	3.87	.80
Ⅲ. 세련성(α=.67)									
Q14. 멋이 있는 : 멋이 없는	.18	.20	.77	-.25	.01	.13	.71	2.92	.74
Q23. 소리가 예쁜 : 소리가 예쁘지 않은	.03	-.28	.75	-.03	.09	-.13	.60	2.92	.77
Q24. 글자가 예쁜 : 글자가 예쁘지 않은	-.40	.31	.64	0.7	.05	.03	.58	3.28	.86
Q11. 도회적인 : 도회적이지 않은	.04	.05	.49	-.31	.04	-.04	.24	3.00	.46
Ⅳ. 경연성(α=.71)									
Q19. 강한 : 약한	.08	.09	.09	-.76	.02	.00	.56	3.59	.79
Q8. 부드러운 : 딱딱한	.34	.03	-.38	.73	-.11	-.13	.60	2.85	.87
Q21. 무서운 : 무섭지 않은	-.18	.36	-.20	-.53	-.20	.07	.66	2.77	.87
Ⅴ. 독자성(α=.64)									
Q15. 개성적인 : 개성적이 아닌	-.17	.03	.17	.09	.71	-.10	.49	4.21	.73
Q16. 독특한 : 독특하지 않은	.10	.07	-.06	-.02	.68	.17	.57	4.31	.69
Q10. 빠른 : 느린	.30	-.07	-.39	-.16	.49	.10	.58	4.13	.80
Q20. 신기한 : 신기하지 않은	-.18	-.07	.09	-.04	.41	.03	.18	3.64	.99
Ⅵ. 친근성(α=.61)									
Q1. 친숙한 : 친숙하지 않은	.29	.05	-.01	-.49	-.06	.69	.63	3.56	.91
Q13. 귀여운 : 귀엽지 않은	-.13	.18	.08	.01	.29	.63	.59	3.10	.94
Q25. 일본어와 비슷한 : 일본어와 비슷하지 않은	-.29	-.08	-.34	.40	-.07	.55	.57	3.29	.90
Q2. 정중한 : 거친	.17	.09	.25	.14	-.42	.48	.68	3.18	.94

요인 간 상관

	I	II	III	IV	V	VI
I	1.00	.04	.21	.20	.10	.21
II		1.00	.02	-.19	.09	.12
III			1.00	.35	-.16	.18
IV				1.00	-.05	.30
V					1.00	.12
VI						1.00

이상의 결과로부터, 한국어 학습자는 한국어에 대하여, 좋아하고, 좋은, 친하기 쉬운, 친숙해지기 쉬운, 즐겁다는 이미지를 가지고 있다는 것, 그리고 한국어에 친근감을 가지고 있다는 것, 게다가, 신기하고, 개성적, 독특하다는 이미지를 가지고 있다는 것으로부터, 친근감뿐만 아니라, 신기한 언어라고도 생각하고 있다는 것을 알았다. 이처럼 한국어 학습자가 한국어에 대하여 좋은, 친하기 쉽다는 이미지를 가지고 있다는 결과는 金由那(2004, 2006)과, 林炫情・姜姫正(2007)의 결과와 유사하다.

6. 일본인 한국어 학습자의 한국, 한국인, 한국어의 이미지 변화

6.1 조사 절차

6.1.1 조사 참가자

후기조사의 조사 참가자는 조사 시 K대학에서 「조선어초급」을 수강하고 있는 대학생 54명으로, 이 중 전기와 후기 양쪽 조사에 참가한 학생은 19명, 후기조사에만 참가한 학생은 35명이다. 후기조사 참가자는 남성 20명, 여성 34명, 평균 연령은 19.5세 (SD=1.09)이다. 조사 참가자는 1학년부터 4학년으로 1학년 33명, 2학년 8명, 3학년 7명, 4학년 3명이다. 조사 참가자는 같은 해 4월부터 대학 수업으로 한국어를 주 1회 배우고 있다. 조사를 한 12월은 커리큘럼 상, 1월에 행해지는 기말시험 직전이며, 수업 내용은 대학에서 1년째 한국어 학습 내용을 거의 모두 배운 상태로, 명사, 동사의 현재형, 과거형, 의문형, 부정형 등을 습득하였다.

6.1.2 조사방법

K대학에서 필자가 담당한 「조선어초급」 수업 시간에 질문지를 배포하여, 응답을 요청하여, 수업 중에 회수하였다. 실시 시간은 30분정도이었다.

후기조사의 질문지는 전기조사에서 이용한 SD법을 기초로 한 질문지를 개인적으로 작성하였다. 이 질문지는 이미지 변화에 대하여, 한국 이미지 31항목, 한국인 이미지 31항목, 한국어 이미지 30항목으로 구성되어 있으며, 「한국어를 배움에 따라 당신의 한국, 한국인, 한국어 이미지는 변하였습니까?」와 같은 질문 항목으로 구성되었다. 항목의 응답 형식은 「1.매우 오른쪽 이미지로 변하였다」 「2.오른쪽 이미지로 변하였다」 「3. 다소 오른쪽 이미지로 변하였다」 「4. 변함없다」 「5. 다소 왼쪽 이미지로 변하였다」 「6.왼쪽 이미지로 변하였다」 「7.매우 왼쪽 이미지로 변하였다」의 7점 척도로, 평점이 높으면 왼쪽 이미지로 변하였으며, 평점이 낮으면 오른쪽 이미지로 변하였음이 된다. 예를 들어, 질문 항목이 「좋아하는 이미지로 변하였다 : 싫어하는 이미지로 변하였다」의 경우, 평점이 높으면 「좋아하는」 이미지로 변하였고, 낮으면 「싫어하는」 이미지로 변하였다고 답한 것이 된다.

6.1.3 분석방법

후기조사 결과를 전기조사에서 밝혀진 이미지 요인에 따라 분류하고, 각각의 이미지 변화에 대해 검토하였다. 한편, 각각의 평균과 표준편차를 한국 이미지 변화는 〈표 4〉, 한국인 이미지 변화는 〈표 5〉, 한국어 이미지 변화는 〈표 6〉에 나타냈다. 이하 요인별로 자세하게 검토해 가고자 한다. 한편, 각 항목의 평균이 4.5이상은 「비교적 높다」, 5이상은 「높다」, 그리고 3.5이하를 「비교적 낮다」, 3이하를 「낮다」로 표현하였다. 또한, 4.5로부터 3.5 사이는 「변함없다」고 표현하였다. 한편, 각 항목 번호는 「Q ○○」라고 표기한다.

6.2 한국의 이미지 변화의 결과와 고찰

한국에 대한 이미지 변화의 조사 결과는 다음과 같다. 한편, 항목마다의 평균과 표준편차는 〈표 4〉에 나타냈다. 한국 선호가 요인에서는 Q13, Q30, Q26의 평균이 비교적 높았다. 애국심 요인에서는 Q11, Q10, Q12의 평균이 높으며, Q18의 평균이 비교적 높았다. 충성성 요인에서는 Q17, Q27의 평균이 높으며, Q5, Q24의 평균이 비교적 높았다. 선진국성 요인에서는 Q1, Q3의 평균이 비교적 높았다. 활발성 요인에서는 Q9의 평균이 높았다. 이 결과로부터, 다음과 같이 변화된 이미지와 변화되지 않은 이미지가 밝혀졌다.

먼저, 변화된 이미지를 보면, 학습자는 한국어 학습을 통하여 한국의 이미지가 「좋아하는 (Q13), 즐겁고 (Q30), 좋은 (Q26) 나라(한국 선호가 요인)」「애국심이 강하다 (Q11), 단결력이 강하다 (Q10), 상하 관계가 엄격하다 (Q12), 정열적인 (Q2) 나라(애국심 요인)」「전통적인 (Q17), 가깝고 (Q27), 민주적인 (Q5), 친숙한 (Q24) 나라(충성성 요인)」「근대적인 (Q1), 풍요로운 (Q3) 나라(선진국성 요인)」「활기가 있는(Q9) 나라(활출발성 요인)」라는 이미지로 변화된 것을 알았다.

〈표 4〉 후기조사 한국의 이미지 변화척도 평균(M)과 표준편차(SD)

항목	M	SD
I. 한국 선호가		
Q13. 좋아하는 : 싫어하는	4.59	1.28
Q30. 즐거운 : 즐겁지 않은	4.50	1.24
Q26. 좋은 : 나쁜	4.50	1.24
Q14. 멋진 : 멋지지 않은	4.09	.86
Q16. 멋이 있는 : 멋이 없는	4.07	1.04
II. 애국심		
Q11. 애국심이 강하다 : 애국심이 약하다	5.61	1.19
Q10. 단결력이 강하다 : 단결력이 약하다	5.09	1.23
Q29. 쾌활한 : 쾌활하지 않은	4.45	1.09
Q18. 우호적인 : 적대적인	4.41	1.26
Q2. 정열적인 : 냉정한	4.70	1.06
Q12. 상하관계가 엄격한 : 상하관계가 엄격하지 않은	5.41	1.29
Q19. 협력적인 : 경쟁적인	4.09	1.27
Q21. 평화적인 : 공격적인	4.16	1.07
III. 충성성		
Q8. 신뢰 할 수 있는 : 신뢰 할 수 없는	4.20	1.18
Q5. 민주적인 : 비민주적인	4.57	1.04
Q7. 질서를 지키는 : 질서를 지키지 않는	4.38	1.33
Q22. 자립적인 : 의존적인	4.20	.92
Q17. 전통적인 : 전통적이지 않은	5.20	1.20
Q15. 귀여운 : 귀엽지 않은	4.04	.93
Q27. 가까운 : 먼	5.07	1.29
Q24. 친숙한 : 친숙하지 않은	5.55	1.26
IV. 선진국성		
Q1. 근대적인 : 근대적이지 않은	4.54	1.13
Q3. 풍요로운 : 가난한	4.64	1.02
Q31. 선진적 : 발전 도상적	4.11	1.02
Q20. 개방적인 : 폐쇄적인	4.27	1.04
Q23. 국제적인 : 국제적이지 않은	4.45	1.06
V. 활발성		
Q9. 활기가 있는 : 활기가 없는	5.05	1.15
Q25. 여유로운 : 조급한	3.54	1.08
Q4. 이해하기 쉬운 : 이해하기 어려운	4.30	1.29
Q28. 강한 : 약한	4.21	.99

이 결과를 전기조사 결과와 비교해 보면, 후기조사에서 평균이 높았던 혹은 비교적 높았던 항목은 전기조사에서도 평균이 높거나 또는 비교적 높았던 것을 알 수 있다. 이것으로부터, 전기조사 시점에서 학습자가 가지고 있었던 이미지가 학습을 통하여 강화되었음이 밝혀졌다.

또한, 전기조사에서는 특히 이미지를 가지고 있지 않다는 결과가 나온, 선진국성 요인의 「근대적인 : 근대적이지 않은 (Q1)」과 「풍요로운 : 가난한 (Q3)」의 2항목은 후기조사에 의해 「근대적 이미지로 바뀌었다」와 「풍요로운 이미지로 바뀌었다」는 것이 밝혀졌다. 이것으로부터, 전기조사 시점에서 명확한 이미지를 가지고 있지 않았던 이미지라 하더라도 학습을 통하여, 새로운 이미지를 가지게 된다는 것도 알 수 있다. 이상으로부터, 한국어 학습을 통하여 한국에 대한 이미지가 강화되며, 보다 긍정적인 이미지로 변하며, 새로운 이미지를 가지게 된다는 것을 알 수 있다.

다음으로, 이미지가 변함없었던 항목으로 한국 선호가 요인에서는 「멋진 : 멋지지 않은 (Q14)」「멋이 있는 : 멋이 없는 (Q16)」, 애국심 요소에서는 「쾌활한 : 쾌활하지 않은 (Q29)」「우호적인 :적대적인 (Q18)」「협조적인 :경쟁적인 (Q19)」「평화적인 : 공격적인 (Q21)」, 충성성 요인에서는 「신뢰할 수 있는 : 신뢰할 수 없는 (Q8)」「질서를 지키는 : 질서를 지키지 않는 (Q7)」「자립적인 : 의존적인 (Q22)」「귀여운 : 귀엽지 않은 (Q15)」, 선진국성 요인에서는 「선진적인 : 발전 도상적 (Q31)」「개방적인 : 폐쇄적인 (Q20)」「국제적인 : 국제석이지 않은 (Q23)」, 활발성 요인에서는 「여유로운 : 조급한 (Q25)」「이해하기 쉬운 : 이해하기 어려운 (Q4)」「강한 : 약한 (Q28)」이었다. 이 항목의 평균은 모두 3.5에서 4.5 사이에 있기 때문에, 한국어 학습을 통하여, 이 이미지는 변화되지 않았다는 것이 밝혀졌다.

이 결과를 전기조사의 결과와 비교해 보면, 후기조사에서 이미지가 「변함없다」는 것이 밝혀진 대부분의 항목은 전기조사에서도 「명확한 이미지가 없다」는 결과가 나왔다. 이로부터, 전기조사 시점에서 명확한 이미지가 없는 한국에 관한 이미지는 반년 간 한국어 학습을 해도, 대부분 변함없다는 것이 밝혀졌다.

마지막으로, 요인 간의 변화에 대해서 살펴보면, 학습에 의해 변화된 요인은 애국심 요인과 충성성 요인이며, 그다지 변화되지 않는 요인은 한국 호평가 요인, 선진국성 요인, 활발성 요인이라는 것을 알 수 있다.

이상의 결과로 한국에 대한 이미지는 한국어 학습을 함으로써, 전기 조사에서 밝혀진 학습자가 가지는 긍정적인 이미지를 강화하며, 더욱이 새로운 이미지를 가지게 된다는 것을 알았다. 또한, 오고시(2004), 生越(2006)에서, 학습 경험자 쪽이 비학습자보다도 한국, 한국어에 대해 좋은 이미지를 가지고 있다는 것을 밝혔으나, 본 연구 결과에서 학습경험에 의해 긍정적인 이미지가 강화되기 때문에 학습경험자와 비학습자와의 이미지 차이가 명확해지는 것이 아닐까라고 생각된다.

6.3 한국인의 이미지 변화의 결과와 고찰

한국인에 대한 이미지 변화의 조사결과는 다음과 같다. 한편, 항목마다 평균과 표준편차는 〈표 5〉에 나타냈다. 온정성 요인에서는 Q3, Q1, Q14의 평균이 높으며, Q2, Q4, Q15, Q19의 평균이 비교적 높았다. 주장성 요인에서는 Q25, Q16, Q30의 평균이 높으며, Q13, Q9의 평균이 비교적 높았다. 견실성 요인에서는 Q5의 평균이 높고, Q10, Q8의 평균이 비교적 높았다. 한국인 선호가 요인에서는 Q17, Q28의 평균이 비교적 높았다. 이 결과로부터, 변화된 이미지와 변화되지 않는 이미지가 밝혀졌다.

먼저, 변화된 이미지를 보면, 한국어 학습자의 한국인에 대한 이미지는 학습을 통하여,「예의 바른 (Q3), 밝은 (Q1), 효도하는(Q14), 사교적인 (Q2), 친하기 쉬운 (Q4), 정이 많은 (Q15), 우호적인 (Q19) 사람(온정성 요인)」「기가 센 (Q25), 감정적인 (Q16), 상하 관계가 엄격한(Q30), 확실하게 말하는 (Q13), 적극적인 (Q9) 사람(주장성 요인)」「성실한

(Q5), 정의감이 강한(Q10), 근면한 (Q8) 사람 (견실성 요인)」「좋은 (Q17), 가까운 (Q28)사람 (한국인 선호가 요인)」이라는 이미지로 변한 것을 알 수 있다.

<표 5> 후기조사 한국인의 이미지 변화척도 평균(M)과 표준편차(SD)

항목	M	SD
I. 은정성		
Q2. 사교적인 : 사교적이지 않은, 이미지로 바뀌었다	4.93	1.19
Q4. 친하기 쉬운 : 친하기 어려운, 이미지로 바뀌었다	4.84	1.28
Q15. 정이 많은 : 정이 없는, 이미지로 바뀌었다	4.79	1.17
Q3. 예의 바른 : 예의 없는, 이미지로 바뀌었다	5.07	1.35
Q1. 밝은 : 어두운, 이미지로 바뀌었다	5.04	1.24
Q14. 효도하는 : 불효하는, 이미지로 바뀌었다	5.13	1.34
Q19. 우호적인 : 적대적인, 이미지로 바뀌었다	4.75	1.19
II. 주장성		
Q25. 기가 센 : 기가 약한, 이미지로 바뀌었다	5.09	1.20
Q26. 감정적인 : 감정적이지 않은, 이미지로 바뀌었다	5.11	1.38
Q13. 확실하게 말하여 : 확실하게 말하지 않는, 이미지로 바뀌었다	4.98	1.24
Q18. 고집 센 : 유연한, 이미지로 바뀌었다	4.41	1.29
Q9. 적극적인 : 소극적인, 이미지로 바뀌었다	4.98	1.18
Q11. 겸허한 : 뻔뻔한, 이미지로 바뀌었다	4.07	1.17
Q30. 상하관계가 엄격한 : 상하관계가 엄격하지 않다, 이미지로 바뀌었다	5.43	1.22
Q22. 협조적인 : 경쟁적인, 이미지로 바뀌었다	4.05	1.29
III. 견실성		
Q5. 성실한 : 불성실한, 이미지로 바뀌었다	5.09	1.34
Q10. 정의감이 강한 : 정의감이 약한, 이미지로 바뀌었다	4.68	1.08
Q29. 지적인 : 지적이지 않은, 이미지로 바뀌었다	4.36	1.20
Q20. 무책임한 : 무책임하지 않은, 이미지로 바뀌었다	3.91	.88
Q8. 근면한 : 태만한, 이미지로 바뀌었다	4.88	1.32
Q21. 신중한 : 신중하지 않은, 이미지로 바뀌었다	4.20	1.13
Q6. 신뢰 할 수 있는 : 신뢰 할 수 없는, 이미지로 바뀌었다	4.45	1.17
IV. 한국인 호평가		
Q31. 좋아하는 : 싫어하는, 이미지로 바뀌었다	4.48	1.22
Q17. 좋은 : 나쁜, 이미지로 바뀌었다	4.70	1.32
Q27. 귀여운 : 귀엽지 않은, 이미지로 바뀌었다	4.23	1.04
Q26. 멋진 : 멋지지 않은, 이미지로 바뀌었다	4.21	.93
Q24. 상냥한 : 상냥하지 않은, 이미지로 바뀌었다	4.39	.97
Q28. 가까운 : 먼, 이미지로 바뀌었다	4.79	1.20

이 결과를 전기조사와 비교해 보면, 변화되고 있는 항목의 다수에 있어서, 후기조사에서 평균치가 높았거나 또는 비교적 높았던 이미지

항목은 전기조사에서도 평균이 높거나 또는 비교적 높았음을 알 수 있다. 이것으로부터, 전기조사에서 밝혀진 한국어 학습자가 가지고 있는 한국인 이미지가 긍정적인 방향으로 강화되고 있다는 것이 밝혀졌다. 더욱이, 온정성 요인의 「사교적인 : 사교적이지 않은 (Q2)」 「친하기 쉬운 : 친하기 어려운 (Q4)」 「우호적인 : 적대적인 (Q19)」의 3개의 이미지는 전기조사에서는 명확한 이미지가 없다는 것이 밝혀졌으나, 후기조사에서는 한국인 이미지가 사교적이며 친하기 쉽고, 우호적인 이미지로 변했다는 것을 알 수 있다.

다음으로, 변화되지 않았던 이미지 항목은 주장성 요인인 「고집 센 : 유연한 (Q18)」 「겸허한 : 뻔뻔한 (Q11)」 「협조적인 :경쟁적인 (Q22)」 이미지, 견실성 요인인 「지적인 : 지적이지 않은 (Q29)」 「무책임한 : 무책임하지 않은 (Q20)」 「신중한 : 신중하지 않은 (Q21)」 「신뢰할 수 있는 :신뢰할 수 없는 (Q6)」이미지, 한국인 선호가 요인인 「좋아하는 : 싫어하는 (Q31)」 「귀여운 : 귀엽지 않은 (Q27)」 「멋진 : 멋지지 않은 (Q26)」 「상냥한 : 상냥하지 않은 (Q24)」의 항목이었다.

이 결과를 전기조사와 비교해 보면, 전기조사 시점에서 명확한 이미지가 없다는 것이 밝혀진 항목은 후기조사에서도 이미지가 「변함없다」는 것을 알 수 있다. 한편, 전기조사에서 한국어 학습자가 한국인은 「지적인, 무책임하지 않은 (견실성 요인)」이미지를 가지고 있다는 것이 밝혀졌으나, 이 2개의 이미지만이, 긍정적인 이미지는 강화되지 않고 「변함없다」는 것이 밝혀졌다.

마지막으로, 요인 간의 변화에 대하여 살펴보면, 온정성 요인, 주장성 요인, 견실성 요인의 평균이 비교적 높은 것으로부터, 이 3요인의 이미지는 학습에 의해 변화된다는 것을 알았다. 한편, 한국인 선호가 요인은 반년간의 학습으로는 변함없다는 것을 알 수 있다.

이상과 같이, 한국어 학습자가 가지는 한국인 이미지는 학습을 통하여, 긍정적인 이미지가 강화되며, 명확한 이미지가 없었던 많은 이미지는 그대로 변함없다는 것이 밝혀졌으나, 「사교적」「친하기 쉬운」「우호적」과 같이, 새로운 이미지를 가지게 된 것도 있어서, 한국어 학습을 통하여, 한국인의 이미지가 이전보다도 친근감 있는 이미지로 변한 것이 아닐까라고 생각된다. 본 연구로부터 밝혀진 한국인과 직접 만나지 않아도, 한국과 관련이 있는 것과 접촉함에 따라, 한국인의 이미지가 보다 긍정적이 된다는 결과는 長谷川(2005, 2011)의 연구와 같았다. 더욱이, 오고시(2004) 연구에서, 학습경험자 쪽이 비학습자보다도 한국인에 대하여 좋은 이미지를 가지고 있다는 것이 밝혀졌으나, 한국의 이미지와 같이 본 연구의 결과, 학습 경험에 따라 긍정적인 이미지가 강화되며, 학습경험자와 비학습자와의 이미지의 차이가 명확해지는 것이 아닐까라고 생각된다.

6.4 한국어의 이미지 변화의 결과와 고찰

한국어에 대한 이미지 변화의 조사결과는 다음과 같다. 한편, 항목마다의 평균과 표준편차는 〈표 6〉에 나타냈다. 한국어 선호가 요인에서는 Q3, Q4, Q7의 평균치가 비교적 높았다. 유효성 요인에서는 Q27, Q30의 평균이 비교적 높으며, Q26의 평균이 낮았다. 독자성 요인에서는 Q15, Q16의 평균이 높으며, Q10, Q20의 평균이 비교적 높았다. 친근성 요인에서는 Q1, Q25의 평균이 높으며, Q2의 평균이 비교적 높았다. 이상의 결과로부터, 변화된 이미지와 변화되지 않은 이미지가 밝혀졌다.

〈표 6〉 후기조사 한국어의 이미지 변화척도 평균(M)과 표준편차(SD)

항목	M	SD
Ⅰ. 한국어 호평가		
Q18. 평판이 좋은 : 평판이 나쁜, 이미지로 바뀌었다.	4.13	.88
Q17. 인기 있는 : 인기 없는, 이미지로 바뀌었다.	4.25	1.03
Q4. 좋은 : 나쁜, 이미지로 바뀌었다.	4.91	1.23
Q6. 경쾌한 : 답답한, 이미지로 바뀌었다.	4.46	1.16
Q3. 친하기 쉬운 : 친하기 어려운, 이미지로 바뀌었다.	4.89	1.25
Q7. 좋아하는 : 싫어하는, 이미지로 바뀌었다.	4.93	1.36
Q29. 간단한 : 어려운, 이미지로 바뀌었다.	3.91	1.52
Q22. 밝은 : 어두운, 이미지로 바뀌었다.	4.23	.87
Ⅱ. 유효성		
Q30. 즐거운 : 즐겁지 않은, 이미지로 바뀌었다.	4.95	1.41
Q26. 영어와 유사한 : 영어와 유사하지 않은, 이미지로 바뀌었다.	2.91	1.55
Q28. 세계에서 통하는 : 세계에서 통하지 않는, 이미지로 바뀌었다.	3.79	1.04
Q27. 도움이 되는 : 도움이 안 되는, 이미지로 바뀌었다.	4.84	1.07
Ⅲ. 세련성		
Q14. 세련된 : 세련되지 않은, 이미지로 바뀌었다.	3.73	.90
Q23. 소리가 예쁜 : 소리가 예쁘지 않은, 이미지로 바뀌었다.	3.95	1.13
Q24. 글자가 예쁜 : 글자가 예쁘지 않은, 이미지로 바뀌었다.	4.18	1.19
Q11. 도회적인 : 도회적이지 않은, 이미지로 바뀌었다.	3.86	.82
Ⅳ. 경연성		
Q19. 강한 : 약한, 이미지로 바뀌었다.	4.45	1.14
Q8. 부드러운 : 딱딱한, 이미지로 바뀌었다.	3.89	1.26
Q21. 무서운 : 무섭지 않은, 이미지로 바뀌었다.	3.96	1.03
Ⅴ. 독자성		
Q15. 개성적인 : 개성적이 아닌, 이미지로 바뀌었다.	5.07	1.36
Q16. 독특한 : 독특하지 않은, 이미지로 바뀌었다.	5.45	1.20
Q10. 빠른 : 느린, 이미지로 바뀌었다.	4.93	1.29
Q20. 신기한 : 신기하지 않은, 이미지로 바뀌었다.	4.70	1.19
Ⅵ. 친근성		
Q1. 친숙한 : 친숙하지 않은, 이미지로 바뀌었다.	5.16	1.32
Q13. 귀여운 : 귀엽지 않은, 이미지로 바뀌었다.	3.86	.98
Q25. 일본어와 비슷한 : 일본어와 비슷하지 않은, 이미지로 바뀌었다.	5.54	1.53
Q2. 정중한 : 거친, 이미지로 바뀌었다.	4.66	1.24

먼저, 변화된 이미지를 살펴보면, 한국어 학습자는 한국어 학습을 통하여, 한국어는 「좋은 (Q4), 친하기 쉬운 (Q3), 좋아하는 (Q7) 언어 (한국어 선호가 요인)」 「즐거운 (Q30), 도움이 되는 (Q27), 영어와 비슷하지 않은 (Q26) 언어(유효성 요인)」 「개성적인 (Q15), 독특한 (Q16), 신기한 (Q20), 빠른 (Q10) 언어(독자성 요인)」 「친숙한 (Q1), 일본어와 비슷한 (Q25), 정중한 (Q2) 언어(친근성 요인)」의 이미지로 변화된 것을 알았다.

이 결과를 전기조사와 비교해 보면, 변화된 항목의 다수에 있어서, 후기조사에서 평균이 높았던 또는 비교적 높았던 이미지 항목은 전기조사에서도 평균치가 높은 또는 비교적 높았던 것을 알 수 있다. 이로부터, 전기조사에서 밝혀진 이미지의 대부분이 학습에 의해 강화되고 있다는 것을 알았다. 더욱이, 친근성 요인에 있어서, 전기조사에서 명확한 이미지를 가지고 있지 않다는 것이 밝혀진 「정중한 : 거친 (Q2)」 이미지가, 후기조사에서는 평균이 비교적 높아, 학습에 의해 한국어가 「정중한」 이미지로 변했다는 것을 알았다.

다음으로, 이미지가 변함없었던 것은 한국어 선호가 요인에서는 「평판이 좋은 : 평판이 나쁜 (Q18)」 「경쾌한 : 답답한 (Q6)」 「간단한 : 어려운 (Q7)」 「밝은 : 어두운 (Q22)」, 유효성 요인에서는 「세계에서 통하는 : 세계에서 통하지 않는 (Q28)」, 친근성 요인에서는 「귀여운 : 귀엽지 않은 (Q13)」항목 이미지가, 그리고 세련성 요인와 경연성 요인에서는 모든 항목의 이미지가 변화되지 않았다는 것을 알 수 있다.

이 결과를 전기조사 결과와 비교해 보면, 전기조사에서 명확한 이미지가 없나는 것이 밝혀진 이미지는 후기조사에서도 이미지가 「변함없다」는 것을 알 수 있다. 그러나 한국어 호평가 요인에서는 전기조사에서 평균이 높았던 「경쾌한 : 답답한 (Q6)」의 항목 이미지는 후기조사 결과에서는 변화가 없는 범위의 값이었기 때문에, 한국어는 「경쾌한」 이미지인 채로 변화되지 않았음을 알 수 있다. 또한, 경연성 요인에 있어서, 전기조사 결과에서, 한국어는 「강한」 이미지를 가지고 있다는 것을 알았으나, 후기조사 결과에서는 「강한 : 약한 (Q19)」이미지는 「변함없다」라는 것으로부터, 한국어는 「강한」 이미지인 채로 변화되지 않았음이 밝혀졌다.

마지막으로, 요인 간의 변화에 대하여 살펴보면, 독자성 요인과, 친근성 요인의 이미지가 변화되기 쉽다는 것을 알았다. 그리고 한국어 선호가 요인, 유효성 요인, 세련성 요인, 경연성 요인은 그다지 변화되지 않았음이 밝혀졌다.

이상의 결과로부터, 한국어 학습자의 한국어에 대한 이미지는 학습을 통하여 많은 경우, 전기조사에서 명확화 된 이미지가 강화되거나 또는, 변함없는 경우가 대부분이나 「정중한」의 이미지와 같이 새로운 이미지를 가지는 것도 있다는 것이 밝혀졌다. 生越(2006)연구에서 학습경험자 쪽이 비학습자보다도 한국어에 대해 좋은 이미지를 가지고 있다는 것이 밝혀졌으나, 한국, 한국인 이미지와 같이 본 연구의 결과로부터, 학습경험에 따라 긍정적인 이미지가 강화되기 때문에, 학습경험자와 비학습자와의 이미지의 차이가 명확해지는 것이 아닐까라고 생각된다.

7. 결론

본 연구에서는 한국어 학습자의 한국, 한국인, 한국어에 대한 이미지와 그 변화를 밝히기 위해, 2008년6월(전기조사)와 2008년12월(후기조사)에 초급한국어 학습자를 대상으로 하여, 전기조사에서 이미지 조사를, 후기조사에서 이미지 변화 조사를 행하였다.

그 결과, 전기조사에서는 한국어 학습자는 한국, 한국인, 한국어에 대하여 대체적으로 호의적이며 긍정적인 이미지를 가지고 있다는 것을 알았다. 또, 후기조사로 밝혀진 이미지 변화를 전기조사와 비교해 보면, 「이미지가 변화하였다」는 것이 밝혀진 대부분의 이미지는 전기조사에서 밝혀진 이미지가 강화된 것인 경우가 많아, 학습자의 이미지는 학습 경험을 통하여 강화된다는 것을 알았다. 한편, 후기조사에서 이미지가 「변함없다」는 것이 밝혀진 이미지의 대부분은 전기조사에서 「명확한 이미지가 없다」는 것이 밝혀진 항목이었다. 그러나 전기조사에서 명확한 이미지가 없다는 것이 밝혀진 항목이라 하여도 한국 이미지의 「근대적」「풍요로운」 이미지나, 한국인 이미지의 「사교적인」「친하기 쉬운」「우호적인」이미지, 한국어 이미지의 「정중한」 이미지와 같이 한국어 학습을 통하여 학습자가 새로운 이미지도 가지게 된다는 것도 밝혀졌다. 이 학습자가 새롭게 가지게 된 이미지는 모두 긍정적이고 친근감을 갖게 하는 이미지라고 말할 수 있을 것이다.

이상의 결과로부터, 한국어 학습자의 한국, 한국인, 한국어에 대한 이미지는 학습에 의해 변화되고 있다는 것을 알았다. 더욱이, 이런 변화는 긍정적인 것이 많아서, 학습에 의해 긍정적인 이미지로 강화되고, 더욱이 긍정적이고 친근감이 있는 새로운 이미지를 가지게 된다는 것이 밝혀졌다. 그리고 한국어를 배움으로써, 한국어에 대한 이미지뿐만 아니라, 한국, 한국인에 대한 이미지도 좋아진다는 것을 알았다. 이로부터, 일본인이 한국어를 배운다고 하는 것은 일본과 한국의 우호적인 관계증진의 가교가 된다고 말할 수 있을 것이다.

▌参考文献

岩下豊彦(1979)『オスグッドの意味論とSD法』川島書店.
岩下豊彦(1983)『SD法によるイメージの測定 : その理解と実施の手引』川島書店.
纓坂英子(2008)「韓流と韓国・韓国人イメージ」, 『駿河台大学論叢』, pp.29-47.
오고시 나오키(2004)「한국, 한국인에 대한 이미지 형성과 한국어학습 」, 『한국언어문화학』,

1(2), pp.151-162.

生越直樹(2006)「韓国に対するイメージ形成と韓国語学習」,『言語情報・テクスト』, 13, pp.27-41, 東京大学大学院総合文化研究科言語情報専攻

金由那(2004)「韓国・朝鮮語教育の現状と学習者の意識に関する調査研究: 愛知県所在教育機関の日本人および在日韓国朝鮮人学習者を対象として」,『ことばの科学』, 17, pp.215-236.

金由那(2006)「日本における韓国語学習者の学習目的と学習意識」, 任榮哲編.真田信治(監修),『韓国人による日本社会言語学研究』おうふう, pp. 223-243.

田中靖政(1969)『記号行動論.意味の科学』共立出版株式会社

長谷川典子(2005)「テレビドラマ「冬のソナタ」の受容研究: 日韓コミュニケーションの視点から」『多文化関係学』, 2, pp.15-30, 多文化関係学会

長谷川典子(2011)「韓流ドラマ視聴による韓国人イメージの変容: 日本人学生へのPAC分析調査結果から」,『北星学園大学文学部北星論集』, 第48巻(第2号), pp.12-33.

林炫情・姜姫正(2007)「韓国語および韓国文化学習者の意識に関する調査研究」,『人間 環境学研究』, 5 (2), pp.17-31, 広島修道大学

제4장

일본인 한국어 학습자의 학습에 대한 호감도가 학습 신념과 학습 전략에 주는 영향

■ 齊藤良子

1. 서론

일본에서 한국어를 배우는 사람의 대부분은 대학이나 고등학교에서 제2외국어 또는 취미로 배우는 경우가 많아, 필수과목인 영어처럼 강제적으로 배우는 경우는 그다지 없다. 학습을 시작하는 계기나 동기도 다양하며 또한, 학습 시작 후의 학습경험도 다양하기 때문에 한국어 학습에 대한 선호도에서도 개인차가 있다고 생각된다. 본 연구에서는 제2외국어로 한국어를 학습하고 있는 학습자의 한국어 학습에 대한 선호도가 학습 신념[1]이나 학습 전략[2]에 어떤 영향을 주고 있는지를 밝히는 것을 목적으로 한다. 본 연구에서는 선호도 조사는 저자가 독자적으

---

[1] 학습 신념이란 학습자가 학습에 대하여 가지고 있는 생각, 즉, 학습의식을 말한다.

[2] 학습 전략이란 학습자가 외국어학습 시에 사용하는 학습 전략, 즉, 학습 방법을 말한다.

로 제작한 질문지를 이용하였으며, 신념 조사는 Horwitz(1987)의 Beliefs about Language Learning Inventory(BALLI)[3], 학습 전략 조사는 Oxford (1990)의 Strategy Inventory for Language Learning(SILL)[4]을 이용하여 조사, 연구를 하였다. 여기서는 먼저, 외국어학습에 대한 선호도, BALLI, SILL에 관한 선행연구를 설명하고 다음으로, 조사 방법에 대해 논하겠다. 마지막으로 조사로부터 얻은 결과에 대해 분석하고자 한다.

2. 선행연구

2.1 외국어학습에 대한 호의에 관한 선행연구

외국어학습에 있어서 학습자의 목표언어에 대한 선호도 연구는 학습 동기연구(Gardner & Lambert, 1972;Gardner, 1985)에 있어서 학습자의 정서적 요인의 하나로서 연구되고 있다. 그러나 이들 연구의 다수는 학습 불안 등 부정적인 감정에 관한 것으로 언어 학습에 대한 선호 등의 긍정적인 감정이 학습에 주는 영향에 관한 실증적 연구는 그다지 많지 않다. 그런데 小池(2003)는 일반적으로 외국어학습에 대하여 학습자가 긍정적인 태도[5]를 가지고 있으면 학습이 촉진되고, 그 달성도에 따라 더욱 긍정적인 태도가 증강하나 부정적인 태도를 가지고 있으면 학습에 실패하며 더욱더 부정적인 태도가 증가하는 경우가 있다고 지적하고 있다. 따라서 언어 학습에 대한 정서적 요인의 연구는 부정적

---

3) BALLI에 대해서는 2.2에서 상세하게 기술한다.

4) SILL에 대해서는 2.3에서 상세하게 기술한다.

5) 여기에서 태도란, 사회적 태도를 말하며, 그 중심적 구성 요인의 하나는 감정적 요인이다(Rosenberg & Hovland, 1960).

인 정서에 대해서 뿐만 아니라, 긍정적인 정서에 대해서도 연구하는 것이 중요하다고 말할 수 있을 것이다. 외국어학습에 대한 선호도의 중요성에 대해서는 Ushioda(2001)와 Noels(2003)가 다음과 같이 언급하고 있다.

Ushioda(2001)는 언어학습자의 동기를 조사하여 군집분석[6]을 행하였다. 그 결과 동기 군집 중 하나로 「actual learning process」 군집을 찾아내었다. 이것은 언어에 관한 기쁨, 선호(liking), 긍정적인 학습 경험, 개인적인 만족감을 포함하고 있어서, 선호가 언어습득에 있어서 중요한 요인이라는 것을 시사하고 있다. 또한, Noels(2003)는 Deci and Ryan(1985)의 self-determination theory(자기결정이론)을 발전시켜 언어 학습 동기를 intrinsicreason(내재적 동기), extrinsic reason(외재적 동기), integrative reason(통합적 동기) 3개 분야로 나누고 있다. 그 가운데 intrinsic reason은 언어 학습을 즐기며 이해를 깊게 하려는 동기로, 이 동기도 선호와 깊이 관계되어 있다고 말할 수 있다.

이와 같이 언어 학습에 있어서 선호의 중요성에 관한 연구는 몇 가지 있으나 선호가 어떻게 학습 신념이나 전략에 영향을 주는 것인지에 관한 실증적 연구는 그다지 찾아 볼 수 없다. 그러나 Dornyei(2005)는 언어학습에 대하여 「동기(motivation) → 행동(behavior) →결과(outcome)」 이라는 과정을 시사하며 동기부여가 행동을 촉진시키고, 그것이 결과 (성적이나 질문을 하는 행동)로 연결된다고 하였다. 이 Dornyei (2005)의 동기 모델을 Ushioda(2001)나 Noels(2003)에 적용시켜 보면, 학습자가 목표언어 학습에 대하여 선호를 가지고 있으면, 학습 동기를 높일 수

---

6) 군집분석이란, 질문 항목 등의 대상을 유사한 것을 동일집단으로 정리하여, 분류하기 위한 하나의 수법이다. 이 분석으로 밝혀진 각각의 집단을 군집이라고 한다.

있으며 그에 따라 학습이 촉진되어 학습에 성공할 가능성이 높아질 것으로 생각 할 수 있다. 이와 같은 것으로부터도 학습자의 학습 동기를 높이기 위해서는 학습에 대한 긍정적인 감정이 주는 영향에 대해 연구하는 것이 중요하다고 생각된다.

2.2 BALLI를 이용한 선행연구

Beliefs about Language Learning Inventory(BALLI)는 Horwitz(1987)가 학생의 외국어학습에 관한 논쟁이나 문제에 관한 의견을 조사하기 위하여 개발한 평정 척도를 이용한 질문지이다. 이 질문지는 「언어학습의 적성」, 「언어학습의 난이도」, 「언어학습의 특성」, 「커뮤니케이션 전략」, 「언어학습의 동기」인 5개 영역에 대하여 묻고 있다. BALLI를 이용한 연구에는 다음과 같은 것이 있다.

Horwitz(1987)는 자신이 개발한 BALLI를 실제로 이용하여, 텍사스대학에서 독일어, 프랑스어, 스페인어를 배우는 141명의 학습자의 신념을 조사하여, 각각의 언어 그룹의 패턴을 분석하였는데, 그룹 간의 차이는 보이지 않았다.

Keith(1993)는 東北學院大學 영문과 학생과 東北大學에서 필수 영어수업을 수강하고 있는 학생, 총 175명을 대상으로 하여 BALLI에 독자적인 질문 항목을 더한 질문지를 이용하여, 영어학습자의 신념을 조사하였다. 東北學院大學과 東北大學의 결과를 비교하면 「언어학습 적성」과 「언어학습 동기」에서 차이를 보였다. 그리고 東北學院大學의 결과를 학년 간에 비교한 결과, 학년 간에 영어학습에 대한 신념의 차이가 나타났다.

加藤(2004)는 이미 일본으로 유학이 결정된 한국인 일본어 학습자

(한일 공동 이공계 학부 유학생)를 대상으로 하여 일본어 학습에 대하서 BALLI를 이용하여 조사하였다. 이 결과를 한국의 다른 대학이나 고교에서 일본어를 배우고 있는 학습자, 나아가 프랑스인이나 독일인 등, 다른 나라의 일본어 학습자와 비교하여 한일 공동 이공계 학부 유학생의 신념 특징의 차이를 밝혔다.

이 외에도 BALLI를 이용한 신념 조사는 많으며 (野山, 1995; 糸井, 2003) 대상으로 한 목표언어나 조사 참가자의 모어도 다양하여, 외국어 학습자의 신념 연구에 많이 이용되고 있다.

2.3 SILL을 이용한 선행연구

Strategy Inventory for Language Learning(SILL)은 Oxford(1990)가 만든 학습 전략 분류에 근거하여, 외국어학습 태도를 포함한 학습자의 학습 태도 전체를 파악할 수 있도록 한 질문지이다. 이 학습 전략은 「기억 전략」「인지 전략」「보상 전략」「메타 인지 전략」「정의 전략」「사회적 전략」의 6영역으로 분류되어 있다. Oxford(1990)는 SILL의 목적을 「외국어를 가르치고 있는 교사에게 외국어학습 전략에 대해 이해하게 하여 학생을 보다 뛰어난 학습자가 되게 할 수 있게 하는 것」으로 기술하였다. SILL의 질문지는 여러 번 사용되어 타당성, 신뢰성이 모두 높음이 실증되어 연구 및 교육장면에서 널리 사용되고 있다.

SILL을 사용한 조사는 중국어, 영어, 프랑스어, 독일어, 이탈리아어, 일본어, 한국어, 러시아어, 스페인어, 태국어, 터키어 등 다양한 언어를 학습하고 있는 학습자를 대상으로 세계 각지에서 사용되고 있다(Oxford, 1990). 또한, 최근에는 일본에서도 SILL을 사용한 연구가 활발하게 시행되고 있다(前田, 2002;Yamato, 2000, 2002).

木村・斎藤・遠藤(1995-2001), 木村・遠藤(2002-2004)[7]에서는 靑山學院大學 문학부 영미문학과 1학년에게 매년 SILL을 사용한 조사를 실시하여 학생의 영어 학습에 관한 학습 전략을 계속하여 조사하고 있다. 이 조사로 해외생활 경험자와 일반학생의 학습 전략 사용 차이를 밝혔다.

荒井(2000)는 영어학습자가 학습 전략을 어느 정도 의식하고 있는가라는 점에 대하여 연구하기 위해 일본인 영어학습자인 東洋學園大學 1학년 126명과 3, 4학년 36명을 대상으로 조사를 하였다. 조사 방법은 자유기술식으로 학습자에게 학습자 자신이 생각하는 효율적인 외국어 학습 방법이나 요령에 대해 자유롭게 응답하게 하여, 그 결과를 SILL의 카테고리에 적용시키고 비교 검토하고, 그 특징에 대해 논하였다.

加藤(2004)는 한국인 일본어 학습자의 한일 공동 이공계 학부 유학생을 대상으로 일본어 학습에 대해서 SILL을 사용한 학습 전략 조사를 하였다. 이 학습 전략 조사 결과를 일본어를 배우고 있는 타 대학의 학생, 고교생 및 프랑스인이나 독일인 등, 다른 국적의 일본어 학습자와 비교하고 한일 공동 이공계 학부 유학생의 학습 전략 특징을 밝혔다.

이 외에도, SILL은 다양한 표적언어나 모어를 가진 학습자를 대상으로 한 학습 전략 연구(Grainger, 1997;Griffiths, 2003;伴, 1989, 1992;伊東, 1993)에서 널리 이용되고 있다. 본 연구는 일본인 한국어 학습자에 있어서 한국어 학습에의 선호도가 학습 신념과 학습 전략에 주는 영향에 대해, 선호도 질문지, BALLI, SILL을 사용하여, 이하의 방법으로 실증적인 연구를 행하였다.

---

7) 木村・斎藤・遠藤(1995-2001)와 木村・遠藤(2002-2004)는 모두 靑山學院大學에서 같은 질문지를 이용하여 계속적으로 행해지고 있는 조사 결과에 관한 논문이다.

3. 방법

3.1 조사대상

한국어 학습경력이 1년 이상이며 조사 시에 일본의 수도권 소재 대학(국립 1개교, 사립 3개교, 총 4개교)에서 중급한국어 수업을 수강하고 있는 일본인 대학생 188명 (남성 103명, 여성 85명)을 조사 대상으로 하였다. 1년 이상 학습경력이 있는 학습자를 대상으로 한 이유는 1년간 한국어 학습을 통하여 학습자 자신이 한국어 학습에 대한 의식이나 학습 방법을 어느 정도 확립하고 있다고 생각했기 때문이다. 그리고 4곳의 대학에서 조사를 한 것은 복수 대학에서 조사를 실시하여 일반적인 한국어 학습자의 태도를 밝히고자 하였기 때문이다.

3.2 질문지

조사에 사용한 질문지는 인구학적 질문[8], 선호도 질문지, 학습 신념, 학습 전략 질문지로 구성되어 있다. 본 질문지를 시행하기 전에 사전에 예비조사를 하여 질문 항목에 대해 조정을 하였으며, 질문 항목은 기본적으로 신념 조사는 BALLI에, 전략 조사는 SILL에 따라 시행하였다. 선호도 질문지는 필자가 독자적으로 작성하였다. 한편, 본 조사의 평정 척도는 「1 (반대한다), 2 (다소 반대한다), 3(어느 쪽이라고 말할 수 없다), 4 (다소 찬성한다), 5(찬성한다)」의 5점 척도 법을 채택하였다.

---

8) 인구학적 질문 〈표 1〉에 나타낸 학습자의 학년, 연령, 학습 시간 등을 물은 질문지이다.

3.3 조사기간과 절차

2006년 5월부터 6월에 걸쳐 각 대학의 중급한국어 수업 중에 배포하여 응답하게 한 후 그 자리에서 회수하였다. 응답은 무기명이었다.

4. 결과 및 논의

4.1 한국어 학습에 대한 선호도

본 연구는 선호도 조사 결과를 바탕으로 BALLI 및 SILL 분류에 따라 분석하였다. 선호도 조사 항목은 한국어 학습의 선호도에 관한 「31. 한국어 공부를 할 수 있다는 것이 기쁘다」[9] 「32. 한국어 공부는 다른 과목 공부보다도 즐겁다.」「33. 한국어를 공부하는 것을 좋아한다.」「34. 한국어 공부를 하는 것은 고통이다.」「35. 한국어 공부를 하는 것은 스트레스가 쌓인다.」의 5항목으로 구성되어 있다. 단, 위의 34. 35.는 역채점 문항이다. 이들 5항목에서 평균을 산출하여 3분할법에 의해 한국어 학습에 대한 선호도가 높은 그룹 68명 (M=4.71, SD=. 23), 중간적인 그룹 56명 (M=3.81, SD=. 25), 선호도가 낮은 그룹 64명 (M=2.43, SD=. 70) 인 3군으로 나누었다. 이 3개의 그룹 가운데 선호도가 높은 그룹을 High그룹 (이하 「H그룹」)이라고 하며, 선호도가 낮은 그룹을 Low그룹 (이하 「L그룹」)으로 한다. 이 2그룹 사이의 차이를 분석하기 위해 t검정[10]을 실시한 결과, 통계적으로 유의한 차이를 보였다 (t(130)=25.30,

---

9) 각 항목의 번호는 조사를 했을 때의 질문 항목 번호이다.

10) 본 연구에서는 유의확률을 5%로 설정하여 t검정을 하였다. 그러나 20회에 1회는 random error로 유의차이가 검출된다. 본 조사에서는 많은 검정을 하고 있으므로, 이 점은 본 연구의 한계점이라고 말할 수 있겠다.

p 〈. 001). 한편, 상기 5항목은 통계적으로 선호도 측정 척도로서 충분한 신뢰성을 가지고 있음이 입증되었다.[11]

선호도에 의해 나누어진 H와 L의 2개 그룹의 학습 신념, 학습 전념 각 항목에 대하여 평균(M)과 표준편차(SD)를 산출하고, t검정을 하였다. 이 결과를 학습 신념은 〈표 2〉부터 〈표 6〉에, 학습 전략은 〈표 7〉에서 〈표 12〉에 나타냈다. 이하, 이 결과를 바탕으로 H그룹과 L그룹의 양자를 비교, 검토해 가고자 한다.

4.2 학습자의 속성

다음으로 한국어 학습의 선호도와 학습자의 속성과의 관계를 살펴보고자 한자. 분석 결과는 〈표 1〉[12]에 나타냈다.

〈표 1〉 선호도의 고(H) 제(L)와 학습자 속성

	H그룹		L그룹		t값
	M	SD	M	SD	
학습자의 학년	2.529	0.762	2.156	0.407	3.477 **
학습자의 연령	19.956	1.043	19.703	0.830	1.535
학교 한국어 수업시간 수	3.000	1.981	2.245	1.280	2.582 *
한국어회화 기회의 유무	0.647	0.481	0.250	0.436	4.954 ***
그 외에 하고 있는 한국어 학습	0.375	1.048	0.000	0.000	2.862 **

*** p〈.001, ** p〈.01, * p〈.05

---

11) 요인분석(프로 맥스, 최대우도법) 한 결과, 1요인이 추출되었다. 이 요인의 설명율(분산 100분비)은 70.253%이다. 5항목의 내적일관성을 검토하기 위해 Cronbach의 α계수를 산출한 바, α=. 921로 충분한 값을 얻을 수 있었다.

12) 각표 t값의 오른쪽의 아스테리스크(asterisk)(*)에 대해서는 ***은 t검정 결과, 통계적으로 0.001% 수준으로 유의한 차이를 보임을 나타냈다. 동일하게, **은 0.01% 수준으로 유의한 차이를 의미하며, *은 0.5%의 수준으로 유의한 차이를 보임을 나타내고 있다. 이것을 각 표에서는 「***p 〈. 001,**p 〈. 01,*p 〈. 05」와 같이 나타냈다.

먼저, H그룹 학습자는 L그룹 학습자에 비해, 학년이 높다는 것이
밝혀져, 고학년 학습자일수록 한국어 학습에 선호를 가지고 있다는
것이 밝혀졌다. 또한 대학의 한국어 수업 수나 「그 외에 하고 있는
한국어 학습」에 통계적 유의차이가 있어, 역시 H그룹 쪽이 L그룹에
비해 보다 많이 학습하고 있다는 것을 알 수 있다. 또한, 한국어 회화
기회의 유무에서도 통계적 유의 차이를 보여, 선호도가 높은 학습자일
수록 회화 기회가 많이 있다는 것을 알 수 있다. 이 결과로, H그룹은
L그룹에 비해, 한국어 학습을 보다 많이 하며, 회화 기회도 더 있다는
것이 밝혀졌다.

4.3 학습 신념

여기서는 한국어 학습의 선호도와 Horwitz(1987)의 5개 신념 영역과
의 관계를 살펴보자. 신념 조사결과는 〈표 2〉부터 〈표 6〉에 나타냈다.

첫 번째 「언어학습의 적성」영역에서는 5항목 중 4항목에서 통계적
으로 유의한 차이를 보였다. 결과는 〈표 2〉에 나타냈다.

〈표 2〉 선호도의 고(H) 저(L)와 「언어학습의 적성」과의 관계

	H그룹 M	H그룹 SD	L그룹 M	L그룹 SD	t값
1. 어른보다 어린이가 한국어를 학습하기 쉽다	3.882	1.086	3.516	1.182	1.858
2. 한국어 학습에 특별한 능력을 가지고 있는 사람이 있다.	2.676	1.029	3.234	1.269	2.872 **
3. 일본인은 한국어 학습에 자신이 있다.	4.015	0.906	3.484	1.168	2.924 **
4. 나는 한국어 학습하는 특별한 능력을 가지고 있다.	2.279	1.131	1.750	0.959	2.891 **
5. 누구라도 한국어를 할 수 있게 된다.	4.265	1.017	3.469	1.221	4.079 ***

*** p<.001, ** p<.01, * p<.05

이 영역은 학습자가 학습자 자신의 연령이나 성별, 선천적인 외국어 학습에 관한 재능에 대하여 어떤 신념을 가지고 있는지를 조사하는 영역이다. 통계적으로 유의한 차이를 보인 항목을 보면 「5.누구라도 한국어를 할 수 있게 된다.」(〈그림 1〉참조)나, 「3.일본인은 한국어 학습에 자신 있다」에서는 H그룹 쪽이 L그룹보다도 그 평균치가 높다. 즉, 선호가 높은 학습자 쪽이 학습에 대하여, 긍정적으로 그리고 낙관적으로 파악하고 있다고 말할 수 있을 것이다.

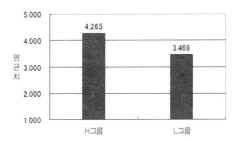

〈그림 1〉「5. 누구라도 한국어를 말 할 수 있게 된다」 H그룹과 L그룹 평균치 비교

한편으로, 「2.한국어 학습에 특별한 능력을 가지고 있는 사람이 있다」의 평균은 H그룹보다 L그룹 쪽이 높아, 한국어 학습에 대한 선호도가 낮은 학습자 쪽이, 한국어를 배우기 위해서는 특별한 능력이 필요하다고 생각하고 있다는 것을 알 수 있다.

두 번째 「언어학습의 난이도」 영역에서는 5항목 중 1항목에서 통계적으로 유의한 차이를 보였다. 결과는 〈표 3〉에 나타냈다.

〈표 3〉 선호도의 고(H) 저(L)와 「언어학습의 난이도」와의 관계

	H그룹		L그룹		t값
	M	SD	M	SD	
6. 한국어는 간단한 언어이다.	3.309	1.237	2.922	1.264	1.777
7. 나는 한국어를 지금 이상으로 잘 할 수 있게 될 것으로 생각한다.	4.368	0.731	3.266	1.324	5.965 ***
8. 한국어는 말하는 것보다 듣기가 쉽다.	3.294	1.282	3.094	1.318	0.885
9. 한국어는 말하거나 듣는 것보다 읽거나 쓰기가 쉽다.	3.897	1.174	3.984	0.917	0.474
10. 한국어는 어려운 언어이다.	2.706	1.210	3.000	1.247	1.375

*** p<.001, ** p<.01, * p<.05

이 영역은 한국어 학습의 난이도의 인지에 관한 영역이다. 각 항목을 보면, 통계적으로 유의한 차이를 보인 항목 「7.나는 한국어를 지금 이상으로 잘 할 수 있게 될 것으로 생각한다.」(〈그림 2〉 참조)에서는 H그룹 쪽이 평균이 높아, 여기에서도 선호도가 높은 학습자 쪽이 적극적이고, 긍정적으로 학습에 몰두하고 있다는 것을 알 수 있다. 기타 「6.한국어는 간단한 언어이다」, 「10.한국어는 어려운 언어이다」 등 4항목에서는 통계적으로 유의한 차이를 보이지 않아, 학습자의 선호도 차이는 난이도에 대한 차이에 영향을 주고 있지 않다고도 말할 수 있다. 그러나 평균을 비교해 보면, 유의한 차이는 보이지 않았으나, H그룹 쪽이 어느 항목이나 한국어는 간단하다, 어렵지 않다고 생각하고 있다는 경향을 보였다. 이 점은 더욱 자세한 검토가 필요하다고 할 수 있겠다.

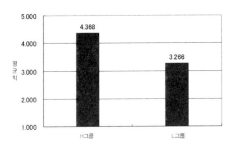

〈그림 2〉「7. 나는 한국어를 지금 이상으로 잘 할 수 있게 될 것으로 생각한다」의
H그룹과 L그룹 평균치 비교

세 번째 「언어학습의 성질」영역에서는 5항목 중 1항목에서 통계적
으로 유의한 차이를 보였다. 결과는 〈표 4〉에 나타냈다.

〈표 4〉 선호도의 고(H) 제(L)와 「언어학습의 성질」과의 관계

	H그룹		L그룹		t값
	M	SD	M	SD	
11. 한국어 학습에서 중요한 것은 단어학습이다.	4.338	0.857	4.297	0.867	0.276
12. 한국어 학습에서 중요한 것은 문법학습이다.	3.824	0.961	3.625	1.016	1.154
13. 한국어 학습에서 중요한 것은 일본어에서 번역하는 방법을 배우는 것이다.	2.941	1.157	2.797	0.979	0.771
14. 한국어는 한국어권에서 학습하는 것이 좋은 방법이다.	4.603	0.672	3.844	1.087	4.857 ***
15. 한국어를 말하기 위해서는 그 나라의 한국어 문화에 대해 알 필요가 있다.	4.176	0.913	3.875	1.031	1.780

*** p<.001, ** p<.01, * p<.05

이 영역은 언어 학습이란 어떻게 해야 할까, 목표언어 학습에 있어서
중요한 요소는 무엇인가에 관한 영역이다. 통계적으로 유의한 차이를
보인 항목은 「14. 한국어는 한국어 권에서 학습하는 것이 좋은 방법이
다」만이었다. 이로부터, 선호도 차이에 의해 한국어권에서 배우는 것
의 중요성에 차이를 보임을 알 수 있다. 한편, 통계적으로 유의한 차이

를 보이지 않는 항목을 살펴보면, H그룹, L그룹 모두 문법학습, 단어학습, 한국 문화의 지식이 중요하다고 생각하고 있으며, 또 한편으로 번역 방법을 배우는 것은 중요하지 않다고 생각하고 있다는 것이 밝혀졌다.

네 번째 「커뮤니케이션·전략」영역에서는 5항목 중 3항목에서 통계적으로 유의한 차이를 보였다. 결과는 〈표 5〉에 나타냈다.

<표 5> 선호도의 고(H) 저(L)와 「커뮤니케이션 전략」과의 관계

	H그룹		L그룹		t값
	M	SD	M	SD	
16. 한국어권 네이티브·스피커와 그 언어를 학습하는 것이 즐겁다.	4.412	0.902	3.391	1.136	5.739 ***
17. 한국어로 모르는 말이 있으면 스스로 의미를 추측해도 좋다.	4.059	1.020	4.016	0.934	0.253
18. 한국어를 반복하여 연습하는 것이 중요하다.	4.956	0.207	4.625	0.745	3.520 **
19. CD 등 오디오 기기를 사용하여 한국어를 연습하는 것이 중요하다.	4.456	0.836	4.172	0.883	1.898
20. 나는 다른 사람과 한국어를 말하는 것에 불안을 느끼며 겁이 난다.	2.956	1.419	3.750	1.333	3.309 **

*** $p<.001$, ** $p<.01$, * $p<.05$

이 영역은 목표언어의 구체적인 학습 방법과 수업에서 자발적으로 행해지는 커뮤니케이션 실습에 대한 조사 영역이다. 먼저, 통계적으로 유의한 차이가 있는 항목을 보면, 「16.한국어권 네이티브·스피커와 그 언어를 학습하는 것은 즐겁다」에서는 H그룹 쪽이 평균이 높으며, 「20.나는 다른 사람과 한국어를 말하는 것에 불안을 느끼며 겁이 난다」에서는 L그룹 쪽의 평균이 높다. 이로부터, 선호도가 높은 학습자가 긍정적이고 적극적인 것에 비해, 선호도가 낮은 학습자는 소극적이고 불안이 크다는 것이 밝혀졌다. 다음으로, 통계적으로 유의한 차이를 보이지 않은 항목을 살펴보면, 「19.CD 등 오디오 기기를 사용하여, 한국어를 연습하는 것은 중요하다」의 평균이 H그룹, L그룹 모두 높아, 양자 모두 중요하다고 생각하고 있음을 알 수 있다.

다섯 번째 「언어학습의 동기」영역에서는 5항목 중 3항목에서 통계적으로 유의한 차이를 보였다. 결과는 〈표 6〉에 나타냈다.

〈표 6〉 선호도의 고(H) 저(L)와 「언어학습의 동기」와의 관계

	H그룹		L그룹		t값	
	M	SD	M	SD		
21. 일본인은 한국어를 말하는 것이 중요하다고 생각하고 있다.	2.809	1.011	2.844	1.057	0.194	***
22. 내가 한국어를 학습하는 것은 한국어권의 사람을 더욱 이해하고 싶기 때문이다.	3.779	1.183	2.703	1.217	5.152	
23. 한국어를 학습하면 좋은 일을 할 기회가 있을 것이다.	3.691	1.069	3.375	1.291	1.536	**
24. 나는 한국어를 능숙하게 구사하고 싶다.	4.824	0.622	3.922	1.264	5.249	
25. 나는 한국어권 출신인 친구를 원한다.	4.544	0.836	3.625	1.120	5.363	**

*** p<.001, ** p<.01, * p<.05

이 영역은 학습자가 현재 가지고 있는 언어 학습 동기에 관한 영역이다. 여기서 이 항목을 Gardner(1985)의 동기분류에 따라, 통합적 동기부여[13]와 도구적 동기부여[14]로 분류해 보면, 통합적 동기부여에 관한 항목인 「22. 내가 한국어를 학습하는 것은 한국어권 사람을 더욱 이해하고 싶기 때문이다」「24. 나는 한국어를 능숙하게 구사하고 싶다」「25. 나는 한국어권 출신인 친구를 원한다」에 있어서 H그룹과 L그룹 사이에 통계적으로 유의한 차이를 보이며, H그룹 쪽이 그 평균이 높았다. 이로

---

13) 통합적 동기부여란 언어학습 그 자체에 대한 흥미나, 그 언어를 사용하고 있는 사람들, 그 언어가 사용되고 있는 지역에 대한 흥미로부터 언어를 배우는 동기부여이다.

14) 도구적 동기부여란 시험이나 취직 등, 학습자의 실 이익을 위해 그 언어를 배우는 동기부여이다.

부터, 한국어 학습에 대하여 선호도가 높은 학습자 쪽이 한국 문화나 한국인에 대하여 관심이 높다는 것이 밝혀졌다. 한편, 도구적 동기부여에 관한 항목인 「23.한국어를 학습하면 좋은 일을 할 기회가 있을 것이다」에서는 통계적으로 유의한 차이를 보이지 않았다. 이로부터, 한국어 학습에 있어서 선호도는 도구적 동기부여보다도 통합적 동기부여 쪽이 강하게 영향을 주고 있다고 말할 수 있다.

이상의 신념 조사 결과로 다음과 같은 것이 밝혀졌다. 먼저, 선호도가 높은 학습자는 선호도가 낮은 학습자에 비해, 누구나 한국어를 말할 수 있게 되며, 학습자 자신도 지금 이상으로 잘 할 수 있게 된다고 생각하고 있다는 것, 한국 문화나 한국인에 대하여 관심이 높으며, 한국어는 한국어권에서 학습하는 것이 좋은 방법이라고 생각하고 있으며, 한국어권의 네이티브·스피커와 학습을 하는 것이 즐겁다고 느끼고 있다는 것이 밝혀졌다. 즉, 선호도가 높은 학습자는 한국어 학습에 적극적, 긍정적, 낙관적임을 알 수 있었다. 한편, 선호도가 낮은 학습자는 선호도가 높은 학습자에 비해, 한국어를 학습하는 특별한 능력을 가지고 있는 사람이 있다고 생각하고 있으며, 학습자 자신은 다른 사람과 한국어를 말하는 것에 불안을 느끼며 겁을 내고 있다는 것을 알 수 있었다. 또한, 한국어 학습자는 선호도의 고저에 관계없이 문법학습, 단어학습, 오디오 기기를 사용한 연습, 한국 문화 지식이 중요하다고 생각하고 있다는 것이 밝혀졌다.

4.4 학습 전략

여기서는, 한국어 학습에 대한 선호도와 Oxford(1990)의 학습 전략 6영역과의 관계를 살펴보고자 한다. 한편, 각 항목의 결과는 〈표 7〉부터 〈표 12〉에 나타냈다.

첫째 「기억 전략」영역에서는 9항목 중 5항목에서 통계적 유의 차이를 보였다. 결과는 〈표 7〉에 나타냈다.

이 영역은 외국어로 읽거나 들은 것을 새로운 정보로서 저장하고, 상기하기 위한 전략이다. 통계적으로 유의한 차이가 있는 항목을 보면, H그룹은 L그룹에 비해, 신규 단어는 문장 속에서 사용하여 암기하거나, 수업에서 복습을 자주하거나 한다는 것을 알 수 있다.

〈표 7〉 선호도의 고(H) 제(L)와 「기억 전략」과의 관계

	H그룹		L그룹		t값
	M	SD	M	SD	
1. 신규 단어는 문장 속에서 사용하여 암기한다.	3.588	1.136	2.938	1.308	3.057 **
2. 신규 단어를 암기하기 위하여 단어 소리와 그 단어가 가진 이미지나 그림을 연결한다.	3.279	1.348	3.063	1.379	0.914
3. 신규 단어는 사용되어질 상황을 마음속에 그려 기억한다.	3.221	1.337	2.688	1.220	2.389 *
4. 신규 단어를 암기하기 위하여 카드를 사용한다.	2.500	1.588	2.250	1.458	0.940
5. 신규 단어를 암기하기 위하여 어조와 가락을 맞춘다.	2.162	1.334	2.641	1.452	1.975 *
6. 신규 단어의 의미를 몸을 사용하여 표현해 본다.	1.706	1.305	1.422	0.832	1.480
8. 신규 단어를 암기할 때 그 장소(페이지, 칠판 등과 함께 암기한다.	2.824	1.371	2.984	1.527	0.637
18. 수업 복습을 잘한다.	3.059	1.359	2.000	1.098	4.904 ***
30. 본인이 이미 알고 있는 것과 한국어로 새로이 배운 것과 관련을 생각한다.	3.485	1.310	2.922	1.325	2.456 *

*** $p < .001$, ** $p < .01$, * $p < .05$

한편, 「5.신규 단어를 암기하기 위하여, 가락을 흉내 낸다」에서는 L그룹 쪽이 H그룹보다도 평균이 높아, L그룹 쪽이 가락을 흉내 냄으로써 단어를 암기하는 빈도가 높다는 것을 알 수 있다.

둘째 「인지 전략」영역에서는 14항목 중 8항목에서 통계적으로 유의한 차이를 보였다. 결과는 〈표 8〉에 나타냈다.

<표 8> 선호도의 고(H) 저(L)와 「인지 전략」과의 관계

	H그룹		L그룹		t값
	M	SD	M	SD	
7. 한국어 신규 단어와 비슷한 일본어 단어를 찾는다.	3.750	1.449	3.578	1.434	0.684
9. 신규 단어는 몇 번이고 소리 내보거나, 쓰거나 한다.	4.235	1.094	3.734	1.300	2.400 *
10. 한국어 네이티브스피커와 같이 말하도록 유의한다.	3.559	1.297	2.641	1.252	4.133 ***
11. 한국어 발음연습을 하고 있다.	3.632	1.413	2.422	1.232	5.232 ***
12. 알고 있는 한국어 단어를 여러 상황에서 사용하여 본다.	3.500	1.113	2.266	1.250	5.999 ***
13. 한국인에게 적극적으로 한국어로 회화를 시작한다.	2.721	1.444	1.656	1.011	4.877 ***
14. 한국어 텔레비전 프로그램, 영화를 본다.	3.632	1.445	2.359	1.373	5.183 ***
15. 한국어 책, 잡지를 읽는 것이 즐겁다.	2.824	1.326	1.672	0.927	5.749 ***
16. 한국어로 메모, 편지, 메일, 리포트를 쓴다.	2.412	1.509	1.382	0.757	5.166 ***
17. 한국어 문장을 읽을 때, 먼저 전체를 대충 읽고, 그 다음 처음으로 돌아가 자세히 읽는다.	2.588	1.374	2.281	1.303	1.315
19. 한국어 중에 정해진 패턴의 표현을 발견하려고 한다.	3.324	1.298	2.813	1.332	2.232 *
20. 한국어 단어는 이해 할 수 있는 최소 단위로 나누어 이해하려고 한다.	3.147	1.261	3.078	1.325	0.306
21. 하나하나 번역하지 않고 전체적인 의미를 파악하려고 한다.	3.000	1.270	2.641	1.239	1.644
22. 듣거나 읽은 한국어는 요약(정리)를 한다.	2.162	1.300	1.766	1.178	1.831

*** p<.001, ** p<.01, * p<.05

이 영역은 학습자가 목표언어의 새로운 정보를 축적하여, 그것을 사용함으로써 도움이 된다는 것이다. 통계적으로 유의한 차이를 보인 항목을 보면, 모두 H그룹 쪽이 평균이 높아, H그룹 쪽이 L그룹보다도 인지 전략을 많이 이용하여, 한국어 학습에 적극적으로 몰두하고 있다는 것이 밝혀졌다. 이 결과로 선호도의 고저가 학습 방법에 영향을 미치고 있다고 생각된다. 또한, 통계적으로 유의한 차이를 보이지 않은 항목을 보면, 「7.한국어 신출 단어와 비슷한 일본어 단어를 찾는다.」 「9.신출 단어는 몇 번이고 소리 내어 읽거나, 쓰거나 한다.」의 2항목은 H그룹, L그룹 모두 평균이 높으며, 선호도와 관계없이, 사용 빈도가 높다는 것이 밝혀졌다.

셋째 「보상 전략」 영역에서는 7항목 중 3항목에서 통계적으로 유의
한 차이를 보였다. 결과는 〈표 9〉에 나타냈다.

〈표 9〉 선호도의 고(H) 제(L)와 「보상 전략」과의 관계

	H그룹		L그룹		t값
	M	SD	M	SD	
22. 모르는 단어를 이해하려고 할 때, 그 의미를 추측한다.	3.838	1.217	3.406	1.256	2.007 *
24. 한국어 회화 중, 적절한 말이 생각나지 않을 때 제스처를 사용한다.	3.765	1.235	3.125	1.453	2.731 **
25. 한국어로 적절한 단어를 모를 때, 스스로 신조어를 만든다.	1.809	1.200	1.641	1.118	0.832
26. 한국어 문장을 읽을 때, 신규 단어를 찾지 않고 읽는다.	1.706	0.947	1.891	1.156	1.007
27. 한국어 회화에서 상대가 그 다음에 무엇을 말할 것인지 예측하려고 한다.	2.338	1.205	2.016	1.215	1.531
28. 한국어 단어가 생각나지 않을 때, 같은 의미의 단어나 어구로 바꾸어 말한다.	3.324	1.332	3.031	1.425	1.218
29. 한국어를 사용할 기회를 가능한 한 찾으려고 한다.	3.176	1.455	1.938	1.037	5.602 ***

*** p⟨.001, ** p⟨.01, * p⟨.05

이 영역은 학습자가 외국어를 이해하거나, 표현하거나 할 때, 부족한
지식을 보충하기 위한 전략이다. 통계적으로 유의한 차이를 보인 항목
을 보면, H그룹은 L그룹에 비해, 한국어를 사용할 기회를 될 수 있는
한 찾으려고 하고 있으며 (〈그림 3〉 참조), 회화 중에, 적절한 말이
생각나지 않을 때 제스처를 사용하며, 모르는 단어를 이해하려고 할
때, 그 의미를 추측한다는 것이 밝혀졌다. 이로부터, 선호도가 높은
학습자 쪽이 적극적으로 한국어로 회화를 할 기회를 찾으며, 그 회화
중에 이용할 전략도 익히고 있는 것으로 생각된다.

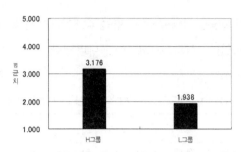

〈그림 3〉「29. 한국어를 사용할 기회를 가능한 한 찾으려고 한다」의
H그룹과 L그룹의 평균치 비교

한편, H그룹, L그룹 모두 「25.한국어로 적절한 단어를 모를 때, 스스로 신조어를 만든다.」「26.한국어 문장을 읽을 때, 신규 단어를 전혀 조사하지 않고 읽는다.」는 대부분 하지 않고 있는 것이 밝혀졌다.

넷째 「메타 인지 전략」 영역에서는 9항목 모두에서 통계적으로 유의한 차이를 보였다. 결과는 〈표 10〉에 나타냈다.

〈표 10〉 선호도의 고(H) 저(L)와 「메타 인지 전략」과의 관계

	H그룹		L그룹		t값
	M	SD	M	SD	
31. 본인의 한국어가 틀렸다는 것을 인식하여, 한국어 실력 향상을 위해 유효하게 사용한다.	4.162	1.002	3.094	1.205	5.551 ***
32. 한국어를 하는 사람이 있으면, 주의를 기울려 들으려고 한다.	4.103	1.067	2.922	1.360	5.567 ***
33. 한국어를 숙달하기 위한 방법을 찾는다.	4.103	1.024	2.734	1.172	7.156 ***
34. 한국어 학습시간을 확보하기 위하여 스스로 학습계획을 세운다.	2.868	1.424	2.016	1.161	3.754 ***
35. 한국어로 말할 수 있는 사람을 찾는다.	3.015	1.471	1.656	0.912	6.330 ***
36. 한국어를 읽을 기회를 가능한 한 찾는다.	3.235	1.283	1.781	1.000	7.234 ***
37. 자신의 한국어 실력 향상에 관한 명확한 목표가 있다.	3.515	1.398	2.016	1.315	6.335 ***
38. 자신의 한국어 실력이 숙달하였는지를 생각한다.	3.691	1.162	2.766	1.282	4.350 ***

*** p⟨.001, ** p⟨.01, * p⟨.05

이 영역은 학습자가 자신의 학습 위치 부여, 순서를 정하고, 계획, 평가와 같은 기능을 사용하여 언어 학습 과정을 조절하는 전략이다. 통계적으로 유의한 차이를 보인 항목은 모두 H그룹 쪽이 평균이 높아, 학습에 대한 선호도가 높은 학습자 쪽이 한국어를 숙달하기 위한 방법을 찾거나 (〈그림 4〉 참조), 한국어를 말하거나, 읽거나 하는 기회를 찾으며, 한국어 실력 향상에 관한 명확한 목표가 있는 등, 선호도가 낮은 학습자에 비해, 학습에 대하여 매우 적극적으로 몰두하고 있다는 것이 밝혀졌다.

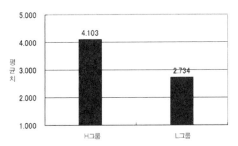

〈그림 3〉「33. 한국어를 숙달하기 위한 방법을 찾는다」의 H그룹과 L그룹의 평균치 비교

다섯째「정서적 전략」영역에서는, 6항목 중 5항목에서 통계적으로 유의한 차이를 보였다. 결과는 〈표 11〉에 나타냈다.

〈표 11〉 선호도의 고(H) 저(L)와 「정서적 전략」과의 관계

	H그룹		L그룹		t값
	M	SD	M	SD	
39. 한국어를 사용하기가 불안할 때 침착하려고 한다.	3.176	1.145	2.656	1.275	4.469 *
40. 틀리는 것을 두려워하지 않고 한국어를 할 수 있도록 스스로 격려한다.	3.456	1.275	2.359	1.226	5.031 ***
41. 한국어를 능숙하게 사용하였을 때 스스로를 칭찬한다.	3.838	1.154	2.750	1.403	4.879 ***
42. 한국어를 사용할 때 긴장하고 있다.	3.779	1.170	3.875	1.202	0.463
43. 언어학습일기에 자신의 감정을 적는다.	1.662	1.141	1.188	0.560	3.002 **
44. 한국어를 학습할 때, 어떻게 느끼고 있는지를 다른 사람에게 이야기한다.	2.500	1.531	1.750	1.155	3.163 **

*** p<.001, ** p<.01, * p<.05

이 영역은 감정, 동기부여, 태도를 조정하는 전략이다. 통계적으로 유의한 차이를 보인 항목에서, H그룹은 L그룹에 비해, 틀리는 것을 두려워하지 않고 한국어를 말하도록 자신을 격려하거나, 한국어를 능숙하게 사용하였을 때, 자신을 칭찬하는 전략을 사용하고 있다는 것을 알 수 있다. 한편, 「42.한국어를 사용할 때, 긴장하고 있다」에서는 통계적으로 유의한 차이를 보이지 않으며, H그룹, L그룹 모두 평균이 높아서, 선호도의 고저에 관계없이, 한국어를 사용하고 있을 때에는 긴장하고 있다는 것을 알 수 있다.

여섯째 「사회관계적 전략」 영역에서는 6항목 중 5항목에서 통계적으로 유의한 차이를 보였다. 결과는 〈표 12〉에 나타냈다.

〈표 12〉 선호도의 고(H) 저(L)와 「사회관계적 전략」과의 관계

	H그룹		L그룹		t값
	M	SD	M	SD	
45. 상대가 말하고 있는 것을 모를 경우, 천천히 말하도록, 혹은 한번 더 말하도록 부탁한다.	4.235	1.094	3.750	1.260	2.367 *
46. 자신이 한국어를 말하면서 틀렸을 경우, 상대에게 정정해 주도록 부탁한다.	3.691	1.352	2.688	1.355	4.257 ***
47. 다른 학습자와 한국어를 연습한다.	3.000	1.602	2.594	1.422	1.537
48. 한국어 네이티브 스피커에게 도움을 구한다.	3.253	1.575	2.281	1.291	3.793 ***
49. 클래스에서 언제나 한국어로 질문한다.	1.912	1.156	1.313	0.732	3.543 **
50. 한국어를 사용하고 있는 나라의 문화를 배우려고 하고 있다.	3.838	1.288	2.609	1.268	5.519 ***

*** p<.001, ** p<.01, * p<.05

이 영역은 학습자가 다른 학습자와의 커뮤니케이션을 통하여 학습하는 것을 돕는 것이다. 통계적으로 유의한 차이를 보인 항목을 보면, H그룹 쪽이 L그룹에 비해, 상대가 말하고 있는 것을 모를 경우, 천천히 말하도록, 한 번 더 말하도록 부탁하거나, 자신이 한국어를 말하면서 틀렸을 경우는 상대에게 정정해 주도록 부탁하거나, 한국어 네이티브 스피커에게 도움을 구하도록 하고 있다는 것, 또한 한국어를 사용하고 있는 나라의 문화를 배우려고 하고 있다는 것을 알 수 있다. 이로부터, 선호도가 높은 학습자 쪽이 적극적으로 학습의 도움을 상대에게 요구하고 있다는 것을 알 수 있다.

이상의 학습 전략의 H그룹과 L그룹의 비교에 의해 다음과 같은 결과가 밝혀졌다. 먼저, 선호도가 높은 학습자는 선호도가 낮은 학습자에 비해, 수업 복습을 잘하며, 한국어를 사용할 기회를 될 수 있는 한 찾으려고 하고 있다는 것, 더불어, 메타 인지 전략을 많이 이용하고 있다는 것과, 그리고 한국어 학습에 대하여 생각하거나, 계획을 세우거나 하고 있다는 것이 밝혀졌다. 이로부터, 선호도가 높은 학습자는 낮은 학습

자에 비해, 적극적으로 학습에 몰두하고 있다는 것을 알 수 있다. 한편 선호도가 낮은 학습자는 선호도가 높은 학습자에 비해 단어를 암기할 때에 가락이나 어조를 맞추어 많이 사용한다는 것을 알았다.

다음으로, 선호도의 고저에 관계없이, 한국어 학습자는 한국어의 신규 단어와 비슷한 일본어 단어를 찾거나, 신규 단어는 몇 번씩 소리를 내어 읽거나, 쓰거나 하는 것이 밝혀졌다. 또한, 선호도의 고저에 관계없이, 한국어를 사용할 때는 긴장하고 있다는 것도 알았다.

이상의 결과로, 선호도가 높은 학습자 쪽이 낮은 학습자에 비해, 적극적으로 학습에 임하고 있으며, 학습 전략도 많이 사용하고 있다는 것이 밝혀졌다. 이로부터 선호도는 학습 전략과 큰 관계가 있으며 선호도의 높이가 한국어 학습의 촉진과 관계가 있다는 것을 시사하고 있다.

5. 결론

본 연구는 일본인 한국어 학습자의 한국어 학습에 대한 선호도가 학습 신념과 학습 전략에 어떤 영향을 주는가를 밝히는 것을 목적으로 하였다. 이용한 질문지는 속성 질문지, 선호도 질문지, 신념 질문지, 전략 질문지로 구성되어 있다. 선호도 질문지는 필자가 독자적으로 개발하고, 신념 질문지는 Horwitz(1987)의 Beliefs about Language Learning Inventory(BALLI)에 근거하여, 전략 질문지는 Oxford(1990)의 Strategy Inventory for Language Learning(SILL)에 근거하여 작성하였다.

조사 데이터를 바탕으로 한국어 학습에 대한 선호도의 고저가 학습 신념에 어떠한 영향을 미치는가를 분석한 결과, 선호도가 높은 학습자

는 선호도가 낮은 학습자에 비해, 보다 통합적 동기부여가 강하여, 한
국 문화나 한국인에 대하여 관심이 높으며, 한국어권 출신 친구를 원하
고 있다는 것으로 나타났다. 또, 한국에서 한국어를 배우는 것은 좋은
학습법이라고 생각한다는 것, 한국어 모어화자와 학습을 하는 것은
즐겁다고 생각한다는 것, 그리고 누구나 한국어를 말할 수 있게 되고,
학습자 자신도 지금 이상으로 회화 실력이 숙달할 것으로 생각하고
있다는 것도 밝혀졌다. 한편, 선호도가 낮은 학습자는 높은 학습자에
비해, 한국어를 학습하는 특별한 능력을 가지고 있는 사람이 있다고
생각한다는 것, 다른 사람과 한국어를 이야기하는 것에 불안을 느끼며
겁을 낸다는 것을 알았다.

다음으로, 한국어 학습에 대한 선호도의 고저가 학습 전략에 어떠한
영향을 미치는가를 분석한 결과, 선호도가 높은 학습자는 낮은 학습자
에 비해, 한국어 학습에 대한 명확한 목표가 있으며, 한국어를 숙달하
기 위한 방법을 찾거나, 한국어 학습에 대하여 생각하거나, 계획을 세
우거나 하여, 적극적으로 학습에 몰두하고 있으며, 수업의 복습을 잘하
고, 한국어를 사용할 기회를 될 수 있는 한 찾으려고 하는 것으로 나타
났다. 또한, 한국어회화 연습에 있어서, 자신이 틀렸을 때는, 상대에게
정정해 달라고 부탁하거나, 한국어 네이티브 스피커로부터 도움을 청
하거나, 회화 중에, 적절한 말이 생각나지 않을 때에는 제스처를 사용
하거나 하고 있다는 것이 밝혀졌다. 한편, 선호도가 낮은 학습자는 선
호도가 높은 학습자에 비해, 학습에 대하여 소극적이며, 선호도가 낮은
학습자 쪽만이 많이 사용하고 있는 전략은 가락이나 어조를 맞추어
이용한 단어암기법이었다.

이상과 같이 선호도가 높은 학습자와 낮은 학습자 사이에는 많은

차이점을 보였다. 그리고 한국어 학습에 대한 선호도가 높은 학습자 일수록 한국어 학습에 대하여, 보다 적극적, 긍정적, 낙관적인 것이 명확해져, 선호도가 학습 신념과 학습 전략에 긍정적인 영향을 주고 있다는 것이 밝혀졌다. 이후에는 선호도와 학습 신념이나 학습 전략과의 인과관계 혹은, 선호도가 언어학습의 어느 분야에 영향을 주는 것인지, 왜 영향을 주는 것인지에 대하여, 보다 상세하게 검토해 볼 필요가 있다. 또한, 한국어뿐만 아니라 다른 언어에 있어서도, 선호도와 학습 신념과 학습 전략과의 관계성을 조사하여, 본 연구에서 얻을 수 있었던 결과와 비교하여 목표하고 있는 언어학습에 대한 선호가 제2외국어 학습에 주는 영향에 대하여 널리 추가적으로 연구해 보고자 한다.

┃参考文献

荒井貴和(2000)「学習ストラテジーに対する学習者の意識:英語を学習している日本人大学生を対象とした調査」『東洋学園紀要』8, pp.57-66.

糸井江美(2003)「英語学習に関する学生のビリーフ」『文学部紀要』16-2, 文教大学文学部, pp.85-100.

伊東祐郎(1993)「日本語学習者の学習ストラテジー選択」『東京外国語大学留学生日本語教育センター論集』19, pp.77-92.

加藤清方(2004)『日韓共同理工系学部留学生の日本留学意識と日本語学習心理に関する基礎研究』東京学芸大学教育学部.

木村松雄・遠藤健治(2002)「TOEFL-TIPを用いた英語学力と学習ストラテジーからみた一般学生と帰国学生の相違に関する研究(2002年度)」『青山学院大学文学部紀要』44, pp.47-62.

木村松雄(2003)「TOEFL-TIPを用いた英語学力と学習ストラテジーからみた一般学生と帰国学生の相違に関する横断的研究(2003年度)」『青山学院大学文学部紀要』45, pp.113-132.

木村松雄(2004)「英語学力(TOEFL-TIP)と学習ストラテジー(SILL)及びビリーフ(BALLI)から見た一般学生と帰国学生の相違に関する横断的研究(2004年度)」『青山学院大学文学部

紀要』46, pp.85-108.

木村松雄・斎藤勉・遠藤健治(1995)「大学教養課程に於ける英語学力と外国語学習ストラテジーの継年的研究(I)」『青山学院大学文学部紀要』37, pp.161-179

木村松雄(1996)「大学教養課程に於ける英語学力と外国語学習ストラテジーの継年的研究(II)」『青山学院大学文学部紀要』38, pp.73-96.

木村松雄(1997)「The Strategy Inventory for Language Learning(SILL)を用いた外国語学習方略の研究」『青山学院大学文学部紀要』39, pp.103-128.

木村松雄(1998)「大学教養課程に於ける英語学力と外国語学習ストラテジーの横断的研究」『青山学院大学文学部紀要』40, pp.123-143.

木村松雄(1999)「英語学力と外国語学習ストラテジーの研究」『青山学院大学文学部紀要』41, pp.99-124.

木村松雄(2000)「英語学力, 学習意識と外国語学習ストラテジーの研究」『青山学院大学文学部紀要』42, pp.63-84.

木村松雄(2001)「英語学力と学習ストラテジーからみた一般学生と帰国学生の相違に関する総括的報(1995-2001)」『青山学院大学文学部紀要』43, pp.71-105.

小池生夫(編集主幹)(2003)『応用言語学事典』研究社.

野山広(1995)「JFL場面における「ビリーフス」調査の重要性と活用に関する一考察:豪州・メルボルン地区の高校生の場合を事例として」『日本語教育論集』12, pp.61-90.

伴紀子(1989)「日本語学習者の適用する学習ストラテジー」『アカデミア文学・語学編』47, pp.1-21.

伴紀子(1992)「言語学習のための学習ストラテジー」カッケンブッシュ寛子・尾崎明人・鹿島央・藤原雅憲・籾山洋介(編)『日本語研究と日本語教育』名古屋大学出版会, pp.213-223.

前田啓朗(2002)「高校生の英語学習方略使用と学習達成 - 学習動機と学習に関する認知的評価との関連」『Language Education&Technology』39, pp.137-148.

Deci,E.L.&Ryan,R.M.(1985) Intrinsic motivation and self-determination in human behavior.New York:Plenum.

Dornyei,Z.(2005) Thepsychology ofthe language learner : Individual differences in second languageacquisition.London:Lawrence Erlbaum Associates.

Gardner,R.C.(1985) Social psychology and second language learning:The role of attitudes and motivation. London:EdwardArnold.

Gardner,R.C.&Lambert,W.E.(1972) Attitudes and motivation in second language learning. Rowley,

MA : NewburyHouse.

Grainger,R.P.(1997) Language-learning strategies for learners of Japanese:Investigating ethnicity. Foreign Language Annals, 30, pp.378-385.

Griffiths,C.(2003) "Patterns of language learning strategy use". System, 31, pp.367-383.

Horwitz,E.K.(1987) "Surveying student beliefs about language learning." In A.L.Wenden& J.Rubin (Eds.),Learner strategies in language learning(pp.119-129). Hemel Hemostead : Prentice Hall.

Keith,A.(1993) "A Survey of student language learning beliefs. Essays and Studies in English Language & Literature"84. 『東北学院大学学術研究会』 pp.31-59.

Noels,K.A.(2003) "Learning Spanish as a second language:Learners'orientations and perceptions of their teachers'communication style."In Z.Dornyei(Ed.), Attitudes, orientations, and motivations in language learning(pp.97-136). Oxford : Blackwell.

Oxford,L.R.(1990) Language learning strategies:What every teacher should know. Heinle&Heinle Publishers.

Rosenberg,M. J.&Hovland,C.I.(1960) "Cognitive,affective,and behavioral components of attitudes."In M. J.Rosenberg, C.I.Hovland,W. J.McGuire, R.P.Abelson, & J.W.Brehm(Eds.), Attitude organization and change.(pp.1-14.)Yale university press.

Ushioda,E.(2001) "Language learning at university:Exploring the role of motivational thinking." In Z.Dornyei & R.Schmidt(Eds.), Motivation and second language acquisition (pp.91-124). Honolu-lu, HI : University of Hawaii Press.

Yamato,R.(2000) "Awareness and real use of reading strategies." JALT Journal, 22, pp.140-165.

Yamato,R.(2002) "A Study on motivation and strategy in an EFL setting." JACET Bulletion, 35, pp.1-13.

대만에 있어서 한국에 대한 이미지 형성과 한국어 학습

— 일본조사와 비교를 중심으로 —

生越 直樹

1. 서론

앞 장에서는 일본 대학생을 대상으로 한 앙케트 조사를 바탕으로 일본에 있어서 한국에 대한 이미지와 한국어 학습 관계에 대해 논하였다. 우리들은 한국, 한국인 이미지와 한국어 학습의 관계에 관하여 일본에서 행한 조사와 같은 조사를 대만에서도 행하였다. 필자가 알기로는 지금까지는 대만에 있어서 한국어 학습에 관한 조사는 그다지 행하여지지 않았던 것 같다. 이번 조사는 대만에서 한국어 학습의 동기·배경을 알 수 있는 실마리가 될 수 있으며 또한 일본의 조사 결과와 비교함에 따라 양 지역의 차이점도 밝힐 수 있다. 더욱이 한국, 대만에서 행한 일본어교육에 관한 조사와 관련시킴에 따라 학습하는 언어를 구사하는 나라와 사람의 이미지, 학습 언어와의 관계를 보다 포괄적으로 파악할 수 있으리라고 생각한다.

이상으로 다양한 관점에서 분석이 가능하겠으나, 본고에서는 특히 일본에서의 조사 결과와 비교하면서 한국어 학습에 관한 대만에서의 조사 결과를 분석해 가고자 한다.

2. 대만에 있어서 한국어교육

대만에 있어서 한국어교육의 실태에 대해서는 그다지 자세한 조사가 행해지지 않은 것 같다. 여기에서는 채련강(2005)에서 나타난 대만의 상황을 간단히 소개하겠다.

대만 대학에서 한국어학과가 설치된 것은 국립 정치대학(학과정원 30명)과 사립 중국문화대학(학과정원 90명) 2곳이다. 정치대학은 1950년대, 중국문화대학은 1960년대에 한국어 과정이 설치되고 그 후, 학과로 되어 현재에 이르고 있다. 이 외에 제2외국어로 한국어를 가르치고 있는 대학은 2005년 현재, 3곳이 있으며 이후 더욱 증가할 예정이라고한다. 더욱이 몇 몇의 고교에서도 한국어를 제2외국어로 가르치고 있으며, 6곳 정도의 대학에서는 부속 사회교육센터에서 일반인을 대상으로 한국어강좌를 하고 있다. 그리고 국립교육 방송국에서는 매일 라디오로 한국어방송이 행해지고 있다.

한국과 대만의 관계는 1992년에 외교관계가 단절되는 등, 결코 순탄하다고는 말할 수 없으나, 경제면 등 민간차원에서의 교류는 계속 활발하게 이루어지고 있는 것 이외에도 일본과 마찬가지로 문화면에서 최근에 「한국 붐」이 일어나고 있어, 한국어교육의 새로운 발전이 기대되고 있다.

3. 조사의 개요

대만에서의 앙케트 조사는 2004년에 타이베이(台北)에 있는 M대학에서 행하였다.[1] 이 대학에서 한국어학과에 소속된 학생, 즉 한국어를 전공으로 학습하고 있는 학생 131명의 데이터를 수집하였다 (이하 대만 한국어조사라고 칭함). 이에 비해 일본에서 행한 앙케트 조사에서는 한국어를 전공으로 학습하고 있는 학생은 없어서 선택 필수 혹은 자유 선택 과목으로 한국어를 학습하고 있는 학생 211명과 한국어 학습경험이 없는 학생 147명이었다 (이하 일본 한국어조사라고 칭함). 본고에서는 비교를 위하여 대만 한국어조사와 일본 한국어조사 결과를 분석하였으나 양쪽 조사에서는 응답자의 성격이 다르므로 주의가 필요하다. 또, 경우에 따라 篠原信行 교수가 행한 대만 대학생에 대한 일본・일본어에 관한 조사(이하 대만 일본어조사라고 칭함.) 결과를 사용할 것이다. 篠原 교수의 조사 개요에 대해서는 제Ⅱ부 제2장을 참조하기 바란다.

4. 한국에 대한 이미지

먼저 한국에 대하여 어떤 이미지를 가지고 있는가 라는 질문(부록의 조사표 1-1참조)에 대한 응답 결과를 〈표 1〉에 나타냈다. 〈표 1〉에서는 일본에서의 결과도 함께 나타냈다.

---

1) 조사는 T대학에서도 행하였다. 그러나 T대학의 응답자는 M대학과 달리, 자유 선택 과목으로 한국어 수업을 받고 있으며 게다가 학습자의 평균 연령도 상당히 달랐다. 또한 인원수도 적어(22명) 이번 분석에는 포함시키지 않았다.

〈표 1〉 한국에 대한 이미지
(대만 한국어조사 131명 · 일본 한국어조사 358명)(수치%)

	대만 한국어조사	일본 한국어조사
매우 좋다	10.7	5.1
좋다	44.3	36.1
다른 나라와 다르지 않다	37.4	45.6
나쁘다	4.6	12.4
매우 나쁘다	1.5	1.0

〈표 1〉과 같이 대만조사에서 한국의 이미지는 일본조사보다 다소 좋은 이미지를 가지고 있다. 이것은 대만조사의 응답자가 학과에서 학습하는 사람이기 때문일지도 모르겠다. 그래서 일본조사의 응답자를 학습자 211명과 비학습자 147명에 나누어 대만조사의 응답자(대만 학과학습자)와 비교하여 보았다. 그 결과가 〈그림 1〉이다.

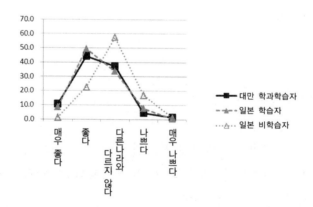

〈그림 1〉 한국에 대한 이미지(대만 한국어조사 · 일본 한국어조사)(수치%)

〈그림 1〉과 같이 대만 학과학습자와 일본 학습자는 대부분 같은 응답 경향을 보이고 있다. 모두 「좋다」라는 이미지를 가지는 사람이 다소 많다. 한편 일본 비학습자는 「특히 다른 나라와 다르지 않다」는 응답이 가장 많아, 많은 사람이 「좋다」는 이미지도 「나쁘다」는 이미지도 가지고 있지 않다. 일본 학습자가 학과에서 배우고 있지 않는데도 대만 학과학습자와 같은 응답 경향을 보여주는 것은 대단히 흥미롭다. 일본 학습자의 대다수는 선택 필수 과목으로 한국어를 선택하고 있으므로, 진급·졸업을 하기 위해서는 그 과목의 학점을 따지 않으면 안 된다. 한국어 학습이 자신의 성적이나 진로에 관계된다는 점은 무게감은 다르나 학과에서의 학습과 비슷한 점이 있다. 즉, 어느 쪽 경우라도 학습 대상으로 한국어를 선택할 때에 무엇인가 결심을 하고 선택한다는 것이다. 그러한 한국어 학습 자세가 한국의 이미지 형성에 관계되는 것일지도 모른다.

5. 이미지 형성에 관련된 요소

일본조사와 마찬가지로 한국에 대한 이미지 형성에 있어서 어떤 요소가 영향을 주고 있는지에 대해서도 조사해 보았다. 조사 방법은 일본 조사와 동일하며, 다양한 항목을 제시하여 이미지 형성에 영향을 주고 있는 정도를 대, 중, 소, 무 4개 중에서 선택하게 하는 방법을 취하였다(조사표 1-2 참조). 응답의 대를 3, 중을 2, 소를 1로 수치화하여, 그 총수를 응답자 수로 나눔에 따라 각 항목의 영향도를 나타낸 것이 〈그림 2〉이다. 수치가 커질수록 그 항목은 한국의 이미지 형성에 있어서

큰 영향을 미치게 된다. 〈그림 2〉에는 篠原 교수가 행한 일본의 이미지
에 관한 조사(대만 일본어조사)결과도 함께 나타냈다. 한편 대만 일본
어조사는 응답자가 일본어를 학습하지 않는 학생도 포함되어 있어서,
한국어학과 학생만인 대만 한국어조사와는 응답자의 속성이 약간 다
르다.

항목으로 「한국/일본 가수~」 등 「한국/일본」으로 되어 있는 것은
한국어조사에서 「한국 가수~」, 일본어조사에서 「일본 가수~」로 되
어 있는 항목이다.

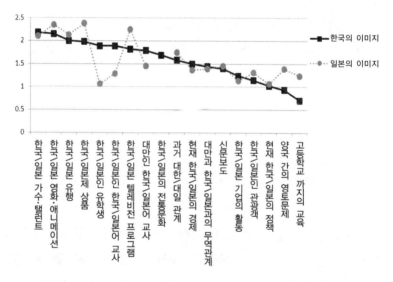

〈그림 2〉 한국/일본 이미지 형성에 관련된 요소(대만 한국어조사 131명, 대만 일본어조사 474명)

한국의 이미지 형성에 관해서는 「한국 가수·탤런트」 「한국 영화·
애니메이션」 「한국 유행」 등, 소위 서브 컬처와 관계가 있는 항목에서
수치가 높다. 서브 컬처에 관심을 가지고 있기 때문에 한국어학과에

들어간 것인지, 학과에 들어간 후 서브 컬처에 관심을 가지게 된 것인지, 그 관계는 이번 조사에서는 명확치 않으나, 한국어 학습과 서브 컬처에는 상당히 강한 관계가 있는 것 같다.

한편 일본의 이미지 형성에 큰 영향을 주고 있는 것도 역시 서브 컬처와 관계가 있는 항목이다. 〈그림 2〉를 보면 그 영향 정도는 한국의 경우보다 약간 크다고 말할 수 있을 것이다. 이 외에 「영토문제」, 「고등학교까지의 교육」에서도 일본 쪽이 수치가 높다. 한국과 비교하면 일본의 이미지 형성에는 양국의 역사적인 관계가 보다 크게 영향을 주고 있는 것 같다. 반대로 「유학생」, 「한국인/일본인교사」 항목에서는 일본어조사 쪽이 한국어조사보다 수치가 낮다. 이것은 대만 일본어조사 응답자가 일본어를 학습하고 있지 않은 사람이 포함되어 있기 때문으로 생각된다. 비학습자는 직접 일본인 교사나 일본인 유학생과 상대할 기회가 없기 때문에 이 항목에서 수치가 낮아진 것일 것이다. 이상의 결과를 전체적으로 보면 한국 이미지, 일본 이미지 모두 가장 큰 영향이 서브 컬처 관계 다음으로 경제 관계, 영향이 적은 것은 역사 관계라는 경향은 매우 비슷하다. 이로부터 대만에서는 서브 컬처가 학습 언어에 큰 영향을 주고 있다고 볼 수 있다.

다음으로 이 결과를 일본에서의 한국 이미지 형성과 비교하여 보자. 〈그림 3〉은 한국 이미지 형성에 관한 질문에 대하여, 이번 대만 한국어조사 결과와 일본 한국어조사 결과(제1부 제2장 참조)를 함께 나타낸 것이다. 단, 대만 조사에서는 비학습자가 없으므로 조건을 맞추기 위해서 일본조사도 한국어 학습자만의 수치를 나타냈다.

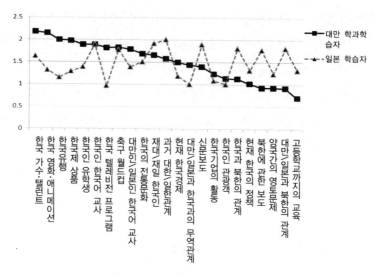

〈그림 3〉 한국 이미지 형성에 관련된 요소(대만 학과학습자 131명, 일본 학습자 211명)

이제까지 지적한 바와 같이 대만에서는 서브 컬처의 영향이 크지만 일본에서는 그만큼 크지는 않다. 반대로 일본에서는 대만과 비교하여 역사나 정치에 관한 교육이나 보도의 영향이 크다. 齊藤明美 교수의 조사에서 한국에 있어서 일본의 이미지 형성도 서브 컬처의 영향이 큰 것으로 밝혀졌다 (제Ⅲ부 제3장 참조). 그렇다면 한국, 대만에 있어서는 학습 언어와 서브 컬처의 관계가 큰 것에 비해 일본에서는 그렇지 않다는 결과가 된다. 일본에서의 조사는 2003~2004년에 행한 것으로 그 시점에서는 한류 붐은 아직 본격적으로 일어나지 않았다. 한류 붐이 시작된 후에는 한국의 서브 컬처에 대한 정보가 급격하게 늘어나고 있다. 현시점에서 조사를 한다면 또 다른 결과가 나올 가능성이 있다.

어쨌든 이번 조사 시점에서는 한국의 이미지 형성에 끼치는 서브 컬처의 영향이라는 점에서 대만과 일본에서 상당히 큰 차이가 있었다.

이 차이가 시간적 경과에 의해 변화되는 것인지 또는 이 차이가 대만, 일본의 외국어학습 전반에 대해서 말할 수 있는 것인지 등에 대해서는 더욱 광범위한 조사를 할 필요가 있을 것이다.

6. 한국어 학습 동기와 한국어의 장래성

6.1 학습 동기

이번 조사에서는 한국어 학습 동기에 대해서도 질문하였다 (조사표 2-1a 참조). 〈그림 4〉는 대만의 결과(대만 학과학습자)와 일본 한국어조사 중에서 한국어 학습자의 응답 결과(일본 학습자)를 나타낸 것이다. 그림에서는 대만 조사에서 응답이 많았던 순으로 항목을 나열하였다.

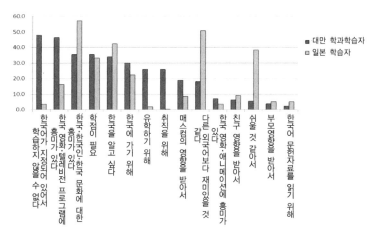

〈그림 4〉 한국어학습 동기(복수응답)(대만 학과학습자 131명, 일본 학습자 211명)(수치%)

대만조사에서 「한국어가 지정되어 있어서 학습하지 않을 수 없었다」 「학점이 필요」라는 항목에서 수치가 높은 것은 응답자가 학과학습자이기 때문일 것이다. 더욱이 「한국에 가기 위해」 「유학하기 위해」 「취직을 위해」라는 장래 진로를 의식한 항목에서 수치가 높은 것도 학과에서 한국어를 학습하고 있기 때문으로 생각된다. 동시에 「영화·텔레비전 프로그램에 흥미가 있다」 「한국·한국인·한국 문화에 흥미가 있다」 「한국을 알고 싶다」라는 항목에서도 수치가 높은 것으로부터 한국 자체에 흥미를 가지는 학생도 많다는 것을 알 수 있다.

이에 비해 일본조사에서는 「한국·한국인·한국 문화에 흥미가 있다」 「한국을 알고 싶다」라는 항목에서 수치가 높아 한국인·한국 문화에 대하여 관심을 가지고 있는 학생이 많다. 이것은 대만조사와 같다. 단, 한국 영화나 텔레비전에 대한 흥미는 적다. 조사 시점의 일본에서는 아직 한국의 영화나 드라마에 관한 정보가 적었기 때문일 것이다. 또 일본조사에서는 유학이나 취직을 위해서라는 의식은 낮다. 이것은 일본 사회에서 일하는데 있어서 한국어의 요구도가 낮은 것, 더욱이 선택 과목으로 학습하고 있다는 것이 원인으로 생각된다. 또한 대만조사와 달리 「다른 외국어보다 재미있을 것 같다」 「쉬울 것 같다」라는 항목에서 수치가 높다. 이들도 일본의 학습자가 선택 과목으로 학습하고 있는 것과 관계가 있다고 생각된다. 선택 과목에서는 몇 가지 외국어를 비교해서 선택하기 때문에 이러한 관점이 동기가 되는 것이다. 대만과 일본의 결과를 보면, 대만에서는 학습 동기로서 영화·텔레비전, 유학, 취직 등 목적이 명확한 항목을 선택하고 있다. 한편 일본조사에서는 한국인·한국 문화에 대한 흥미, 한국이 알고 싶다 등, 한국인·한국 문화에 대한 막연한 흥미가 동기로 되어 있다. 이 차이가 대만과 일본의 외국어학습에 대한 자세의 차이를 반영한 것인지, 학과학습자와 선택 과목에서의 학습자라는 학습 형태의 차이에 의한 것인지, 현시점에서는 판단할 수 없다. 더욱 조사가 필요하다.

다음으로, 篠原 교수가 행한 대만 일본어조사 결과와 비교해 보자. 한국어 혹은 일본어의 학습 동기에 대한 결과를 〈그림 5〉에 정리해 보았다. 일본어조사에서는 학과학습자 뿐만 아니라 선택 과목 학습자도 포함되어 있으므로 학과학습자만인 한국어조사와는 응답자의 속성이 약간 다르다. 〈그림 5〉에서 항목명이 「한국/일본을 알고 싶다」 등으로 되어 있는 경우는 한국어조사에서는 「한국을 알고 싶다」, 일본어조사에서는 「일본을 알고 싶다」로 되어 있는 항목이다.

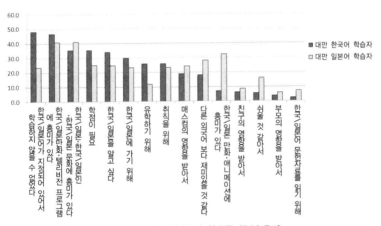

〈그림 5〉 한국어/일본어 학습동기(복수응답)
(대만 한국어조사 127名, 대만 일본어조사 311명)(수치%)

〈그림 4〉를 보면 「영화·텔레비전 프로그램에 흥미가 있다」라는 항목은 큰 차이가 없는데, 「만화·애니메이션에 흥미가 있다」라는 항목은 한국어와 일본어는 큰 차이가 있다. 서브 컬처 중에서도 영화·텔레비전은 한국어, 일본어 모두 큰 동기로 되어 있으나, 만화·애니메이션은 일본어만이 동기로 되어 있다. 이러한 차이는 있으나 한국어, 일본어 모두 서브 컬처가 큰 학습 동기가 되고 있다는 것은 확실하다. 이미지 형성에 관하여 서브 컬처가 큰 영향을 미친다는 것이 밝혀졌으나, 학습 동기로서도 큰 영향을 미치고 있다는 것을 알 수 있다. 齊藤 교수가 한국에서 행한 일본·일본어에 관한 조사에서도 서브 컬처가 일본어 학습의 큰 동기가 되고 있다. 따라서 대만, 한국 모두 서브 컬처가 외국어학습 동기로서 중요한 요소가 되고 있다고 말할 수 있겠다. 한편 일본에서는 이미지 형성, 학습 동기 모두 서브 컬처가 큰 영향을 미치지 않았다. 앞에서 말한 바와 같이 한국어는 한류 붐이 있었으므로 그 후 변화되어 있을 가능성은 있으나, 중국어 등 다른 외국어학습에서는 어떠한지 등 일본의 상황에 대해서는 좀 더 자세한 조사를 할 필요가 있다.

이 외에 「취직을 위해」라는 항목은 일본어도 비교적 수치가 높다. 한국어, 일본어 모두 학습 동기와 장래 생활이 관계되어 있다는 것을 알 수 있다. 이 점은 일본의 한국어 학습자와 다른 점이다. 한편, 「한국어/일본어가 지정되어 있어서, 학습 하지 않을 수 없었다.」 「유학하기 위해」 「쉬울 것 같다」라는 항목에서는 한국어 학습자와 일본어 학습자의 차이가 크다. 이것에 대해서는 응답자의 속성 차이와 관계가 있을 가능성이 있다. 일본어 학습자 중에는 선택 이수 학습자도 포함되어 있으므로 그 영향이 아닐까 한다.

6.2 장래성

다음으로 학생들에게 「한국어를 공부하여 장래 도움이 된다고 생각하는가.」라는 질문도 하였다 (조사표 1-9 참조). 다음 〈표 2〉는 이번 대만 한국어조사 결과(대만 학과학습자)이다. 비교를 위해 일본 한국어조사 중에서 학습자만의 결과(일본 학습자)를 함께 나타냈다.

〈표 2〉 한국어는 장래 도움이 되는가(대만 학과학습자 131명, 일본 학습자 209명)(수치%)

	예	아니요	그 외
대만 학과학습자	87.0	7.6	5.3
일본 학습자	68.9	24.4	6.7

대만조사에서는 장래 도움이 된다는 응답이 압도적으로 많다. 한국어학과에 입학한 학생이기 때문에 당연하다고 말할 수 있겠다. 도움이 된다고 대답한 사람에게는 더욱, 어떤 도움이 될 것인가라는 질문도 하였다 (조사표 1-9a 참조). 〈표 2〉와 같이 일본 학습자의 결과도 함께 〈그림 6〉에 나타냈다. 한편 이 질문은 복수응답이 가능하므로 각 항목의 수치는 한국어가 장래 도움이 된다고 응답한 사람 전체 가운데 그 항목을 선택한 사람의 비율을 나타내고 있다.

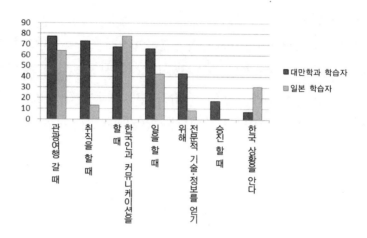

〈그림 6〉 한국어는 어떤 도움이 되는가(대만학과 학습자 114명, 일본 학습자 144명)(수치%)

이미 제I부 제2장에서 지적한 바와 같이 일본의 한국어 학습자는 한국인과의 커뮤니케이션이나 관광 등, 높은 한국어능력 없이도 할 수 있는 항목의 수치가 높다. 일본 학습자는 높은 한국어능력이라기보다 한국어를 알고 있는 것 자체가 장래 도움이 된다고 생각하고 있다. 이에 비해 대만 학과학습자는 취직이나 일을 위해 도움이 된다고 생각하며, 실용적이며 높은 한국어능력을 요하는 경우에 도움이 될 것으로 상정하고 있다. 그들은 한국어학과에서 학습하고 있으므로 졸업 후에도 한국어를 사용하여 일을 하는 것을 목표로 하고 있기 때문일 것이다. 취직이나 일에서 도움이 된다는 경향은 한국의 일본어 학습자와 매우 비슷하여 대만 한국 모두 외국어학습에 있어서 실용적인 면을 중요시하는 경향이 있다고 생각된다.

이상 기술한 것을 정리하면 다음과 같다.

1) 한국에 대한 이미지는 대만의 학과학습자와 일본의 학습자에서 거의 같은 경향을 나타내고 있었다. 한국어 학습에의 적극적인 자세가 한국의 이미지 형성에 관계가 있는 것일지도 모른다.

2) 대만에 있어서 한국 이미지, 일본 이미지 모두 이미지 형성에 가장 큰 영향을 주고 있는 것은 서브 컬처이며, 다음으로 경제, 영향이 적은 것이 역사이다. 이로부터 대만에서는 서브 컬처가 학습 언어에 큰 영향을 주고 있다고 볼 수 있다. 한편 일본에서는 한국의 이미지 형성에 서브 컬처는 그다지 큰 영향을 미치고 있지 않으며, 이 점에서 대만과 큰 차이가 있다. 단 조사가 일본에서의 한류 붐 이전이었으므로 그 후 변화되어 있을 가능성이 있다.

3) 대만에서는 한국어 학습 동기로서 영화·텔레비전을 본다, 유학, 취직 등 구체적인 목적을 세우고 있다. 한편 일본에서는 한국인·한국 문화에 대한 흥미, 한국을 알고 싶다 등, 한국인·한국 문화에 대한 막연한 흥미가 동기가 되고 있다.

4) 대만에서는 한국어 일본어 모두 서브 컬처가 큰 학습 동기가 되고 있다. 더욱이 대만, 한국 모두 서브 컬처가 외국어의 학습동기로서 중요한 요소가 되고 있다. 한편 일본에서는 이미지 형성, 학습 동기 모두 서브 컬처가 큰 영향력을 미치고 있지 않다.

5) 대만의 학과학습자는 한국어가 취직이나 일에서 도움이 될 것으로 되어 있으며, 그 경향은 한국의 일본어 학습자와 매우 비슷하다. 대만, 한국 모두 외국어학습에 있어서 실용적인 면을 중요시하는 경향이 있다고 생각된다.

7. 결론

본 장에서는 대만 대학생에게 행한 앙케트 조사를 바탕으로 한국에 대한 이미지 형성에 영향을 주는 요인, 더욱이 한국어 학습 동기나 한국어에 대한 장래성에 대해 논하였다. 분석에서는 일본에서 행한 한국·한국어에 관한 조사, 대만에서 행한 일본·일본어에 관한 조사와도 비교 참조하면서 대만의 한국·한국어의 이미지에 대해 그 특징을 밝혔다.

마지막으로 이번 앙케트 조사에 협력해 주신 대만의 학생들, 수업 담당 선생님들, 조사 실시 준비를 해 주신 篠原信行 교수님, 결과 집계를 도와 준 천혜란 씨에게 다시 한번 감사 말씀 드린다.

┃参考文献

生越直樹(2004)「한국, 한국인에 대한 이미지 형성과 한국어 학습」, 『한국언어문화학』Vol.1 No.2, 国際韓国言語文化学会

齊藤明美(2003)『한국, 대만에서의 일본어교육현황 및 일본에서의 한국어교육현황 고찰 ―어학 교육을 위한 언어적, 문화적 배경 기초조사를 중심으로― 基礎資料(韓国篇)』

齊藤明美(2006)「韓国と台湾における日本語学習の現在と日本に対するイメージについて」, 『日本語教育研究』11, 韓国日語教育学会

사이토 아케미(2007)「한국어 회자의 일본, 일본인, 일본어에 대한 이미지 ―대학생의 전공분야별 차이를 중심으로」 연구과제 기초자료(한국편)

篠原信行(2003)「台湾の大学生の日本と日本語に関する意識とそのイメージ形成に影響を与える要因について」, 『日本言語文芸研究』4, 台湾日本語言文芸研究学会

채련강(2005)「대만의 한국어교육」, 『한국어교육론3』(국제한국어교육학회 편), 한국문화사

〈부록〉앙케트 조사표(대만조사)

韓國與韓文相關問卷調查

調查負責人 東京大學研究所綜合文化研究科 生越直樹

這是一份以台灣學生為對象的問卷調查。內容是有關於台灣大學生對於韓國、韓國人及韓文的印象調查，以及一些學習韓文上的具體相關事物。

因為沒有所謂的正確答案，請依直覺輕鬆作答，謝謝。

◎ 首先，請依照您自身情況回答下列問題。

請在＿＿＿＿＿＿＿＿中填入資料，或圈選符合的選項。

0-1. 就讀＿＿＿＿＿大學＿＿＿＿學院＿＿＿＿學系＿＿組＿＿年級

0-2. 年齡＿＿＿＿＿歲

0-3. 國籍(中華民國、南韓、北韓、其他)

0-4. 出生地 台灣＿＿＿＿＿縣市)

　　　國外(＿＿＿＿＿＿＿＿＿)

0-5. 您家中有人會說韓語嗎? (有　　沒有)

0-6. 您曾跟韓國老師學過韓文嗎? (有　　沒有)

0-7. 您認識韓國朋友嗎? (有　　沒有)

0-8. 您曾經學習過韓文嗎? (有　　沒有)

　　(回答'有'的人請繼續做答)

　0-8a. 您學了多久的韓文?

　　　　1.半年以下 2.半年以上未滿1年 3.1年以上未滿2年 4.2年以上

　0-8b. 您是從何時開始學習的?

　　　　1.國小之前 2.國小 3.國中 4.高中 5.大學以後

◎ 請回答下列問題
　　[關於對韓國、韓國人、韓語的印象]

1-1. 請問您對韓國的印象如何?(請圈選)
　　　1. 很好　　　　　2.好　　　　　3.和別的國家沒甚麼不同
　　　4. 不好　　　　　5.很不好

1-2. 在形成對韓國印象的過程中,下列各個項目產生了多大的影響呢?
　　　請逐項選出影響的程度,並請在□中打。

	大	中	小	無
(1)過去的台韓關係	大□	中□	小□	無□
(2)韓國的傳統文化	大□	中□	小□	無□
(3)韓國的電影、動畫	大□	中□	小□	無□
(4)韓國的各種流行	大□	中□	小□	無□
(5)韓國觀光客	大□	中□	小□	無□
(6)報紙的報導	大□	中□	小□	無□
(7)高中以前的教育	大□	中□	小□	無□
(8)韓國的電視節目	大□	中□	小□	無□
(9)現在韓國的經濟狀況	大□	中□	小□	無□
(10)台灣和韓國的貿易關係	大□	中□	小□	無□
(11)韓國的歌手藝人	大□	中□	小□	無□
(12)韓國籍韓文老師	大□	中□	小□	無□
(13)本國籍韓文老師	大□	中□	小□	無□
(14)韓國製的商品	大□	中□	小□	無□
(15)兩國間的領土問題	大□	中□	小□	無□
(16)現在韓國的政策	大□	中□	小□	無□
(17)韓國的企業活動	大□	中□	小□	無□
(18)韓國留學生	大□	中□	小□	無□
(19)世界盃足球賽	大□	中□	小□	無□
(20)在台灣的韓國人	大□	中□	小□	無□
(21)南韓和北韓關係	大□	中□	小□	無□
(22)台灣和北韓的關係	大□	中□	小□	無□
(23)關於北韓的報導	大□	中□	小□	無□

1-3. 請問您對韓國人的印象如何?(請圈選)

　　1. 很好　　　2.好　　　　3.和別的國家沒甚麼不同

　　4. 不好　　　5.很不好

1-4. 在形成對韓國人印象的過程中, 下列各個項目產生了多大的影響?

　　請逐項選出影響的程度, 並請在□中打。

	大	中	小	無
(1)過去的台韓關係	大□	中□	小□	無□
(2)韓國的傳統文化	大□	中□	小□	無□
(3)韓國的電影、動畫	大□	中□	小□	無□
(4)韓國的各種流行	大□	中□	小□	無□
(5)韓國觀光客	大□	中□	小□	無□
(6)報紙的報導	大□	中□	小□	無□
(7)高中以前的教育	大□	中□	小□	無□
(8)韓國的電視節目	大□	中□	小□	無□
(9)現在韓國的經濟狀況	大□	中□	小□	無□
(10)台灣和韓國的貿易關係	大□	中□	小□	無□
(11)韓國的歌手藝人	大□	中□	小□	無□
(12)韓國籍韓文老師	大□	中□	小□	無□
(13)本國籍韓文老師	大□	中□	小□	無□
(14)韓國製的商品	大□	中□	小□	無□
(15)兩國間的領土問題	大□	中□	小□	無□
(16)現在韓國的政策	大□	中□	小□	無□
(17)韓國的企業活動	大□	中□	小□	無□
(18)韓國留學生	大□	中□	小□	無□
(19)世界盃足球賽	大□	中□	小□	無□
(20)在台灣的韓國人	大□	中□	小□	無□
(21)南韓和比韓關係	大□	中□	小□	無□
(22)台灣和比韓的關係	大□	中□	小□	無□
(23)關於比韓的報導	大□	中□	小□	無□

1-5. 請問您對韓語的印象如何?(請逐一圈選出一項合適的答案)

(1)粗魯無禮	有禮合宜	兩者皆非
(2)粗野	得體	兩者皆非
(3)粗暴的	溫和的	兩者皆非
(4)不喜歡	喜歡	兩者皆非
(5)沉悶	輕快	兩者皆非
(6)發音不清楚	發音很清楚	兩者皆非
(7)無法有效地傳達意思	能有效地傳達意思	兩者皆非
(8)囉嗦繁冗	簡明輕快	兩者皆非
(9)緩慢的	快速的	兩者皆非
(10)聽起來死板僵硬	聽起來柔和輕鬆	兩者皆非
(11)困難的	容易的	兩者皆非
(12)說話音量大	說話音量小	兩者皆非

1-6. 您曾去過韓國嗎?

　1.有　　　　2.沒有

　(選擇1(曾經去過韓國)的人 請續答1-6a,1-6b.)

　1-6a. 您去韓國的目的是?(可複選)

　①觀光　　　　②語言進修　　　　③交流活動

　④探親　　　　⑤其他(　　　　　　　　　　)

　1-6b. 最長停留多久時間?(　　　　　　　　　　　)

1-7 將來想(再)去韓國嗎?

　1.想　　　　2.不想　　　　3.沒有特別想或不想

　(選擇1的人 請續答1-7a.)

　1-7a. 想去的理由為何?

　　①想更進一步認識韓國　　　②想用所學的韓文跟韓國人溝通
　　③想親身體驗一下自己感興趣的事　　④因為是鄰近國家感覺容易成行
　　⑤想和朋友見面　　　　　⑥想學韓文
　　⑦其他(　　　　　　　　)

1-8. 英語是世界共通的語言, 既已學會英文, 您認為還有必要學韓文嗎?

　　1.有　　　2.沒有　　　3.其他(＿＿＿＿＿＿＿＿＿＿＿)

1-9. 您認為學習韓文將來會有用嗎?

　　1.會　　　2.不會　　　3.其他(＿＿＿＿＿＿＿＿＿＿＿)

　　(回答「1.會」的人, 請續答1-9a)

　　1-9a. 您認為在哪些方面會有具體上的幫助?(可複選)

　　　　①工作上　　　　②求職上　　　③觀光旅行時

　　　　④為了取得韓國國家概況　　　⑤和韓國人交談時

　　　　⑥為了取得專門的技術, 情報　　　⑦升遷時

　　　　⑧其他(　　　　　　　　　　)

1-10. 您認為今後要學習哪種語言比較有用?請按有用的程度依予寫出三種

　　(1)＿＿＿＿＿＿　　(2)＿＿＿＿＿＿　　(3)＿＿＿＿＿＿＿＿

［關於學習韓文］

2-1. 您曾經學過韓文嗎?

　　a.現在正在學　　→ **跳答2-1a**

　　b.之前曾經學過　→ **跳答2-1b**

　　c.從未學過　　　→ **跳答2-1c**

2-1a. (針對在2-1.選擇a(現在正在學)的人, 請問您為何學習韓文)(可複選)

　　a.想了解韓國的事物　　b.覺得韓語比別的語言有趣　　c.覺得比較簡單

　　d.對韓國, 韓國人, 韓國文化感興趣　　e.因為韓文是必修課不得不學

　　f.受了媒體的影響　　g.受了朋友的影響　　h.受了父母的影響

　　i.對韓國的電影, 電視節目感興趣　　j.對韓國的漫畫, 動畫感興趣

　　k.為了解韓文的文獻資料　　l.為了要去韓國　　m.為了學分

　　n.為了求職　　o.為了留學　　p.其他(＿＿＿＿＿＿＿＿＿＿)

2-1b. (針對在2-1. 選擇b(之前曾經學過)的人請問您為何停止學習韓文(可複選)
　　　a.對韓國失去興趣　　　　　b.韓文一點都不有趣
　　　c.韓文太難了　　　　　　　d.韓國、韓國文化很無聊
　　　e.現在可以不用在修讀韓文了　f.受了大眾傳播媒體的影響
　　　g.受了朋友的影響　　　　　h.受了父母的影響
　　　i.因為覺得即使學習韓文也無法找到理想的工作
　　　j.因為覺得將來仰仗韓文就業的可能性不高
　　　k.在自己的研究領域沒有必要閱讀韓文的文獻資料
　　　l.對台灣社會而言韓文不再像從前的那般重要
　　　m.已經取得足夠的外語學分
　　　n.不再喜歡韓國、韓國人　　　o.無法取得學分
　　　p.沒有去韓國的必要　　　　q.其他(＿＿＿＿＿＿＿＿＿＿＿＿＿)

2-1c. (針對在2-1. 選擇c(從未學過)的人請問您為何不學習韓文(可複選)
　　　a.對韓文沒興趣　　　　　　b.覺得韓文一點都不有趣
　　　c.覺得韓文好像很難　　　　d.討厭韓國文化
　　　e.我讀的科系不用修韓文　　f.受到大眾傳播媒體的影響
　　　g.受了朋友的影響　　　　　h.受了父母的影響
　　　i.因為覺得即使學習韓文也無法找到理想的工作
　　　j.因為覺得將來仰仗韓文就業的可能性不高
　　　k.在自己的研究領域沒有必要閱讀韓文的文獻資料
　　　l.對台灣社會而言韓文不是重要的語言
　　　m.另有其他想學習的語言
　　　n.討厭韓國、韓國人
　　　o.對韓國的漫畫、動畫沒興趣　p.覺得韓國的電視節目不好看
　　　q.沒有去韓國的必要　　　　r.其他(＿＿＿＿＿＿＿＿＿＿＿＿＿)

2-2. (針對現在沒有修習韓文的人)
　　您現在除了英語以外,還學習哪種語言?如果正在學習兩種以上的語言, 請選擇一個自己最熱中
　　於學習的語言。
　　　a.德語　　　b.法語　　　c.西班牙語　　　d.俄語　　　e.義大利語
　　　f.阿拉伯語　g.日語　　　h.其他(＿＿＿＿＿＿＿＿＿＿＿＿＿)

2-2a. 請問您為何想要學習此種語言?(可複選)

a. 想了解使用此種語言的國家的事物　　b. 覺得好像很有趣

c. 覺得好像比較簡單　　　　　　　　　d. 對學習各種外語感興趣

e. 因為自己系上規定要學該語而不得不學

f. 受了大眾傳播媒體的影響　　　　　　g. 受了朋友的影響

h. 受了父母的影響　　　　　　　　　　i. 學習該種語言將來有利於就業

j. 因為覺得將來仰仗該種語言就業的可能性很高

k. 在自己的研究領域必須要用該種語言所寫的文獻資料

l. 對台灣社會而言該種語言很重要

m. 雖然現在不怎麼重要,但將來可能成為重要的語言

n. 對該國的文化感興趣

o. 喜歡該國的製品　　　　　　　　　　p. 為了前往該國

q. 沒有特別的理由　　　　　　　　　　r. 其他(＿＿＿＿＿＿＿＿＿＿)

◎ 現在沒有修習韓文的人到此作答完畢。
　以下的問題,請現在正在學習韓文的人作答。

2-3. 請問您有沒有因為學習韓文而改變了原先對韓文的印象?

1. 有　　　　2. 沒有

2-4. 和英文相比,您認為韓文是怎樣的一種語言?

1. 比英文難

2. 和英文沒甚麼不同。既不難也不簡單

3. 比英文容易

2-5. 您認為您現在的韓語能力能做什麼?又,您認為您的韓語能力要學到甚麼程度才能滿足?
　(請在()內填入適當的英文選項。)

(1) 韓文會話方面

　　現在的程度(　　　　　　　)　　　將來的希望(　　　　　　　)

　　a. 程度非常好(能夠進行專業的討論)　b. 程度很好(能獨自一人在韓國旅行)

　　c. 還可以(能在韓國購物)　　　　　　d. 幾乎完全不行

(2) 韓文聽力方面

現在的程度(　　　　　)　　將來的希望(　　　　)

a.程度非常好(看電視、聽廣播時能充分了解其內容)

b.程度很好(大致了解電視戲劇的內容)

c.還可以(可以了解一點電視戲劇的內容)

d.幾乎完全不行

(3) 韓文閱讀方面

現在的程度(　　　　　)　　將來的希望(　　　　)

a.程度非常好(不用查字典即可看懂韓文小說)

b.程度很好(不用查字典即可看懂韓文報紙)

c.還可以(邊查字典即可看懂韓文報紙)

d.幾乎完全不行

(4) 韓文寫作方面

現在的程度(　　　　　)　　將來的希望(　　　　)

a.程度非常好(能書寫報告)

b.程度很好(會寫電子郵件)

c.還可以(會寫簡單的電子郵件)

d.幾乎完全不行

2-6. 下列何者對您來說為學習韓文較難的部分?(可複選)

　　a.會話　　b.聽力　　c.閱讀　　d.寫作　　e.其他(＿＿＿＿＿＿＿＿)

2-7. 當您在學習韓文時, 何者較難?(可複選)

　　a.韓文文字　　b.發音　　c.聲調　　　　d.韓文特有分開寫法

　　e.拼寫法　　f.單字　　g.接續語尾　　h.句末語尾　i.時態　　j.助詞

　　k.外來語　　l.漢語　　m.變格(變則)動詞　n.敬語　　o.道地的韓語表現

　　p.通俗講法　　q.正式講法　　r.其他(＿＿＿＿＿＿＿＿＿＿＿)

2-8. 學習韓語對您而言下列那個部份較容易?

　　a.會話　　b.聽力　　c.閱讀　　d.寫作

2-9. 當您在學習韓文時,何者較容易?(可複選)

　　a.韓文文字　　b.發音　　　c.聲調　　　　d.韓文特術分開寫法

　　e.拼寫法　　　f.單字　　　g.接續語尾　　h.句末語尾　　i.時態　　　j.助詞

　　k.外來語　　　l.漢語　　　m.變格(變則)動詞　　n.敬語　　　o.道地的韓語表現

　　p.通俗講法　　q.正式講法　　r.其他(＿＿＿＿＿＿＿＿＿＿＿＿＿＿＿＿＿＿)

2-10. 請問您用哪些具體的方法學習韓文?(可複選)

　　a.念韓文教科書　　　　　b.重視課堂上的學習　　　c.課前預習課後複習

　　d.閱讀韓文書籍、報紙　　　e.聽CD、錄音帶　　　f.看錄影帶

　　g.收聽廣播　　h.看電視　　i.和韓國人交談　　j.玩電動遊戲(video game)

　　k.看漫畫　　　l.唱韓國歌曲　　m.上語言學校　　n.到韓國旅行

　　o.用韓語寫信　　p.上網　　q.其他(＿＿＿＿＿＿＿＿＿＿＿＿＿)

2-11. 到目前為止用過的學習方法中您覺得哪種比較有效?(請從2-10的a~q選項中選出三個)

　　(1)＿＿＿＿＿＿＿＿　　(2)＿＿＿＿＿＿＿＿　　(3)＿＿＿＿＿＿＿＿＿

2-12. 請問您希望上韓文教學課程(想在課堂上學習的內容)及方法為何?

　　(1) 內容(請選出三個)

　　　　a.會話　　b.聽力　　c.寫作　　d.閱讀　　e.文法　　f.翻譯　　g.發音

　　　　h.其他(＿＿＿＿＿＿＿＿＿＿＿＿＿＿)

　　(2) 方法如果您的老師是韓國人您希望他用什麼方式教學?(請選出五個)

　　　　a.多採問答、遊戲的方式上課　　　　b.希望能教唱韓文歌曲

　　　　c.希望能使用漫畫、圖片當教材　　　d.希望能使用錄影帶教學

　　　　e.希望只用韓文上課　　　　　　　f.希望照著教科書上課

　　　　g.希望多用中文講解　　　　　　　h.希望能紮實地教好文法

　　　　i.希望上課以會話為主　　　　　　j.希望上課以書面文字為主

　　　　k.希望以能學會寫作為主　　　　　l.希望能多做文法練習

　　　　m.希望上課以閱讀為主　　　　　　n.希望上課以聽力為主

　　　　o.希望教學與韓國的生活、文化相關　p.希望教學與韓國的社會相關

　　　　q.希望教學與韓國的政治、經濟相關　r.希望能訓練到有能力和韓國人交談

　　　　s.其他(＿＿＿＿＿＿＿＿＿＿＿＿)

(3) 方法如果您的老師是台灣人,您希望他用什麼方式教學?(請選出五個)

　　a.多採問答、遊戲的方式上課　　　　b.希望能教唱韓文歌曲

　　c.希望能使用漫畫、圖片當教材　　　d.希望能使用錄影帶教學

　　e.希望只用韓文上課　　　　　　　　f.希望照著教科書上課

　　g.希望多用中文講解　　　　　　　　h.希望能紮實地教好文法

　　i.希望上課以會話為主　　　　　　　j.希望上課以書面文字為主

　　k.希望以能學會寫作為主　　　　　　l.希望能多做文法練習

　　m.希望上課以閱讀為主　　　　　　　n.希望上課以聽力為主

　　o.希望教學與韓國的生活、文化相關　p.希望教學與韓國的社會相關

　　q.希望教學與韓國的政治、經濟相關

　　r.希望能訓練到有能力和韓國人交談

　　s.其他(_____)

2-13. 當您在家學習韓文時,學習重點為何?(請選出二個)

　　a.會話　　b.聽力　　c.閱讀　　d.發音　　e.單字　　f.寫作

　　g.文法　　h.其他(_____)

2-14. 您目前學習韓文在學習環境方面,有什麼問題?(可複選)

　　a.沒有韓文報紙　　b.與韓文相關的錄音帶、CD不多　　c.大班教學

　　d.韓文教材種類很少　　e.韓籍老師很少　　　　　f.上課的時數很少

　　g.課堂以外使用的機會很少　　h.其他(_____)

2- 15. 大學畢業後,您打算如何依韓文從事那方面的工作、活動?

　　a.想繼續讀研究所　　b.想去留學　　c.想成為翻譯人員

　　d.想成為口譯人員　　e.想去觀光旅行

　　f.想到工作上必須要使用韓語的公司就職

　　g.想到徵才時要考韓文的公司就職

　　j.娛樂(遊戲)　　　　i.蒐集資訊　　　j.沒有特別想做的事

　　k.其他(_____)

萬分感謝您的大力協助

제 Ⅱ 부

대만에 있어서 일본어교육과 이미지 형성

▎제1장▎ 대만에 있어서 일본어교육의 개관과 문제점

▎제2장▎ 대만 대학생의 일본과 일본어에 대한 의식과
이미지 형성에 영향을 미치는 요인에 대하여

▎제3장▎ 대만의 일본어 학습자는 일본어 학습을 어떻게 파악하고
있는가
― 일본어 학습동기, 도달목표, 학습방법을 중심으로 ―

제1장

대만에 있어서 일본어교육의
개관과 문제점

■ 篠原信行

1. 서론

대만[1]은 매년 거액의 대일무역 적자를 안고 있으며[2] 일본과 정치 외교적 관계에서도 역사 문제, 종군 위안부 문제, 영토 문제 등 일조일석에 해결할 수 없을 것 같은 어려운 문제를 안고 있다. 이러한 문제는 때로는 신문지상으로 알려짐에도 불구하고, 일본과의 경제적, 인적교류의 긴밀도는 전혀 쇠퇴하고 있지 않다.

현재 대만 사회, 특히 대학 안에서는 미국 지향이 강하기는 하나, 그 한편으로 번화가뿐만 아니라 대학 캠퍼스에서도 「하리 족(哈日族[3])」

---

1) 중국과의 혼동을 피하기 위해, 본고에서는 주로 「중화민국」이 아닌, 「대만」이라는 호칭을 사용한다.
2) 2008년, 일본은 대만의 제2의 무역 상대국이다. 수입은 제1수입 상대국이며, 수출은 제4의 수출국이다. 2007년 대만의 대일 수출액은 175.6억 달러, 대일 수입액은 465.1억 달러이다. 산업 구조의 관계로 대만의 대일무역은 여전히 적자이다.
3) 「哈」은 열애하다, 열중하다, 무엇에 정신이 빠지다는 의미의 대만어. 「日」은 일본.

이라고 불리는 일본의 서브 컬처에 강한 관심을 보이는 젊은이들도
많다. 80년대 후반부터 정치적으로 민주화가 진전되어 경제적으로도
눈부신 발전을 이룩해 온 대만은 1994년에 매스컴에서 일본어 사용을
허용하였고, 그 결과 일본으로부터 대량의 물품, 문화, 정보가 흘러
들어오게 되었다. 젊은이들의 「하리」행동은 이러한 상황이 만들어 낸
사회현상 중 하나이다.

이러한 대만 사회에 있어서 일본어교육은 어떠한 상황인가, 커리큘
럼은 어떠한가, 학습자의 학습 동기는 무엇인가, 또한 어떤 문제가
존재하는 것인가, 등에 대해 그 개요를 기술하고자 한다.

2. 대만 일본어교육의 역사적 변천(제2차 세계대전 이후)

대만은 1895년에 일본에 할양(割讓)된 후 1945년까지 50년 간, 일본
의 통치하에서 일본어교육이 행하여졌다. 1945년 이후에는 국민당 정
권하에서 중국어가 유일한 공용어가 되어 공공장소에서의 일본어 사
용은 전면적으로 금지되었다.

1952년에 일본과 대만 사이에 강화조약이 조인되어 일본과 대만의
교류가 서서히 활발해져 60년대에 들어서는 경제적 교류뿐만 아니라
문화, 관광, 비즈니스와 같은 인적교류도 왕성해져 일본어 학습의 기운
도 서서히 높아져 갔다. 1963년 사립 中國文化學院(현 사립 中國文化大
學)에 동방어문계 일문조(東方語文系日文組)가 설립되었다. 일문조는
러시아어조, 한문조(韓文組)와 병립[4]이였으나 대만의 대학에서는 최

---

4) 1992년부터는 일본어문학계로 독립 학과가 되었다.

초의 일본어학과로 대만의 일본어교육에 있어서는 획기적인 사건이다. 이어, 1966년에는 私立 淡江文理學院 (현 私立 淡江大學), 1969년에는 私立 輔仁大學, 1972년에는 私立 東吳大學이 3년 간격으로 타이베이(台北) 및 그 근교 사립대학의 일본어학과 설립이 인가되었다.

그러나 1972년에 일본이 대만과 국교를 단절하고 중국과 국교를 수립한 이후에는 경제적 인적교류가 해마다 넓어져 갔음에도 불구하고 대학의 일본어학과 증설은 1980년에 國立 台中商業專門學校(현 國立 台中科技大學)에 응용 외국어과 일문조가 설립될 때까지 중단된다.

1988년부터 李登輝정권시대에 대만 경제는 「대만의 기적」이라고 할 만큼 비약적인 발전을 이룩하는 동시에 정치적으로는 민주화가 추진되었으며 이러한 흐름 속에서 일본어도 서서히 허용의 방향을 보여왔다. 먼저, 1986년에 설립된 國立 空中大學(방송대학에 해당한다)에서는 1988년부터 일반사회인을 위한 성인교육으로서 일본어강좌 방송을 개시하였다. 또한, 1989년에는 국립 정치대학에 동방어문계 일문조가 설립되었고 1991년에는 사립 東吳大學에 일본어 교사양성을 제1목적으로 하는 일본연구소 박사과정(대학원 박사과정)이 설치되었다. 1992년에는 대만 중부의 台中市의 사립 東海大學에 북부 이외의 지역 대학으로서는 최초로 일본어문학계가 설립되었던 것이다. 그리고 1994년에 국립 대만대학에 독립된 학과로 일본어문학계가 설립되었다. 그리고 오랫동안 금지되었던 TV · 라디오에서 일본어 방영 · 방송이 허용되어 위성방송을 통하여 일본으로부터 정보도 직접 들어오게 된 시기도 같은 1994년이다.

1993년도부터는 대학의 제1외국어로서 영어 이외의 언어도 자유롭게 이수할 수 있게 되어, 대부분의 대학에서 일본어가 외국어 필수과목으로 가세되면서 일본어 학습자가 급증하였다. 그리고 최근에는 교육부 (한국의 교육부. 일본의 문부 과학성에 해당한다)의 지도 감독 하에 고급 중학교(고등학교)에서 일본어반의 개설이 진행되고 있다[5].

3. 대만의 일본어교육의 현황

3.1 일본어 학습자의 총수

해외 일본어 학습자 총수는 200만 명이 넘는다고 하나, 그중에서 한국, 오스트레일리아, 중국 등 아시아 학습자 수가 대부분을 차지한 다[6]. 국제교류기금(2000)에 따르면 한국의 학습자 수가 월등하게 많다.

〈표 1〉 각국의 일본어 학습자 수

국명/지역명	학습자 수
한국	948,104명
오스트레일리아	307,765명
중국	245,863명
미국	112,977명

---

5) 陳淑娟(1999)에 의하면, 1993년 전후부터 학생의 요구로 일부 보통고교에 일본어 관련 클래스가 설치되어, 1995년의 『新高級中學課程標準』으로 일본어가 선택 과목으로 중등교육에 채택될 수 있었다고 한다. 교육부는 1995년에 「第一回全國第二外國語教學研討會」를 개최하여, 1996년에 「推動高級中學選修第二外國語文實驗計畫」을 실시하였다. 또 1998년에는 국립 대만대학에서 「高中第二外國語教學研討會」을 주최하여, 교육 정책과 행정조치, 교사양성, 교재개발, 교수법, 상급학교와의 연계 등에 대해, 고교 대학 양쪽 참가자가 함께 논의 하였다. 그 성과는 『高中第二外國語教學研討會成果報告書』에 정리되어있으며 「推動高級中學選修第二外國語文實驗計畫」에 반영되고 있다.

6) 국제교류기금 일본어국제센터(2000) 『해외의 일본어교육의 현상 1998년』

대만의 학습자 수는 192,654명으로 〈표 1〉의 미국보다도 많아, 제4위에 랭크되어 있다.

〈표 2〉 대만의 일본어 학습자 수[7]

국명/지역명	학습자 수
대만	192,654명

그리고 〈표 3〉에서 알 수 있듯이 한자문화권의 한국, 중국, 대만에서는 영어와 자국어 다음으로 일본어가 중시되고 있다.

〈표 3〉 금후 세계 커뮤니케이션에서 필요하다고 생각되는 언어[8]

	1위	2위	3위	4위	5위
한국	영어	한국어	일본어	중국어	프랑스어
중국	영어	중국어	일본어	프랑스어	러시아어
대만	영어	중국어	일본어	대만어	스페인어

대만의 일본어 학습자 수, 일본어에 대한 주목도로부터 대만은 해외 일본어교육에 있어서 중요한 지역 중 한 곳이라고 말할 수 있겠다.

3.2 일본어 학습자의 소속교육기관

앞서 기술한 바와 같이 대만의 일본어 학습자 수는 19만 명이 넘어, 한국, 오스트레일리아, 중국 다음으로 많다. 그러나 학습자가 어느 수

---

7) 財団法人交流協会(2001) 『台湾における日本語教育事情調査報告書(改訂版) 平成11年度』

8) 本名信行・岡本佐智子編(2000) 『アジアにおける日本語教育』

준의 교육기관에서 학습하고 있는가에 관해서는 한국, 중국, 대만에서
큰 차이가 있다. 대만에서는 고등 교육기관에 소속하는 일본어 학습자
의 비율이 높고, 초·중등교육기관의 학습자 수는 상대적으로 적다.
그러나 이러한 경향도 고교 수준에서의 일본어교육이 시작된 후부터
는 바뀌고 있다.

〈표 4〉 일본어 학습자의 소속교육기관[9]

국명/지역명	초중등교육기관	고등교육기관	학교교육 이외
대만	29.7%	39.4%	31.6%
한국	77.1%	15.6%	7.2%
중국	47.5%	38.9%	13.6%

또한, 대만의 경우, 학교 교육이외의 교육기관에서 일본어를 학습하
는 비율이 기타와 비교하여 대단히 높다는 것이 주목할 만하다. 학교
교육이외의 교육기관으로서는 보습반(어학학원에 해당한다), 학교교
육 이외에 개방된 대학의 推広部(어학센터, 사회인 교육부문), 정부기
관이나 기업 내의 일본어교실, 개인 교습 등이 있다. 그 중에서도 가장
많은 학습자를 보유한 것은 보습반으로, 일본어 클래스를 설치한 보습
반 254개교의 일본어 학습자 수는 약 64,300명 정도로 추정되고 있다[10].

3.3 고등교육기관에 있어서 학습자 수의 추이
대만의 고등 교육기관에 있어서 일본어 학습자 수는 증가 경향에

---

9) 谷口(2001)「アジアにおける日本語教育の現状」게재 그래프에서 작성
10) 財団法人交流協会(2001)『台湾における日本語教育事情調査報告書(改訂版) 平成
11年度』p.7

있다. 학습자 수가 증가하고 있는 주요 원인은 최근 대만에서 대부분의 4년제 대학, 과기대학(科技大学), 기술학원이 신설되었다는 것, 이에 따라 일본어학과도 신설되었다는 점에 있다고 생각된다. 그러나 일본어 교육기관 수는 1996년에는 104개교이었으나, 1999년에는 132개교(+26.9% 증가)로 증가하였음에도, 학습자 수의 증가는 18.1%에 머무르고 있다. 그리고 국립 대만대학 한 대학만을 한정하여 보면 〈표 6〉과 같이 학습 자 수의 눈에 띄는 증가는 보이지 않는다.

〈표 5〉 고등교육기관에 있어서 일본어 교육기관 수와 학습자 수[11]

기관 수			학습자 수		
1996	1999	증가율	1996	1999	증가율
104교	132교	+26.9%	62,238명	73,505명	+18.1%

〈표 6〉 대만대학에 있어서 일본어 클래스 수와 이수자 추이 (( )안은 클래스 수)

	1999년도	2000년도	2001년도
일문(1학년 필수)이수자 수	400(7)	367(7)	383(7)
일문Ⅰ 이수자 수	419(6)	607(8)	423(7)
일문Ⅱ 이수자 수	207(7)	180(7)	334(6)
일문Ⅲ 이수자 수	18(1)	42(1)	31(1)

3.4 중등교육기관에 있어서 학습자 수의 추이

일본어 학습자 수의 증가는 중등 교육기관에서도 볼 수 있다. 대만 의 중등 교육기관은 국민중학(중학교), 고급중학(보통고교), 직업학교 (직업 고교)인 세 개로 나눌 수 있지만, 교육부가 중등학교에 있어서

---

11) 財団法人交流協会(2001) 상게서

제2외국어교육의 필요성을 설득하여, 적극적으로 장려하고 있어 최근 중등교육에서 일본어 클래스를 마련하는 학교가 급증하고 있으며, 이에 따라 학습자 수도 늘어나고 있다. 또한, 교육개혁이 진행되어 이전의 大學聯考(통일 입학시험)만의 제도에서 다원적인 입학시험 제도로 바뀌어, 다수의 대학에 일본어학과가 추천입학 제도를 마련하였다. 이것이 일본어 학습을 유인하는 한 가지 요인이 되었으며, 중등교육 수준에서 학습자 증가의 한 요인이 되었다. 그리고 교육부는 1997년부터 중학교 3학년생에 대한 제2외국어교육을 인정하였으며, 이에 따라 완전중학교(中高一貫敎育校) 중에는 일본어교육 실시를 시작한 학교도 있다.

〈표 7〉 중등교육기관에 있어서 일본어 교육기관 수와 학습자 수

기관 수			학습자 수		
1996	1999	증가율	1996	1999	증가율
95개교	277개교	+191.6%	31,917명	57,029명	+79.7%

3.5 대학 일본어학과의 커리큘럼

아래 〈표 8〉 〈표 9〉는 각각 대만의 사립 淡江大學 일본어문학계와 국립 대만대학 일본어문학계의 커리큘럼이다. 양교의 커리큘럼을 비교하면, 사립 淡江大學이 1학년에서 4학년까지 일본어 학습과 일본어 이외 분야의 강의를 병행하고 있는 데에 비해, 국립 대만대학의 경우는 일본어 학습이 1, 2학년에 집중되어 있으며, 일본연구, 일본문학관계 과목은 3, 4학년에 집중되어 있다. 이렇듯 커리큘럼 설정은 어느 정도는 각 학과의 자유재량에 맡기고 있어서 각각의 특색을 내기 위한 커리큘럼으로 구성되어 있다. 졸업에 필요한 최저 학점은 124~140학점 정도이다.

〈표 8〉 사립 淡江대학 일본어학과 커리큘럼 (일본어학과 개강과목만)

1학년	2학년	3학년	4학년
초급일본어	중급일본어	고급일본어	
		명저선독(1)	명저선독(2)
	문법(1)	문법(2)	일본어수사학
	작문(1)	작문(2)	작문(3)
		응용문(1)	응용문(2)
회화(1)	회화(2)	회화(3)	회화(4)
언어연습(1)	언어연습(2)		
일본원지	일본지리	일본문화	일본정치
	일본역사	일본사회	일본경제
		신문열독	일본사상사

(2002년 현재)

〈표 9〉 국립 대만대학 일본어학과 커리큘럼 (일본어학과 개강과목만)

1학년	2학년	3학년	4학년
초급일본어	중급일본어	고급일본어	일본어수사학
	일어어법	일본언어학개론	일본문학전제
일문습작(1)	일문습작	일본문학명저선독	일본소설선독
	번역(1)	번역(2)	일어통역
일어회화(1)	일어회화(2)	일어회화(3)	영일대역
일어청강실습		일본문학사	신문일어
	일본문화	일본현세	일본고전문학선독
		응용일문	일어교학
		대만어일어비교	
		일문자신관리	

(2002년 현재)

3.6 학습 동기

대학의 일본어학과에 입학하여 일본어를 정식으로 배우기 시작하는 학생 대부분은 예전에는 수험제도의 영향에서일까, 명확한 동기 없이 일본어학과에 입학하는 학생이 눈에 띄었다. 그러나 그러한 학생도 일본어학과에 들어와서 일본어의 전공교육을 받는 과정에서 비교적 단기간에 자기의 목표를 찾았다. 아래 〈표 10〉은 비일본어학과 학생의 학습 동기에 관한 조사 결과이다[12]. 전체적으로는 「개인적 흥미」가 가장 높고, 3위에 「업무상 필요」라는 적극적인 동기를 들고 있음에 비해, 4위에 「학과의 규정」, 5위 「학점 때문에」, 6위 「한자를 사용해서 편하다」는 소극적인 동기도 들고 있다.

〈표 10〉 대학생 일본어 학습의 동기 (복수응답 가능)

학습동기	전체	남	여
개인적 흥미	73.6%	75.3%	73.1%
매스컴의 영향을 받아서	38.5%	40%	38.2%
업무상 필요	34.7%	30%	36.7%
학과의 규정	32.4%	26.7%	34.4%
학점을 따기 위해	14%	15.3%	13.5%
한자를 사용해서 편하다	14%	16%	13.2%
유학을 위해	10%	10%	10%
문헌 자료를 읽기 위해	9.1%	27%	6%
친구 영향을 받아서	8.5%	10%	8.2%
그 외	8.5%	12%	8.7%
부모의 영향	6.9%	8.7%	6%

남녀별로 통계 결과를 비교해 보면 「문헌 자료를 읽기 위해」는 전체

---

12) 篠原(2000)「台湾の高等教育機関における日本語学習者の背景と学習環境」 참조.

중 9.1%로 결코 높지 않지만, 남자만의 숫자로 보면, 27%로 남자의 학습 동기 중에서 「학과의 규정」인 26.7%를 상회하여, 4번째로 높은 수치를 보이고 있는 점이 주목할 만하다.

陳(1999)은 대만 고교생의 일본어학습 동기에 대해 조사를 행하였다. 이에 따르면, 남녀별로 다소 차이는 보이나, 남녀 양쪽 모두 「관광(일본으로 놀러간다)」가 가장 높은 수치를 나타내고 있다. 이하, 「시야(시야를 넓힌다)」「문화(일본 문화에 흥미가 있다)」「만화(일본 만화를 읽는다)」「취직(취직에 유리)」「게임」「진학」 순이다. 또, 陳(1999)은 「관광(일본으로 놀러간다)」의 수치가 가장 높은 이유를, 대만과 일본 사이의 지리적 가까움에서 기인한다고 판단할 수 있다고 하였으며, 민간 수준의 교류나 경제 관계의 긴밀함, 유행 등 일본 서브 컬처의 확대가 한층 호감을 불러일으키는 원인이 되고 있다고 지적하며, 종합적 이유 (여행, 시야, 문화 등)가 도구적 이유 (만화, 게임, 진학)보다도 다소 높은 수치를 나타내고 있는 것을 지적하고 있다[13]

〈표 11〉 대만 고교생의 일본어 이수 동기

일본어 이수 동기	남	여
취직	6.80%	8.10%
유학	4.00%	5.20%
진학	5.00%	5.70%
게임	8.80%	4.60%
문화	7.10%	8.50%
만화	9.60%	8.10%

---

13) 陳(1999) 「台湾高校生の日本語学習意識に関する調査研究」 p.43 조사는 1997년에 일본어를 개강한 보통고교 17개교의 일본어 이수자 1735명을 대상으로 행하였다.

관광	13.50%	14.40%
잡지	7.20%	7.70%
시야	10.90%	12.40%
방송프로	4.90%	4.40%
아이돌	6.00%	5.80%
친구	2.20%	3.00%
상품	5.30%	5.60%
그 외	8.70%	6.40%

대학생과 고교생이 크게 다른 점은 대학생의 경우, 학과의 규정, 구체적으로는 「대1일어[14]」등의 규정으로 이수하지 않으면 안 되는 케이스가 있어서 「학과의 규정」 수치가 높았다. 이러한 소극적인 이유로 일본어를 이수하는 학생은 「한자를 사용해서 편하다」「학점을 따기 위해」 등을 학습 동기로 들고 있는 것이 아닐까라고 상상할 수 있다. 또한, 대학생, 특히 남자학생으로 「문헌 자료를 읽기 위해」의 백분율이 높은 것, 그리고 대학생 남녀 모두 「업무상 필요」의 백분율이 고교생보다도 훨씬 높다.

이러한 점으로부터 결국 대학에 진학한 고교생은 자신의 흥미를 만족시키기 위해 일본어를 학습하는 경향을 보이며, 반대로 대학생은 일본어를 장래의 연구, 혹은 업무상 필요한 도구로서 학습하는 경향이 있다는 것을 명확히 알 수 있다. 대학생의 경우, 陳(1999)이 말하는 「도구적 이유」가 고교생보다도 높다.

---

14) 대학 1학년생의 필수 제1외국어로서 일본어

4. 대만의 일본어교육의 문제점

4.1 교사의 부족

현재, 대만의 대학에서는 비일본어학과 학생이 제1외국어로서 일본어 이수를 인정하고 있다. 국립 대만대학에서는 매년 400명 정도가 일본어를 제1외국어로서 이수하고 있다. 그러나 일본어학과에서는 교사 수가 모자라기 때문에, 전 학년에서 7에서 8클래스밖에 개강할 수 없다. 이 때문에 클래스의 규모가 커져, 시간대에 따라서는 이수자가 100명을 넘는 경우도 있어서, 세밀한 지도는 기대할 수 없는 것이 현황이다.

현재 대학에서 전임강사가 되기 위해서는 박사학위를 요구하나, 대만에서 일본어 일본연구 박사과정을 개설하고 있는 대학은 한 대학밖에 없어서, 일본어교사를 지망하는 학생은 박사학위를 취득하기 위해서 일본으로 유학해야 한다. 예전에 일본에서는 박사학위를 취득하는 것이 미국에 비해 어려웠기 때문에 유자격자가 적었다. 그리고 최근에는 신설교의 급증으로 교육예산이 부족하여, 국립대학이라 하더라도 예산의 일부를 자기가 염출하지 않으면 안 되게 되었다. 인재부족에 예산부족이 겹쳐, 교사부족이 심각하다[15].

중등학교에서도 교사부족은 심각하다. 현재 중등학교에서 제2외국어교육이 시작되어 일본어 클래스 개강 수가 급증하였으며, 학생 수도 1996년부터 1999년 3년간에 약 80% 증가하였다. 하지만 현재의 대만

---

15) 그 후, 대만 대학에서는 시간강사를 다수 채용하여 각 레벨로 클래스를 많이 개강하여, 2009년 현재는 이러한 상황은 대폭 개선되어 있다. 또한, 교사부족 문제도 일본에서 일본어 관련 박사학위 취득자가 증가하고 있어서, 서서히 개선되고 있다.

교원 면허제도로는 교육실습기간이 일 년간으로 길다는 점과, 각 대학의 교직과정의 인원 수 정원이 적다는 점에서, 일본어교사를 대량으로 육성하기는 어렵다. 대만대학을 예로 들면, 일본어학과 학생이 교직과정을 이수한다면 4년에 졸업은 거의 불가능하다. 이렇게 부족한 중등교육의 일본어교사 인원 수를 보충하기 위해서는 현행 제도 그대로는 문제가 있다. 하나의 타개책으로서 다른 과목을 가르치고 있는 현역 교사를 일본어 교사로 교단에 서게 하기 위한 교사양성 프로그램이 몇 개 대학에서 시도되고 있다. 필자가 견문한 예로 이러한 교사는 대학에서 제2외국어로서 일본어를 1, 2년 학습한 경험이 있다는 것만으로, 실제로 교실에서 일본어를 가르치기에는 능력적으로 다소 문제가 있는 경우도 많다.

이러한 교사 부족 문제를 근본적으로 해결하기 위해서는 국내에 중등교육 일본어교사 양성을 위한 대학원을 설립해야 할 것이다. 현재 일본어교사의 양성을 주안으로 하는 대학원은 한 학교뿐이다. 향후 교사양성을 위한 대학원 설립을 기대한다.

4.2 교재

대만에서 사용되고 있는 교재는 그 다수가 일본에서 편집 출판된 것으로, 중국어로 해석, 번역, 주석을 단 것이다. 이러한 교재 가운데, 타이페이의 출판사가 판권을 따서 출판하고 있는 「みんなの日本語」「新日本語の基礎」가 많은 교육기관에서 사용되고 있는 것 같다. 이 교재는 매우 잘 디자인되어 있어 많은 교사가 사용하고 있으나, 2.6에서 본 바와 같이 대만 학생의 다양한 요구에 반드시 일치하고 있다고는 말할 수 없다.

몇 년 전부터, 각자 독자적인 교재를 편찬하는 대학이 나오고 있다. 그리고 일본어 학자 중에는 일본에서 출판된 교재를 긍정적으로 인정하면서도 대만어나 중국어를 모어로 하는 대만의 학생에게 보다 적합한 교재개발을 주장하는 학자도 나오고 있다. 출판사측도 독자적인 교재를 개발하고 있다. 특히, 대만의 특기 분야인 CAI교재나 시청각교재 등의 개발에 대형 출판사가 적극적으로 몰두하기 시작하였다. 최근에는 일본에서 일본어학, 일본어교육학을 습득한 우수한 젊은 연구자가 귀국하고 있다. 향후 우수한 연구자의 손으로 대만의 학습자에게 맞은 교재 작성이 기대된다.

4.3 초급수준에 편향된 학습자 층

3.3에서 대만대학의 일본어 클래스 수와 이수자 수 추이를 살펴보았다. 대만대학에 있어서는 일본어 초급단계 코스에는 약 800~1000명의 이수자가 있으나, 2년째 이수자 수는 초급과정의 20%에서 25%로 감소하며, 3년째 과정에서는 1년째의 2%에서 5%로 격감한다. 학습자가 1년째 학습을 수료한 시점에서 일본어 학습을 포기해 버리는 이유는 여러 가지가 있을 것이다. 그 한 가지 원인으로 제1외국어는 1년간만 필수이고 그 이후는 선택과목이 된다는 점이다. 그리고 적극적인 학습동기를 가지고 일본어 학습을 시작한 학습자라면, 지속적으로 학습을 계속할 수도 있으나 「학과의 규정」「학점을 따기 위해」 등 소극적인 동기로 학습을 시작한 학습자는 중·상급까지 학습을 계속하지 않을지도 모른다. 일본어교육에 종사하는 교사는 이러한 학습자의 흥미를 이끌어 내어 중·상급까지 학습을 계속하게 할 수업을 시도해 보면 좋겠다.

대만에서 일본어 학습자가 초급에 편향된 것은 대만대학을 예로 들어 살펴 보았으며, 이것은 「일본어능력 검정시험」의 수험자 수에서도 볼 수 있다. 〈표 12〉는 1999년 일본어능력 검정시험 국가별 수험자 수이다.

〈표 12〉 1999년도 일본어능력 검정시험 국가별 수험자 수[16]

국/지역	4급	3급	2급	1급	전체
한국	6,698명	14,198명	13,301명	10,123명	44,326명
중국	4,875명	11,585명	1,979명	12,819명	43,262명
대만	6,664명	5,829명	4,714명	2,785명	19,424명

대만의 4급 수험자 수는 한국과 거의 같은 수이나, 2급 1급 수험자 수는 한국의 3분의 1정도밖에 안 된다.

4.4 갈피를 잡지 못하는 대학 당국

대만대학에서는 학생에 대하여 졸업까지 영어 능력시험에 합격해야 한다는 규칙을 마련해 놓고 있다. 국제어인 영어를 익히지 않는 것은 학생 자신의 장래에 나쁜 영향이 있다고 생각하는 대학 당국의 노파심에 근거한 판단일 것이다. 그러나 일반 학생에게는 영어가 매우 중요하다 하더라도, 적어도 일본어학과 학생에게 가장 중요한 외국어는 일본어일 것이다. 「あいうえお」부터 학습하기 시작하여 4년이라는 한정된 시간에 일본어를 마스터하기는 무척 곤란한데다, 더불어 영어 학습까지 강요당하게 되면 부담은 한층 무거워진다. 대만에서는 과거에 제1

---

16) 国際交流基金・財団法人日本国際教育協会(2000) 『日本語能力試験の概要 2000版 (1999年度試験結果の分析)』

외국어가 영어로 결정되어, 다른 외국어는 선택할 수 없었다. 그 후, 사회가 다양화됨 따라, 필요에 따라서 다른 언어도 제1외국어로서 인정하도록 방향 전환하였다. 이러한 흐름에 따라 제2외국어 교육의 시작 학년을 중학교, 고교까지 내려 최종적으로는 초등학교까지 내릴 방침을 내세우고 있다. 외국어교육에 관한 이러한 경향 속에서, 대만 대학의 영어 편중은 영어 이외의 외국어를 학습하고 있는 학생에게 영향을 주지 않을 리가 없다.

5. 결론

이상으로 대만의 일본어교육 현상을 살펴보았다. 대만은 역사적 지리적으로 일본과 가까운 관계에 있어서 경제적으로도 일본이 중요한 상대국으로 되어있다. 따라서 대만 사회에서는 일본어는 중시되고 있으며 일본어 학습자 수도 많다. 그러나 대만의 일본어교육에는 문제도 있다. 이들 문제가 해소되어 보다 훌륭한 일본어교육이 이루어지기를 기대해 마지않는다.

▌参考文献

国際交流基金・財団法人日本国大教育協会(2001)『日本語能力試験の概要 2000版(1999年度試験結果の分析)』
國立臺灣大學(1999)『高中第二外國語教學研討會 成果報告録』
陳淑娟(1999)「台湾高校生の日本語学習意識に関する調査研究」『台湾日本語教育研究学会論文

集』3号 台湾日本語教育学会

国際交流基金日本語国際センター(2000)『海外の日本語教育の現状 1998年』

財団法人交流協会(2001)『台湾における日本語教育事情調査報告書(改訂版)平成11年度』

本名信行・岡本佐智子編(2001)『アジアにおける日本語教育』三修社

谷口龍子(2001)『アジアにおける日本語教育の現状』未刊 私立淡江大學 台湾

篠原信行(2000)「台湾の高等教育機関における日本語学習者の背景と学習環境」『日本語言文芸研究』1号 台湾日本語言文芸研究学会

제2장

대만 대학생의 일본과 일본어에 대한 의식과 이미지 형성에 영향을 미치는 요인에 대하여

■ 篠原信行

1. 서론

제2차 세계대전 이전 일본의 식민지 지배와 전쟁 후 오래 계속된 교육방침[1] 등, 일본, 일본인에 대한 저항감과 마이너스 이미지로 연결되는 요인[2]이 있었음에도 불구하고, 대만에는 친일파가 많다고 전해져 왔다. 지리적 환경, 밀접한 경제 관계, 빈번한 민간 교류 등이 친일적 경향의 형성에 영향을 주어 온 것일 것이다. 그 후, 정부의 교육방침도 바뀌어 매스컴에서 일본문화, 일본어가 전면적으로 개방되어

---

1) 原土洋(1991)는 1970년대 이전의 대만의 교육 방침은 「과거 50년에 걸친 일본 지배가 초래한 일본색을 불식하여 중국인으로서의 자각을 높이자」는 것이었다고 한다. 「戰後台湾の日本語教育」 『講座日本語と日本語教育』 제15권 p.402 참조

2) 한국은 일본과의 관계에서 대만과 공통되는 부분이 많으나, 生越直樹(1991)는 「식민지 지배자이었던 일본 및 그 언어인 일본어에 대해서는 지금도 저항감을 갖는 사람이 적지 않다」고 지적하고 있다. 「韓国における日本語教育概観」 『講座日本語と日本語教育』 제16권 p.50 참조

10년 정도 지난 오늘날에는 「범람」이라는 말로 형용할 수 있을 만큼, 일본에 관한 정보가 많이 들어오고 있다. 이러한 상황 아래, 대만에 있어서 일본어교육의 자세는 자연스럽게 과거의 그것과는 다를 것이고 또한 타국의 일본어교육과도 다를 것이다. 본 장[3]은 이후, 대만에 있어서 일본어교육의 자세, 보다 효과적인 교수법, 요구되는 교육 내용을 모색하기 위한 하나의 근거가 되기 위해 현재, 대만의 대학생의 일본 및 일본어에 관한 의식에 대해 분석하고자 한 것이다.

그리고 예전에 일본에 대한 정보 입수가 곤란하였을 때 일본어교사는 교실에서 일본어교육 이외에 일본에 관한 학생의 다양한 의문에 답해 왔다. 오늘날 대만에서는 일본에 관한 모든 정보가 용이하게 입수 가능하게 되었음에도 교실의 일본어교사는 여전히 일본과 일본문화의 소개자로서의 역할이 요구되는 것일까? 그 답을 구하는 것도 본장의 의도 중 하나이다.

2. 조사의 개요

2.1 조사 방법과 대상

대학에서 일본어를 전공하며 또한 일본어를 1년 이상 학습하고 있는

---

3) 본고는 한국 한림대학교 한림과학원의 연구조성을 받아 齊藤明美(한국 한림대학교), 任榮哲(한국 중앙대학교), 生越直樹(日本 東京大学), 篠原信行(臺灣 臺灣大學)가 진행하고 있는 「A Preliminary Analysis of Linguistic and Cultural Backgrounds for Japanese Education in Korea and Taiwan and Korean Education in Japan and Taiwan」의 성과의 일부이다. 이 연구는 한국 일본 대만 3지역의 대학생이 일본 및 한국에 대한 나라, 국민, 문화 및 그 나라의 언어 학습에 대하여, 어떤 의식을 가지고 있는지를 조사하여 분석 비교한 것이다.

학생(일본어학과 2학년 이상의 학생)과 일본어를 1년 이상 학습하고 있는 일본어학과 이외의 학생 및 대학에서 일본어를 배우고 있지 않는 이공계 학생을 대상으로 무기명으로 앙케트 조사를 행하여 474명으로부터 응답을 얻었다. 조사를 실시한 대학은 대만 북부 소재 대학 2곳, 남부 소재 대학 1곳으로 총 3곳이며 대만에서의 예비조사는 A교에서 행하였으나, 본 조사에서는 예비조사에 협력해 준 학생들은 대상에서 제외하여 조사하지 않았다.

2.2 조사 기간

2003년 5월부터 조사를 시작하여 동년, 6월 초순에 조사표 회수를 거의 종료하였다.

2.3 조사 시기

조사표는 개인적 배경을 묻는 부분(페이스 시트), 일본, 일본인, 일본어, 일본문화에 관한 의식에 대하여 묻는 부분(제1부분) 및 일본어 학습에 대하여 묻는 부분(제2부분)인 세 가지로 이루어져 있다. 페이스 시트의 설문은 ①소속 ②성별 ③출신지 ④가정 내의 일본어 화자 유무 ⑤일본인교사에게 일본어를 배운 적이 있는지 유무 ⑥일본인 친구가 있는지 유무 ⑦일본어를 학습한 적이 있는지 유무 ⑧학습기간 ⑨학습시기 ⑩모국어 ⑪가정 내에서 외국어 회화가 있었는지 유무 ⑫가정 내에서 일본어로 회화를 하는지 유무 ⑬집에서는 주로 어떤 언어를 사용하는가. 의 13항목이다. 설문 수가 늘어났으나, 다른 설문과의 크로스 분석을 생각하여 자세하게 질문하였다. 제1 부분의 주된 조사 항목은 ①일본, 일본인에게 대한 이미지 ②이미지 형성에 영향을 미친 요인 ③일본어에 대한 이미지 등에 대해 물었다. 제2 부분에서는 ①일본어 학습동기 ②일본어 학습을 그만둔 이유 ③일본어를 학습하지 않는 이유 ④기타 외국어 학습에 대하여 ⑤일본어 학습의 영향 ⑥일본어와 영어와의 비교 ⑦현재 일본어능력과 희망하는 수준 ⑧일본어의 곤란한 부분 ⑨학습 방법 ⑩희망하는 수업 ⑪집에서는 무엇에 중점을 두고 학습 하는가 ⑫학습환경에서 개선해야 할 점 ⑬졸업 후 일본어를 어떻게 사용할지 등의 설문을 마련하였다.

3. 조사결과의 집계와 분석

3.1 개인적 배경

페이스 시트에서 조사 대상자의 소속 대힉, 소속 학과, 남녀 비, 모어 및 일상적으로 사용하는 언어를 집계하였다.

<표 1> 소속 학과

	명 수	백분율	유효백분율	누적백분율
A대학 일본어학과 학생	34명	7.2%	7.2%	7.2%
A대학 비일본어 이수자	103명	21.7%	21.9%	29.1%
A대학 일본어 이수자	48명	10.1%	10.1%	39.3%
B대학 일본어학과 학생	58명	12.2%	12.3%	51.6%
B대학 공학부	52명	11.0%	11.0%	62.6%
B대학 비일본어 이수자	57명	12.0%	12.1%	74.7%
C대학 일본어학과 학생	63명	13.3%	13.4%	88.1%
C대학 비일본어 이수자	56명	11.8%	11.9%	100%
합계	471명	99.4%	100%	
오차치	3명	0.6%		
총계	474명	100%		

〈표 2〉 성별

	명 수	백분율	유효백분율	누적백분율
남	193명	40.7%	42.7%	100%
여	259명	54.6%	57.3%	57.3%
합계	452명	95.4%	100%	
오차	22명	4.6%		
총계	474명	100%		

〈표 1〉에서 A대학 학생이 전체의 39.3%로 가장 많으며, 이어 B대학 35.4%, C대학은 25.3%이었다. 또, 남녀 비를 보면 여학생은 57.3%이며 남학생은 42.7%이다. 여학생 비율이 높은 것은 일본어학과 학생을 조사 대상으로 하였기 때문일 것이다[4].

〈표 3〉 당신의 모어는? 복수 선택가능

중국어	대만어(閩南語)	客家語	원주민 언어
85.3%	58.7%	7.2%	0%

〈표 4〉 가족과의 대화에서 사용하는 언어는? 복수 선택가능

중국어	대만어(閩南語)	客家語	원주민 언어
88.3%	60.3%	4.7%	0%

중국어와 대만어(閩南語)를 모어로 생각하는 학생이 대단히 높은 비율임을 알 수 있다. 일상 사용하는 언어에서 보면 이 두 가지 언어는 더욱 높은 비율을 나타내는데, 이것은 많은 학생이 두 가지 이상의

---

4) 대만의 문과계 학과는 일반적으로 여학생의 비율이 높다. 필자가 재직하고 있는 대학의 일본어학과를 예로 들면, 해마다, 여학생이 8할 이상으로, 남녀 비 격차가 현저하다.

언어를 모어로 생각하고 사용하고 있음을 나타낸다. 뒤에서 다루겠으나, 실제로는 이 외에 일본어를 포함한 다른 외국어도 가정에서 사용되는 것 같다. 일본어에 관해서는 50년에 걸친 일본의 식민지 지배 시의 일본어교육의 영향으로 생각되나, 가정 내에서 평소, 가족이 쓰는 일본어를 들을 기회가 있다는 특별한 환경이 일본과 일본인의 이미지 형성에도 무언가 영향을 미칠 것으로 예상된다.

3.2 일본에 대한 이미지

3.1에서 살펴본 대만 대학생들은 일본에 대하여 어떤 이미지를 가지고 있는 것일까? 질문과 선택지 내용은 다음과 같다.

○ 당신의 일본에 대한 이미지는? (다른 외국과 비교하여)
a. 매우 좋은 이미지를 가지고 있다 b. 좋은 이미지를 가지고 있다
c. 다른 나라와 다르지 않다   d. 나쁜 이미지를 가지고 있다
e. 매우 나쁜 이미지를 가지고 있다

〈표 5〉 일본에 대한 이미지는?

	명 수	백분율	유효백분율	누적백분율
매우 좋다	88명	18.6%	19.0%	19.0%
좋다	298명	62.9%	64.2%	83.2%
다른 나라와 다르지 않다	43명	9.1%	9.3%	92.5%
나쁘다	30명	6.3%	6.5%	98.9%
매우 나쁘다	5명	1.1%	1.1%	100%
합계	464명	97.9%	100%	
오차	10명	2.1%		
총계	474명	100%		

학생 응답은 a.「매우 좋은 이미지를 가지고 있다」와 b.「좋은 이미지를 가지고 있다」가 83.2%, d.「나쁜 이미지를 가지고 있다」와 e.「매우 나쁜 이미지를 가지고 있다」의 합계는 겨우 7.6%에 지나지지 않았다. 대만은 친일파가 많다고 하는데, 대만을 방문하는 많은 일본인이 체감하고 있는 것이 수치로서 나타나 있다.

3.2.1 학습경험과 일본의 이미지

〈표 5〉에서는 80%를 넘는 학생이 일본에 대하여 좋은 이미지를 가지고 있음을 알았으며 다음으로는 학생들의 일본에 대한 이미지 형성과 일본어 학습과의 관계를 살펴보자.

〈표 6〉 일본의 이미지와 일본어 학습경험

	학습경험의 유무			합계
	현재 학습중	학습경험 유	학습경험 무	
a.매우 좋은 인상	74명(24.9%)	7명(17.9%)	7명(5.9%)	88명(19.3%)
b.좋은 인상	191명(64.3%)	26명(66.7%)	74명(62.2%)	291명(64.0%)
c.다른 나라와 다르지 않다	15명(5.1%)	4명(10.3%)	22명(18.5%)	41명(9.0%)
d.나쁜 인상	16명(5.4%)	2명(5.1%)	12명(10.1%)	30명(6.6%)
e.매우 나쁜 인상	1명(0.3%)	0명(0%)	4명(3.4%)	5명(1.1%)
합계	297명(100%)	39(100%)	119(100%)	455명(100%)

위 〈표 6〉은 일본어 학습 유무와 일본에 대한 이미지를 크로스로 분석한 것이다. 현재 학습중인 학생 297명 가운데, 일본에 대하여 매우 좋은 인상을 가지고 있는 것은 24.9% (74명)이며, 좋은 인상을 가지고 있는 학생은 64.3% (191명)이었다. 반대로 나쁜 이미지를 가지고 있는 학생은 5.4% (16명)이며, 매우 나쁜 인상을 가지고 있는 학생은 불과

0.3% (1명)이었다. 현재 학습중인 90% 가까운 학생이 일본에 대하여 좋은 이미지를 가지고 있음을 지적할 수 있다.

예전에 일본어를 배웠으나 현재는 학습하고 있지 않는 학생의 경우도 매우 좋은 혹은, 좋은 인상을 가지고 있는 학생 비율이 대단히 높으며 (84.6%), 매우 나쁜 혹은 나쁜 인상을 가지고 있는 비율이 극히 낮아 (5.1%), 앞에 기술한 현재 학습중인 학생과 같은 경향을 볼 수 있다.

한편, 학습경험이 없는 학생 119명에 대하여 살펴보면, 매우 좋은 혹은 좋은 인상을 가지고 있는 학생 수는 68.1% (81명)로 높은 수치를 나타내고는 있으나, 매우 나쁜 혹은 나쁜 인상을 가지고 있는 학생도 13.5% (16명)로 학습경험자와 비교하면 상당히 높은 수치를 보이고 있다. 〈표 6〉에서는 일본어를 학습함으로써 일본에 대하여 좋은 이미지를 갖게 된 것인지, 아니면 원래 일본어에 대하여 좋은 이미지를 가지고 있는 학생이 일본어를 배운 것인지는 판정할 수 없다. 그러나 이 사이에는 무언가 영향 관계가 있는 것으로 예상된다.

3.2.2 일본으로 출국 경험과 일본의 이미지

최근에 대만 경제가 비약적으로 발전함에 따라, 하기와 동계 휴가를 이용하여 해외로 어학연수나 관광을 위해 출국하는 학생이 눈에 띄게 증가하였다. 그리고 일본어학과 학생에 대해 말하자면, 대학의 교류 사업 일환으로 교환 유학제도를 이용하여 일본에서 장기체류하는 기회도 늘어나고 있다. 일본으로 출국 경험 혹은 일본에서 체류한 경험이 일본에 대한 이미지 형성에 어떤 영향을 주고 있는 것일까? 먼저, 학생의 출국경험의 유무 및 이에 관련하여 아래와 같은 질문을 하였다.

○ 일본에 간 경험은? 1. 있다 2. 없다

○ 위의 「1. 있다」고 답한 경우 해외 출국의 목적은? (복수 선택가능)

　　1.관광 2.언어 학습 3.교류 계획 4.친척 방문 5.기타

○ 가장 긴 체류 기간은?

〈표 7〉 일본으로 출국 경험의 유무

	명 수	백분율	유효백분율	누적백분율
출국 경험 유	134명	28.3%	28.6%	28.6%
출국 경험 무	335명	70.7%	71.4%	100%
합계	469명	98.9%	100%	
오차치	5명	1.1%		
총	474명	100%		

일본으로 출국 경험이 있는 학생이 28.3% (134명), 출국 경험이 없는 학생이 71.4%(335명)이었다. 전체의 4분의 1이 넘는 학생이 일본에 가본 경험이 있다고 응답하였다.

다음 〈표 8〉은 출국 목적을 수치화한 것이다.

〈표 8〉 출국 목적

1.관광	2.언어 학습	3.교류 계획	4.친척 방문	5.그 외
131명/98.5%	5명/3.8%	1명/0.8%	5명/3.8%	3명/2.2%

언어 학습 혹은 교류 계획이라고 응답한 학생이 적다는 사실에 놀랐으나, 조사 대상을 고학년으로 좁혀보면 혹시 더욱 높은 수치가 나왔을지도 모르겠다[5]. 결과로는 유효응답 수 133명 중, 실제 98.5% (131명)

가 관광, 기타 졸업 여행이라고 답한 2명, 놀이로 답한 1명도 관광의 일종으로 보아도 무방하므로 대만 대학생의 일본으로 출국은 대부분이 관광목적이 되는 셈이다. 관광이 주된 목적이기 때문에 체류 기간도 짧고 아래 〈표 9〉와 같이 1주일 미만 체류와 일주일 이상 2주 미만인 체류가 합계 74.6%를 차지하고 있다.

〈표 9〉 가장 긴 체류 기간은?

	명 수	유효백분율	누적백분율
기억나지 않음	2명	1.7%	1.7%
1주일 미만	30명	25.4%	27.1%
1주일 이상 2주일 미만	58명	49.2%	76.3%
2주일 이상 1개월 미만	22명	18.6%	94.9%
1개월 이상 3개월 미만	6명	5.1%	100%
합계	118명	100%	

그런데 이렇게 관광이 주목적인 짧은 체류와 일본에 대한 이미지 형성에는 어떠한 관련이 있는 것일까?

아래 〈표 10〉은 일본에 대한 이미지의 좋고 나쁨과 일본으로 출국한 경험과를 크로스 분석한 것이다.

출국 경험이 있다고 응답한 129명 가운데 매우 좋은 인상 혹은 좋은 인상을 가지고 있다고 대답한 학생이 90% (116명)이었다. 이에 비해, 일본에 가본 경험이 있음에도 불구하고 일본에 대해 매우 나쁜 혹은 나쁜 인상을 가지고 있는 학생은 6.2% (8명)에 불과하였다. 한편, 출국 경험이 없는 333명 가운데, 매우 좋은 인상 혹은 좋은 인상을 가지고

---

5) B교 일본어학과에서는 3학년 때 많은 학생이 일본 자매교로 단기유학을 가며, A교 일본어학과에서도 3, 4학년을 대상으로 1년간 교환유학 제도가 있어서, 매년 십여 명이 이 제도를 이용하여 일본으로 단기유학하고 있다 (2003년 현재).

있다고 대답한 학생은 80.8% (269명), 매우 나쁜 혹은 나쁜 인상을 가지고 있다고 대답한 학생은 8.1% (27명)이었다.

〈표 10〉 일본에 대한 이미지와 일본으로 출국 경험

일본에 대한 인상	출국 경험 유무		합계
	출국 경험 유	출국 경험 무	
a. 매우 좋은 인상	46명(35.7%)	42명(12.6%)	88명(19.0%)
b. 좋은 인상	70명(54.3%)	227명(68.2%)	297명(64.3%)
c. 다른 나라와 다르지 않다	5명(3.9%)	37명(11.1%)	42명(9.1%)
d. 나쁜 인상	7명(5.4%)	23명(6.9%)	30명(6.5%)
e. 매우 나쁜 인상	1명(0.8%)	4명(1.2%)	5명(1.1%)
합계	129명(100%)	333(100%)	462명(100%)

3.2.3 일본에 대한 이미지 형성 요인

여기에서는 대만 대학생의 일본에 대한 이미지 형성에 어떤 요인이 영향을 미치고 있는가를 살펴보고자 한다. 질문 항목은 다음과 같다. 응답자에게는 (1)에서 (21)까지 각 항목에 대하여, 일본에 대한 이미지 형성에 미친 영향의 크기를 「a. 대 b. 중 c. 소 d. 영향 없음」까지 4단계로 평가하게 하였다.

○ 아래 각 항목이 당신의 일본에 대한 이미지 형성에 준 영향은?

(1)과거 일본과 대만의 관계 (2)일본의 전통문화 (3)일본만화나 애니메이션 (4)일본의 다양한 유행 (5)일본인 관광객 (6)뉴스 보도 (7)대학에 입학할 때까지의 교육 (8)일본 TV프로그램 (9)현재 일본경제 (10)일본 대만 간의 무역 (11)일본 가수나 탤런트 (12)일본인 일본어교사 (13)본 국적의 일본어교사[6] (14)일본제 상품 (15)일본 대만 간의 영토문제

---

6) 대만의 일본어교사는 대만인 이외에도 소위 外省人, 客家人, 原住民 교사가 있다.

(16)현재 일본정부 정책 (17)일본 기업의 활동 (18)일본인 유학생 (19)일본에 갔을 때 경험 (20)일본의 대학, 대학생과의 교류 (21)과거 중일 관계

〈표 11〉 각 항목이 일본에 대한 이미지 형성에 준 영향의 크기

영향	(1)	(2)	(3)	(4)	(5)	(6)	(7)	(8)	(9)
대	22.0%	24.5%	52.8%	40.5%	8.2%	8.5%	5.1%	46.7%	11.7%
중	39.9%	38.8%	32.2%	36.0%	31.6%	38.2%	28.8%	35.6%	29.9%
소	29.6%	31.6%	11.1%	19.4%	42.3%	42.7%	50.4%	14.1%	42.2%
무	8.5%	5.1%	3.4%	4.1%	17.7%	10.5%	15.6%	3.6%	16.2%

영향	(10)	(11)	(12)	(13)	(14)	(15)	(16)	(17)	(18)
대	10.7%	40.5%	16.5%	16.3%	51.4%	13.0%	6.2%	7.7%	9.0%
중	34.5%	35.4%	25.4%	33.3%	37.3%	29.7%	19.9%	23.5%	20.9%
소	38.3%	17.5%	29.1%	29.2%	9.2%	40.2%	47.4%	43.1%	37.7%
무	16.5%	6.4%	29.1%	21.2%	2.1%	17.1%	26.5%	25.8%	32.4%

영향	(19)	(20)	(21)
대	16.1%	9.0%	14.5%
중	17.6%	16.1%	24.1%
소	15.4%	23.6%	44.1%
무	51.0%	51.4%	17.3%

위의 집계결과에서 가장 영향이 크다고 여겨지는 것은 (3) 「일본만화나 애니메이션」(52.3%) (14) 「일본산 상품」 (51.4%)이었다. 이하, (8) 「일본 TV프로그램」(46.7%), (4) 「일본의 다양한 유행」(40.5%), (11) 「일본 가수, 탤런트」(40.5%) 순이다. 여기까지는 현재 대만에 범람하고 있는 일본의 서브 컬처 영향이 짙게 반영되어 상위를 차지하는 결과가 되었다.

이 경향은 陳(1999)[7]의 대만 고교생을 대상으로 한 조사 결과와 부합

여기에서는 편의상, 이들 교사를 총칭하여 「본국적 교사」라고 부른다.

7) 陳淑娟(1999) 「台湾高校生の日本語学習意識に関する調査研究」 『台湾日本語教育

하는 점이 있다. 이번 논문에서 진행된 조사와는 조사 내용과 항목 모두 동일하지 않으므로, 수치로는 비교할 수 없으나, 陳(1999)의 조사에서는 고교생이 일본어를 학습하는 동기로 ① 「관광 목적」, ② 「시야를 넓힌다.」에 이어 「만화」 「비디오게임」 「아이돌」 「잡지」 등의 일본의 서브 컬처에 속하는 항목이 높은 수치를 나타내고 있다.

대학생을 대상으로 한 이번 조사에서는 일본의 서브 컬처에 이어 다음으로 영향이 크다고 여겨지는 것은 (2) 「일본의 전통문화」 24.5% 가 다섯 번째 높은 수치를 나타내고 있는 것이 주목할 만하다. 다음으로 (1) 「과거 대만과 일본과의 관계」(22.0%), (12) 「일본인 일본어교사」 (16.5%)와 (13) 「대만 국적 일본어교사」(16.3%)로 이어진다. (21) 「과거 중일 관계」(14.5%)가 학생의 일본에 대한 이미지 형성에는 그다지 영향을 주고 있지 않다는 결과도 주목할 가치가 있다. 일본문화가 전면적으로 개방되어 그때까지와는 다른 교육 방침 밑에서 교육을 받았기 때문일까? (7) 「대학에 들어갈 때까지의 교육」 영향이 크다고 답한 수치가 5.1%로 낮고, 영향이 작다고 답한 수치가 50.3%로 매우 높다는 점에서, 현재 교육은 학생의 일본에 대한 이미지 형성에 그다지 영향을 미치고 있지 않음을 알 수 있다.

3.2.4 일본인 교사의 영향

일본인 일본어교사는 교실에서 일본어교육을 하는 것 이외에, 일본인으로 직접 학습자와 접하고 있다. 여기에서는 일본인 일본어교사의 일본, 일본인, 일본어에 관한 학생의 이미지 형성에 대한 영향을 보기 위해, 몇 가지 항목의 크로스 분석 결과를 살펴보고자 한다.

먼저, 「일본어교사」의 영향도를 정확하게 알기 위해서, 페이스 시트의 「일본인 교사에게 일본어를 공부한 적이 있는지 유무」집계결과와 〈표 11〉의 (12) 「일본인 일본어교사」의 영향과 크로스 분석을 하였다. 〈표 12〉는 그 결과이다. 그리고 페이스 시트의 「일본어의 학습 경험의 유무」집계결과와 〈표 11〉의 (12) 「일본인 일본어교사」의 영향과 크로스 분석도 진행하였다. 〈표 13〉은 그 결과이다.

〈표 12〉 일본인 일본어교사의 영향과 일본인교사와 학습한 경험의 유무

| 일본인 일본어교사의 영향 | 일본인교사와 일본어 학습 유무 | | 합계 |
	경험 유	경험 무	
대	55명(35.9%)	22명(7.0%)	77명(16.5%)
중	56명(36.6%)	63명(20.0%)	119명(25.4%)
소	33명(21.6%)	103명(32.7%)	136명(29.1%)
무	9명(5.9%)	127명(40.3%)	136명(29.1%)
합계	153명(100%)	315(100%)	468명(100%)

〈표 13〉 일본인 일본어교사의 영향과 일본어 학습 경험

| 일본인 일본어교사의 영향 | 학습 경험의 유무 | | | 합계 |
	현재 학습중	학습경험 유	학습경험 무	
대	70명(23.2%)	5명(13.2%)	1명(0.8%)	76명(16.6%)
중	95명(31.5%)	10명(26.3%)	12명(10.1%)	117명(25.5%)
소	87명(28.8%)	14명(36.8%)	31명(26.1%)	132명(28.8%)
무	50명(16.6%)	9명(23.7%)	75명(63.0%)	134명(29.2%)
합계	302명(100%)	38(100%)	119명(100%)	459명(100%)

〈표 12〉와 같이 일본인 교사에게 일본어를 학습한 경험이 있는 학생 153명 중 35.9%(55명)의 학생이 일본인 일본어교사가 자신의 일본의 이미지 형성에 크게 영향을 미치고 있다고 답하고 있어, 다소 영향을

받았다고 답한 36.6%(56명)와 더하면, 72.5%나 되는 학생이 일본인교사의 영향은 크다고 답하고 있다. 반대로, 영향이 없다고 답한 학생은 5.9%(9명)로 적었다.

또한, 〈표 13〉을 보면 현재 일본어를 배우고 있는 학생 302명 가운데 23.2% (70명)가 일본인 교사의 영향은 크다고 답하였고, 중간 정도라고 답한 31.5%(95명)와 더하면 54.7%(165명)의 학생이 일본인 교사로부터 상당히 영향을 받았다고 느끼고 있다는 것을 알 수 있다.

한편, 예전에 일본어를 배웠으나 지금은 배우고 있지 않는 학생에서는 일본인 교사의 영향은 적었다고 답한 학생이 가장 많아 36.8% (14명)이고, 23.7% (9명)의 학생이 영향은 없었다고 답하고 있다.

〈표 12〉〈표 13〉에서 일본어 학습 경험이 있는 학생, 그중에서도 일본인 교사에게 일본어를 학습한 학생의 대부분은 자신의 일본에 대한 이미지 형성에 일본인 교사의 영향을 상당히 받고 있다고 느끼고 있음을 알 수 있다. 또한, 일본인 일본어교사에게 일본어를 배우기 이전에는 일본인교사의 영향을 과소평가하는 경향이 있다는 것도 읽어낼 수 있겠다. 이 경향은 페이스 시트의 소속 학과와 일본인교사의 영향도 크로스 분석표로부터 일본어학과 학생만을 뽑아 살펴봄으로써 더욱 명확해지며, 동시에 그 영향도가 강하다는 것을 확인할 수 있겠다.

〈표 14〉 3개 대학 일본어학과 학생의 일본인 교사의 영향도에 대한 평가

일본인 교사의 영향도	명 수	백분율
대	50명	32.3%
중	65명	41.9%
소	36명	23.2%
무	4명	2.6%
합계	155명	100%

〈표 14〉에서, 대학에서 평소에 일본인 일본어교사와 접촉하는 기회를 가지는 일본어학과의 학생 155명 중 74.2%(115명)의 학생이 일본인 일본어교사로부터의 영향은 대 혹은 중 정도라고 생각하고 있음을 알 수 있다. 이번 조사에서는 일본인 교사의 영향을 받은 결과 일본에 대한 이미지가 어떻게 바뀌었는지, 좋아진 것인지 나빠진 것인지는 불분명하나 적어도, 학생에게 미치는 영향이 강하다는 것으로부터 일본어교사에게는 일본어교육 스킬 이외에 다른 자질도 요구되는 것은 부정할 수 없을 것이다.

3.2.5 대만 국적 교사의 영향

그렇다면, 일본인 교사가 학생의 일본에 대한 이미지 형성에 큰 영향을 주고 있다는 것은 3.2.4에서 분석한 바와 같으나, 본국적의 교사의 영향은 어떨까? 3.2.3의 〈표 11〉에서는 본국적의 일본어교사로부터 받은 영향의 크기는 제8위인 16.3%이었다. 교실에서 직접 학생과 접하며, 학생의 모어로 학생의 의문에 답하며, 일본에 관한 정보뿐만 아니라, 때로는 자신의 견문과 체험, 혹은 분석을 학생에게 전달할 수 있는 본국적의 일본어교사는 학생에게 있어서는 일본인 일본어교사 이상으로 친밀감을 가질 수 있는 일본정보의 제공자로서, 학생의 일본에 대한 이미지 형성에 큰 영향을 줄 것으로 상상할 수 있다. 먼저, 일본어 학습 경험 유무와 본국적의 교사 영향 관계를 살펴 보고자한다.

〈표 15〉 본국적 일본어교사의 영향도와 학습 경험의 유무

본국적 일본어교사의 영향도	학습경험 유무			합계
	현재 학습중	학습 경험 유	학습 경험 무	
대	68명 (22.5%)	5명 (13.5%)	2명 (1.7%)	75명 (16.4%)
중	124명 (41.1%)	11명 (29.7%)	16명 (13.6%)	151명 (33.0%)
소	95명 (31.5%)	11명 (29.7%)	29명 (24.6%)	135명 (29.5%)
무	15명 (5.0%)	10명 (27.0%)	71명 (60.2%)	96명 (21.0%)
합계	302명(100.0%)	37명(100.0%)	118명(100.0%)	457명(100.0%)

일본어를 학습하고 있는 학생 302명 중 22.5% (68명)의 학생이 본국적의 일본어교사로부터 큰 영향을 받았다고 답하고 있다. 이것은 〈표 13〉에서 본 일본인 일본어교사의 23.2% (70명)에 거의 필적한다. 일본인 교사의 수치와 다른 것은 중간 정도 영향이 있었다는 학생의 비율이 41.1%(124명)로 일본인 교사의 31.5%(95명)을 10% 가까이 상회하고 있다는 것과 영향을 받지 않았다는 응답이 적기 때문이다. 〈표 13〉에서 일본인 교사로부터 영향을 받지 않았다는 응답은 16.6% (50명)이었으나, 본국적의 교사로부터 영향을 받지 않았다는 응답은 불과 5.0%(15명)에 불과하다. 단, 일본인 교사의 이 수치는 일본인 교사에게 배운 경험이 없는 학생의 응답도 포함되어 있으므로, 이것만으로는 비교할 수 없다.

한편, 현재 일본어 학습을 중단하고 있는 학생 37명에 대해서는 5명(13.5%)이 본국적의 일본어교사의 영향이 컸다고 답하였고, 중간 정도로 응답한 11명(29.7%)과 더하면, 전체 43.2%의 학생이 상당한 영향을 받았다고 느끼고 있음을 알 수 있다. 또한, 10명 (27%)의 학생이 영향을 받고 있지 않다고 응답하였다.

본국적 교사의 영향을 일본어학과의 학생만으로 좁혀 보면, 〈표 16〉
과 같은 결과가 나왔다.

〈표 16〉 3개 대학 일본어학과 학생의 본국적 교사의 영향도에 대한 평가

본국적 교사의 영향도	명 수	백분율
대	32명	20.8%
중	74명	40.1%
소	41명	26.6%
무	7명	4.5%
합계	155명	100%

〈표 16〉의 결과에서도 본국적 교사의 영향도를 대 혹은 중 정도라고
답한 학생이 합계 106명(68.0%)으로 일본어학과 학생은 본국적 일본어
교사에게서 일본에 대한 이미지 형성에 상당히 강한 영향을 받고 있다
고 느끼고 있음을 알 수 있다. 이 수치는 〈표 14〉의 일본인 일본어교사
의 74.2%(대32.3%, 중 41.9%)보다도 다소 낮다.

이상으로부터, 일본어학과 학생으로 한정하여 보면, 일본인교사가
본국적 교사 이상으로, 일본에 대한 이미지 형성에 강한 영향을 주고
있다는 것을 지적할 수 있다.

3.2.6 생활환경과 일본의 이미지

대만은 과거 50년간 일본 통치를 경험하고 있어서, 일본 통치시대
에 교육을 받은 고령자 중에는 일본인처럼 일본어를 하는 사람도 적
지 않다. 그러한 사람들은 예전에 계엄령이 선포되었던 시대에는 일
본어로 이야기하는 것을 꺼려, 애써 일본어를 사용하지 않으려 했으
나, 정치적으로 자유화가 진행되고 매스컴에서 일본어 사용이 허가된

후에는 공공장소에서도 일본어로 이야기하게 되었다. 일본어교육을 받은 노인이 있는 가정에서 자란 학생은 일본어뿐만 아니라 어렸을 때부터 자연히 일본에 관한 화제도 들어 왔음에 틀림없다. 그래서 여기에서는 그러한 환경에서 자란 것이 학생들의 일본에 대한 이미지 형성에 어떤 영향을 주었는지 여부에 대해 분석하고자 한다. 〈표 17〉은 가족 중에 일본어를 할 수 있는 사람이 있는지 유무를 질문한 결과이다.

〈표 17〉 가족 중에 일본어를 할 수 있는 사람이 있는지 유무

	명 수	유효백분율
있다	265명	56.4%
없다	205명	43.6%
합계	470명	100%
오차	4명	
총계	474명	

가족 중에 일본어 화자가 있다고 답한 학생이 56.4%, 없다고 답한 학생이 43.6%로 반수 가까이 일본어 화자가 있다는 것을 알 수 있다. 먼저, 일본에 호감을 가지고 있는 학생 비율이 매우 높음을 알 수 있으며, 대만에는 일본 정보가 거의 제한 없이 들어온다는 점, 더욱이 많은 가정에 일본어 화자가 있다는 점 등, 일본어교육상으로 볼 때 대만은 다른 나라와는 차이가 있다고 말할 수 있다.

〈표 18〉은 가정에서 일본어 화자를 가진 학생과 가지지 않는 학생과의 일본에 대한 이미지에 차이가 있을지 여부를 크로스 분석한 것이다.

〈표 18〉 일본을 좋아하는지 싫어하는지와 가족 중 일본어 화자의 유무

일본을 좋아 하는지 싫어하는지	가족 중에 일본어 화자의 유무		합계
	있다	없다	
싫어한다	22명(8.3%)	25명(12.3%)	47명(10.0%)
좋아한다	163명(61.5%)	121명(59.3%)	284명(60.6%)
어느 쪽도 아니다	80명(30.2%)	58명(28.4%)	138명(29.4%)
합계	265명(100%)	204명(100%)	469명(100%)

일본어 화자가 있는 학생이 일본을 싫어한다고 답한 학생은 8.3%, 없다고 답한 학생은 12.3%이었다. 또한, 가족 중에 일본어 화자가 있는 학생의 61.5%가 일본을 좋아한다고 답하였고, 없다고 답한 학생의 59.3%가 일본을 좋아한다고 답하고 있다. 이 통계 결과만 보면, 전자 쪽이 다소 「일본을 좋아한다」는 비율이 높으나, 양자의 차이는 그다지 크지 않아, 이 수치만으로는 일본어 화자가 가족 중에 있는 것이 일본에 대해도 좋은 감정을 가지는 강한 요인이 되고 있다고는 말하기 어렵다.

〈표 19〉는 어릴 때부터 가족이 일본어로 회화하는 것을 들었는지 여부를 질문한 결과이다. 〈표 18〉은 일본어 화자가 있는지 여부를 질문하였으나, 〈표 19〉에서는 좀 더 심도 있게 자신의 성장 과정에서 항상 일본어를 들어왔는지 여부를 물은 것이다.

〈표 19〉 가족이 일본어로 말하는 것을 들어왔는지 유무

	명 수	유효백분율
예	54명	11.5%
아니요	417명	88.5%
합계	471명	100%
오차	3명	
총계	474명	

어려서부터 가족이 일본어로 말하는 것을 들어 왔다고 답한 학생은 11.5% (54명) 있었다. 다음으로 일본어를 듣는 환경에서 자랐는지 여부와 일본에 대한 이미지와 어떤 관계가 있는지를 보기 위해, 크로스 분석하여 보았다.

〈표 20〉 일본에 대한 인상과 가족이 일본어로 말하는 것을 들어왔는지 유무

일본에 대한 이미지	가족이 일본어로 말하는 것을 들어왔는가?		합계
	예	아니요	
매우 좋은 인상	13명(24.1%)	75명(18.3%)	88명(19.0%)
좋은 인상	37명(68.5%)	261명(63.7%)	298명(64.2%)
다른 나라와 다르지 않다	3명(5.6%)	40명(9.8%)	43명(9.3%)
나쁜 인상	1명(1.9%)	29명(7.1%)	30명(6.5%)
매우 나쁜 인상		5명(1.2%)	5명(1.1%)
합계	54명(100%)	410명(100%)	469명(100%)

〈표 20〉에서 일본어를 들은 적이 없는 가정에서 자란 학생이라도 82%의 학생이 일본에 대해서 좋은 이미지를 가지고 있으나, 일본어를 들을 수 있는 가정에서 자란 학생에서는 이를 크게 상회하여 92.6% (「매우 좋은 인상」24.1%, 「좋은 인상」68.5%)나 되는 학생이 일본에 대하여 좋은 이미지를 가지고 있음을 알 수 있다. 일본어를 들을 수 있는 환경이 일본에 대해서도 좋은 이미지를 형성하는 하나의 요인이 되고 있음을 지적할 수 있겠다. 물론, 그러한 가정에서 학생이 들어 온 것은 일본어뿐만은 아니었을 것이다. 평소에 일본어로 회화가 가능한 가정에서는 일본에 관한 것이 화제에 오르는 경우도 많을 것이다. 본래 대만에는 일본 편애인 친일파가 많다고 하는데, 그 중에서도 자주 가족의 일본어를 들을 수 있는 환경에서 자란 학생은 일본어를 좋아하

는 경향이 보다 강한 것 같다.

3.3 일본어에 대한 이미지

학생의 일본어에 대한 이미지에 대하여 이번 조사에서는 몇 가지 설문을 마련하였다.

〈표 6〉에서 일본을 좋아한다 혹은 매우 좋아한다고 답한 학생이 상당히 많았다는 것을 알았으나, 일본어에 대해서는 어떠한가. 일본어에 대한 저항을 느끼는 학생이 어느 정도 있는지를 보기 위해, 다음과 같은 질문을 하였다.

○당신의 일본어에 대한 이미지는?
a. 싫어한다 b. 좋아한다 c. 어느 쪽도 아니다

〈표 21〉 일본어에 대하여 어떤 이미지를 가지고 있는가

	명 수	백분율
싫어한다	47명	10.0%
좋아한다	285명	60.6%
어느 쪽도 아니다	138명	29.4%
합계	470명	100%

일본어를 「좋아한다」고 답한 학생은 60.6% (470명 중 285명)이며, 「싫어한다」를 선택한 학생은 10% (47명)이었다. 〈표 5〉에서 일본이라는 나라에 대해서는 상당히 많은 학생(83.2%)이 좋은 이미지를 가지고 있음을 알았으나, 거기서 나타난 수치에 비하면 일본어를 좋아한다고 답한 학생은 20% 이상이나 적으며, 일본어를 싫다고 답한 학생 수는

일본이라는 나라에 매우 나쁜 혹은 나쁜 이미지를 가지고 있다고 답한 학생(7.4%)보다도 많다는 것을 알 수 있다.

또한, 일본어의 언어적 이미지에 대해서도 몇 가지 질문하였으며, 여기에서는 다음 2가지 질문에 대해 분석하고자 한다.

○일본어에 대한 이미지는? 〈표 22〉

a. 거칠고 촌스럽다 b. 우아하다 c. 어느 쪽도 아니다

〈표 22〉 일본어에 대한 이미지

	명 수	백분율
거칠고 촌스럽다	18명	3.8%
우아하다	280명	59.8%
어느 쪽도 아니다	170명	36.3%
합계	468명	100%

○ 일본어에 대한 이미지는? 〈표 23〉

a. 느긋하고 여유롭다 b. 빠르다 c. 어느 쪽도 아니다

〈표 23〉 일본어에 대한 이미지

	명 수	백분율
느긋하고 여유롭다	84명	17.9%
빠르다	278명	59.4%
어느 쪽도 아니다	106명	22.6%
합계	468명	100%

〈표 22〉〈표 23〉에서, 대만 대학생은 일본어에 대하여 다수의 학생이 우아(59.8%)하며 발음이 빠르다 (59.4%)고 느끼고 있으며, 일본어를 거

칠고 촌스럽다고 느끼는 학생은 3.8%로 극히 적으며, 발음이 느긋하고 여유롭다고 느끼는 학생도 적다 (17.9%)는 것을 알 수 있다.

3.3.1 학습 경험과 일본어의 이미지

〈표 24〉는 일본어 학습 경험과 일본어에 대한 이미지와의 상관관계를 살펴 본 것이다.

〈표 24〉 일본어를 좋아하는지 여부와 일본어 학습 경험

일본어를 좋아하는가	학습 경험 유무			합계
	현재 학습 중	학습 경험 유	학습 경험 무	
싫어한다	18명(5.9%)	3명(7.7%)	26명(21.8%)	47명(10.2%)
좋아한다	199명(65.7%)	26명(66.7%)	56명(47.1%)	281명(61.0%)
어느 쪽도 아니다	86명(28.4%)	10명(25.6%)	37명(31.1%)	133명(28.9%)
합계	303명(100%)	39명(100%)	119명(100%)	461명(100%)

일본어를 현재 배우고 있는 학생 303명 중, 일본어를 좋아한다고 답한 학생은 65.7% (199명), 싫어한다고 답한 학생은 5.9%(18명)이었다. 일본어 학습을 중단하고 있는 학생에서는 39명 중 66.7% (26명)의 학생이 좋아한다고 답하였고, 싫어한다고 답한 학생은 7.7%(3명)에 불과하였다. 반대로 학습 경험이 전혀 없는 학생에서는 21.8%(26명)가 싫어한다고 답하였고, 좋아한다고 답한 학생도 47.1% (56명)로, 학습 경험이 있는 학생들에 비해, 일본어를 좋아하는 비율이 20% 정도 낮으며, 일본어를 싫어한다는 학생이 많음을 알 수 있다.

〈표 25〉는 일본어를 학습하여 일본어에 대한 견해가 바뀌었는지 여부를 질문한 결과를 집계한 것이다. 74.4%나 되는 학생이 일본어를

학습하여 일본어에 대한 견해가 바뀌었다고 답하였고, 일본어를 학습해도 일본어에 대한 이미지는 변함없다고 답한 학생은 25.6%로 적었다.

〈표 25〉 일본어를 학습하여 일본어에 대한 견해가 바뀌었는가

	명 수	백분율
바뀌었다	236명	74.4%
변함없다	81명	25.6%
합계	317명	100%

일본어 학습과 일본어에 대한 이미지에 대하여, 다음 〈표 26〉에서 보다 명확하게 그 상관관계를 알 수 있다.

〈표 26〉 일본어를 좋아하는지 싫어하는지와 일본어 학습으로 일본어 이미지가 바뀌었는지 여부

일본어를 좋아하는가 싫어하는가	일본어 학습으로 일본어 이미지가 바뀌었는가		합계
	바뀌었다	변함없다	
싫어한다	14명(6.0%)	4명(4.9%)	18명(5.7%)
좋아한다	161명(68.5%)	47명(58.0%)	208명(65.8%)
어느 쪽도 아니다	60명(25.5%)	30명(37.0%)	90명(28.5%)
합계	235명(100%)	81명(100%)	316명(100%)

일본어 학습으로 일본어에 대한 이미지는 변함없었다고 답한 학생 수치는 학습 이전의 일본어에 대한 이미지를 나타내고 있다고도 말할 수 있겠다. 이 수치와 일본어를 학습하여 일본어에 대한 이미지가 바뀌었다고 답한 학생 수치를 비교하면 일본어를 싫어한다고 답한 학생의

비율은 4.9%에서 6.0%로 증가하였으며, 일본어를 좋아한다고 답한 학생의 비율은 58.0%에서 68.5%로 약 10% 증가했음을 알 수 있다. 이 데이터로 일본어를 학습하면 일본어를 싫어할 수도 있지만, 다수의 학생은 일본어 학습을 통해서 일본어가 좋아지는 경향이 있음을 지적할 수 있다. 〈표 24〉에서 일본어 학습 경험이 있는 학생과 없는 학생과의 일본어에 대한 좋고 나쁨의 수치에 상당히 큰 차이를 보인 〈표 26〉의 분석에서 수치 차이는 일본어 학습을 통하여 일본어에 대한 견해가 바뀐 결과가 반영된 것이라고 말할 수 있겠다.

3.3에서 다수의 학생이 일본어를 우아하다고 느끼며 또한, 발음이 빠르다고 느끼고 있음을 알았는데, 일본어 그 자체에 대한 이러한 이미지도 학습에 의해 변화되는 것일까? 〈표 27〉〈표 28〉은 일본어를 학습하여 일본어의 이미지가 바뀐 것인가에 대한 응답과 일본어에 대하여 어떤 이미지를 가지고 있는가와의 크로스 분석 결과이다.

〈표 27〉일본어에 대한 이미지와 일본어 학습으로 일본어 이미지가 바뀌었는가

일본어에 대한 이미지	일본어 학습으로 일본어 이미지가 바뀌었는가		합계
	바뀌었다	변함없다	
거칠고 촌스럽다 우아하다 어느 쪽도 아니다	3명(1.3%) 166명(71.2%) 64명(27.5%)	43명(53.1%) 38명(46.9%)	3명(1.0%) 209명(66.6%) 102명(32.5%)
합계	233명(100%)	81명(100%)	314명(100%)

〈표 28〉 일본어에 대한 이미지와 일본어 학습으로 일본어 이미지가 바뀌었는가

일본어에 대한 이미지	일본어 학습으로 일본어 이미지가 바뀌었는가		합계
	바뀌었다	변함없다	
느긋하고 여유롭다	35명(14.9%)	15명(18.8%)	50명(15.9%)
빠르다	156명(66.4%)	46명(57.5%)	202명(64.1%)
어느 쪽도 아니다	44명(18.7%)	19명(23.8%)	63명(20.0%)
합계	235명(100%)	81명(100%)	315명(100%)

영향을 받지 않았다는 수치를 학습 전의 이미지로 한다면, 위의 표에서 일본어를 우아하다고 느끼는 학생의 비율은 일본어를 학습함으로서 53.1%에서 71.2%로 증가했음을 알 수 있다. 반대로 거칠고 촌스럽다고 느끼게 된 학생도 있으나, 그 값은 1.3%로 낮다. 그리고 일본어를 빠르다고 느끼는 학생의 비율도 57.5%에서 66.4%로 학습을 통하여 9.4%나 증가하였으며, 속도가 느긋하고 여유롭다고 느끼는 비율도 학습함으로서 18.8%에서 14.9%로 약 4% 감소하였다.

이러한 일본어에 대한 이미지의 변화는 실제로 교실에서 일본어를 듣고 말하거나 하는 연습을 통하여 익숙하지 않은 발음에 당황스럽거나, 곤혹감을 느낀 결과가 반영되어 있을 것이라고 생각한다. 이것은 일본어 속도에 대한 이미지의 변화에서 잘 나타나 있다.

3.3.2 대만의 대학생에게 일본어는 어려운 언어인가

대만의 대학에서는 영어 이외의 외국어를 제1외국어로 학습이 인정된 후, 일본어를 이수하는 학생 수가 급증하였다. 재단법인교류협회의 조사에 의하면 1994년 조사에서는 대학 등 고등교육 기관에서 일본어를 학습하는 학생 수는 26,140명이었으나, 1996년의 동 협회 조사에서

는 62,238명으로 급증하였고 더욱이 1999년의 동 조사에서는 73,505명
으로 증가하였다[8]. 대만과 일본과는 역사적 지리적 경제적으로 대단
히 가까운 관계에 있어서 일본어의 중요성을 실감하여 이수하는 경우
도 있지만, 학습하기 쉬운 외국어라고 생각하여 이수하는 경우도 있을
것이다.

〈표 29〉는 일본어를 어렵다고 느끼고 있는지 쉽다고 느끼고 있는지
를 조사한 결과이다.

〈표 29〉 일본어에 대한 이미지

	명 수	백분율
어렵다	208명	45.0%
쉽다	69명	14.9%
어느 쪽도 아니다	185명	40.0%
합계	462명	100%

이 집계 결과에서는 어렵다고 느끼고 있는 학생이 전체의 45.0%이며
쉽다고 느끼고 있는 학생은 14.5%이었다. 〈표 30〉은 〈표 29〉의 결과와
학습 경험 유무를 크로스 분석한 결과이다.

〈표 30〉 일본어는 어려운지 여부와 일본어 학습 경험

일본어는 어려운지 여부	학습 경험 유무			합계
	현재 학습 중	학습 경험 유	학습 경험 무	
어렵다	147명(49.3%)	12명(31.6%)	47명(39.8%)	206명(45.4%)
쉽다	33명(11.1%)	12명(31.6%)	24명(20.3%)	69명(15.2%)
어느 쪽도 아니다	118명(39.6%)	14명(36.8%)	47명(39.8%)	179명(39.4%)
합계	298명(100%)	38명(100%)	118명(100%)	454명(100%)

8) 財団法人交流協会「台湾における日本語教育事情調査 報告書」平成8年度, 및「同
(改訂版)」平成11年度 참조

　일본어 학습 경험이 없는 20.3%의 학생이 일본어는 쉬운 언어다고 생각하고 있으나, 학습 중인 학생이 일본어를 쉽다고 느끼고 있는 학생은 11.1%밖에 되지 않아, 비율이 거의 반감한다. 어렵다고 생각하는 학생 수는 학습 경험이 없는 학생에서는 39.8%이었으나, 학습 중인 학생에서는 49.3%로 약 10% 증가하고 있다.

　이상으로부터, 대만 대학생에게 일본어는 쉬울 것이라 생각하지만, 실제로 학습하면 상당히 어렵다고 느끼는 언어인 것 같다. 〈표 23〉에서 본 바와 같이 일본어 속도에 대한 이미지에서도 실제로 학습하여 보니 새삼 빠르다고 느끼는 학생이 많아, 대만 학생에게 일본어는 그들이 학습 전에 생각하고 있었던 만큼 습득이 용이한 언어가 아니라는 것을 알 수 있다. 谷口(2001)는 대만의 일본어 학습자 특징으로 초급단계의 학습자 수가 많으며, 중급까지 계속해서 학습하는 학생은 적고, 상급까지 나아가는 학생은 지극히 적다는 현상을 지적하고 있어서, 계속적인 학습자가 적다는 현상의 하나의 원인으로서 이러한 학습 전과 학습 후의 일본어의 어려움에 관한 인식의 차이를 들 수 있는 것이 아닐까 한다.

3.3.3 생활환경과 일본어에 대한 이미지

〈표 31〉 일본어를 좋아하는지 싫어하는지와 가족이 일본어로 말하는 것을 들어 왔는지 여부

일본어를 좋아하는가 싫어하는가	가족이 일본어로 말하는 것을 들어 왔는지 여부		합계
	예	아니요	
싫어한다	2명(3.7%)	45명(10.8%)	47명(10.0%)
좋아한다	38명(70.4%)	247명(59.4%)	285명(60.6%)
어느 쪽도 아니다	14명(25.9%)	124명(29.8%)	138명(29.4%)
합계	54명(100%)	416명(100%)	470명(100%)

〈표 31〉을 보면 가족이 일본어를 말하고 듣는 환경에서 자란 학생 54명 중에 70.4%가 일본어에 호감을 가지고 있으며, 그렇지 않은 학생 59.4%보다도 10% 이상이나 높은 수치를 나타내고 있다. 반대로, 일본 어를 싫어한다고 답한 학생도 가족의 일본어를 듣고 자란 학생에서는 3.7%로, 그렇지 않은 학생 10.8%에 비해 확실히 낮은 수치를 나타내고 있다. 〈표 18〉〈표 20〉에서, 가정환경과 일본에 대한 이미지와의 관계 를 알아보았고, 그 분석 결과와 동일하게 〈표 31〉에서도 가족이 일본어 를 말하는 환경이 일본어가 좋아지는 직접적인 요인임을 지적할 수 있다.

4. 결론

이상으로, 2003년 5월에 실시한 앙케트 조사에서 얻어진 데이터를 바탕으로 대만의 대학생이 일본 및 일본어에 대하여 가지고 있는 이미 지와 그 이미지 형성에 영향을 주는 요인에 대해 분석하였다. 실제 앙케트에서 얻어진 데이터는 본고에서 다루어진 몇 배나 되므로, 지면 관계상, 그 모든 것을 여기에서 분석할 수 없었다. 그러나 본고의 분석 을 통하여, 지금까지 교단에서 막연히 느끼고 있었던 것을 수치로 제시 할 수 있었던 점도 있었다고 생각한다. 또한, 실제 교육현장에서 활용 할 수 있는 지적도 생겼다고 조심스럽게 생각하고 있다. 특히, 일본어 학습자의 일본과 일본어에 대한 이미지 형성에 교사의 존재가 크게 영향을 주고 있다는 것은 교육능력 이외의 자질도 중시되어야 한다는 것을 말하고 있는 것이 아닐까 한다.

■参考文献

原土洋(1991)「戦後台湾の日本語教育」『講座日本語と日本語教育』第15巻 明治書院

生越直樹(1991)「韓国における日本語教育概観」『講座日本語と日本語教育』第16巻 明治書院

倉内順子(1992)「日本語学習者の動機に関する調査 動機と文化背景の関連」『日本語教育』77号 日本語教育学会

田中望 岡本輝彦他(1994)「台湾における日本語教育事情調査報告書(未定稿)平成6年」財団法人 交流協会 台湾

岡本輝彦「台湾における日本語教育事情調査報告書 平成8年度」財団法人交流協会 台湾

陳淑娟(1999)「台湾の高校における日本語教育の調査研究」『東呉外語學報』第14号 東呉大學 臺灣

_____(1999)「台湾高校生の日本語学習意識に関する調査研究」『台湾日本語教育論文集』第3号 臺灣日本語教育學會 臺灣

篠原信行(2000)「台湾の高等教育機関における日本語学習者の背景と学習環境」『日本言語文芸研究』第1号 臺灣日本言語文藝研究學會 臺灣

谷口龍子(2001)「台湾における日本語教育事情調査報告書 平成11年度(改訂版)」財団法人交流協会 台湾

齊藤明美(2003)「韓国における日本語教育 ― 大学生に対するアンケート調査の結果から」2003.7.4 韓国日本学聯合会合第1回国際学術大会

제3장

대만의 일본어 학습자는 일본어 학습을 어떻게 파악하고 있는가

― 일본어 학습 동기, 도달 목표, 학습 방법을 중심으로 ―

篠原信行

1. 서론

최근, 대만에서는 일본어 교육기관이 증가하여 고등교육기관에서 일본어를 학습하는 학생 수도 급증하였다. 이렇게 급증한 학습자의 일본어 학습 환경과 학습 동기에서 어떤 경향을 엿볼 수 있을까? 이러한 일본어 학습자의 배경을 파악을 위해, 謝逸朗, 黃鴻信 및 필자는 1997년에 북부 소재 고등교육기관 몇 곳을 대상으로 앙케트 조사[1]를 행하였다.

그 후, 한국 한림대학교 한림과학원의 연구조성[2]을 받아 한국·일본·대만 3국에서 같은 내용의 앙케트 조사를 할 기회를 얻어, 2003년

---

1) 조사내용과 결과는 졸저「台湾の高等教育機関における日本語学習者の背景と学習環境」『日本言語文芸研究』第1号 2000

2) 한국 한림대학교 齊藤明美교수, 한국 중앙대학교 任栄哲교수, 일본 동경대학 生越直樹교수 및 필자가 한림대학으로부터 연구조성을 받은 테마는「A Preliminary Analysis of Linguistic and Cultural Backgrounds for Japanese Education in Korea and Taiwan and Korean Education in Japan and Taiwan」이다.

5월에 대만의 4년제 대학 대학생을 대상으로 앙케트 조사를 실시하였다. 본고는 그 조사를 바탕으로 한 보고이다. 앙케트 조사표는 2부로 구성되어 있으며, 전체 조사항목은 제Ⅱ부 제2장에서 언급한 앙케트 전반 부분, 즉 일본·일본인·일본문화에 대한 이미지 조사까지 포함하면 20항목에 이른다. 대만 쪽 조사는 필자가 담당하였으며, 1997년 조사 결과에 이어 학습자 수의 증가도 어느 정도 멈추었고, 각 교육기관은 학습 환경의 확충으로부터 학습 환경의 정비 단계에 들어갔다고 생각되는 현재, 일본어 학습의 전반적인 상황 및 일본·일본인·일본문화 등에 대한 사고방식을 조사하였다.

본고는 2003년 조사 가운데 주로 일본어 학습에 관한 부분을 중심으로 집계, 분석한 것이다[3]. 고등교육기관에 있어서 일본어 학습자 현상과 지향 및 1997년 조사와 비교를 통하여, 대학에 있어서 일본어교육의 자세, 방법, 교육 내용 등에 관하여 보다 효과적이며 학습사의 요구에 맞는 교육 내용, 교수법을 찾는 것을 목표로 하고 있다.

2. 조사의 개요

3. 학습 동기

3.1 학습 중인 학생의 동기

2003년 조사 〈표 1〉과 1997년 조사 〈표 2〉[4]에서 학습자의 학습 동기

---

3) 동 조사의 기타 부분에 대해서는 篠原(2003)을 참조

는 어떠한 차이가 있을까? 2003년 조사에서 수치가 높았던 것은 「일본, 일본인, 일본문화에 흥미가 있다」 「일본영화, TV 프로그램에 흥미가 있다」 「일본만화, 애니메이션에 흥미가 있다」 및 「일본어에 흥미가 있다」이다. 높은 수치를 보이고 있는 이들 선택지는 모두 「일본문화」의 여러 모습을 나타내는 것으로 더욱이, 명백한 목적이 느껴지는 동기가 아니라 개인적인 흥미에 근거한 동기라고 말할 수 있겠다. 학습 동기에 대해서는 1997년과 2003년의 2회 조사로 주어진 선택지가 일치하지 않으나, 1997년 조사에서 가장 높은 수치를 보인 「개인적으로 흥미가 있다」에 상응한다.

〈표 1〉 2003년 조사 〈왜 일본어를 공부하고 있는가〉

항　　목	Yes	No
일본, 일본인, 일본 문화에 흥미가 있다	62.7%	37.3%
일본영화, TV프로그램에 흥미가 있다	62.1%	37.9%
일본만화,애니매이션에 흥미가 있다	49.2%	50.8%
일본어는 다른 언어보다 재미있을 것 같다	42.8%	57.2%
학점을 따기 위해	38.3%	61.7%
일본을 알기 위해	37.9%	62.1%
매스컴의 영향을 받아서	36.7%	63.3%
일본어는 필수과목으로 이수해야 하므로	36.0%	64.0%
일본에 가기 위해	35.4%	64.6%
취직을 위해	35.4%	64.6%
배우기 쉬울 것 같다	24.4%	75.6%
유학을 위해	18.3%	81.7%
친구의 영향을 받아서	13.2%	86.8%
일본의 문헌자료를 읽기 위해	11.3%	88.7%
부모의 영향	9.3%	90.7%

---

4) 篠原(2000) p.68 참조

〈표 2〉 1997년 조사 〈대만 대학생의 일본어 학습 동기〉 복수 선택가능

항 목	전 체	남	여
개인적으로 흥미가 있어서	73.6%	75.3%	73.1%
매스컴의 영향을 받아서	38.5%	40.0%	38.2%
업무상 필요해서	34.7%	30.0%	36.7%
학과의 규정	32.4%	26.7%	34.4%
학점을 따기 위해	14.0%	15.3%	13.5%
한자를 사용하므로 편하다	14.0%	16.0%	13.2%
유학을 위해	10.0%	10.0%	10.0%
문헌 자료를 읽기 위해	9.1%	27.0%	6.0%
친구의 영향을 받아서	8.5%	10.0%	8.2%
부모의 영향을 받아서	6.9%	8.7%	6.0%
그 외	8.5%	12.0%	8.7%

　　그 외에도, 2003년 조사의 「매스컴의 영향을 받아」36.7%와 1997년의 「매스컴의 영향을 받아」38.5%, 2003년의 「취직 때문에」35.4%와 1997년 「일에 필요하기 때문에」34.7%, 2003년의 「일본어는 필수과목으로 이수해야 한다」36.0%와 1997년의 「학과의 규정」32.4%, 기타, 2003년의 「일본의 문헌자료를 읽기 위해」11.3%와 1997년의 「문헌자료를 읽기 위해」9.1% 등도 거의 동일한 동기로 간주해도 무방하며, 수치도 비슷한 값을 나타내고 있다. 한편으로, 전후 2회 조사 모두 「친구의 영향」「부모의 영향」수치는 낮았다. 이 수치로부터 1997년 조사와 2003년 조사에서 학습 동기에 있어서 공통되는 점이 많다는 것을 지적할 수 있다.

　　2회 조사를 통하여, 수치에 큰 차이를 보인 한 가지는 2003년 「학점을 취득하기 위해」38.3%와 1997년 「학점을 취득하기 위해」14.0%, 및 2003년 「유학하기 위해」18.3%와 1997년 「유학하기 위해」10.0%이다.

하지만 2003년 조사에서 36.0%를 나타낸 「일본어는 필수과목으로 이수해야 한다」와 1997년 32.4%를 나타낸 「학과의 규정」과 중복하는 내용으로, 대만의 대학에서는 학점 취득의 필요에 의해서 일본어를 이수하는 학생이 많다는 것을 알 수 있다. 그리고 학습 동기를 유학 목적으로 응답한 수치에 상당한 차이를 보이는 것은 2003년 조사에서는 조사 대상을 학습자 및 학습경험자로 한정한 결과, 일본으로 유학 희망자가 많은 일본어학과 재적 학생 비율이 1997년 조사에 비해 높아졌기 때문일 것이다.

이상으로, 대만의 대학에서 일본어 학습자의 학습 동기로는 일본에 대한 흥미가 가장 크며 또한 그 동기는 최근 몇 년 동안 특히 큰 변화는 보이지 않고 있다는 것을 지적할 수 있다.

다음으로 〈표 3〉은 2002년에 한국에서 행한 조사[5] 결과이다. 이 조사에 의하면, 일본어전공 학생의 학습 동기로 수치가 가장 높았던 것은 「일본을 알고 싶다」가 60%, 다음으로 「일본 · 일본인 · 일본문화에 흥미가 있다」와 「취직을 한다」가 55%이다.

〈표 3〉 한국 대학생의 일본어 학습 동기

항 목	일본어 전공	교양일본어	전체
일본,일본인,일본문화에 흥미가 있다	55%	55.6%	39.1%
일본을 알고 싶다	60%	44.4%	31%
취직을 한다	55%		27.6%
일본만화, 애니메이션에 흥미가 있다	50%	40.7%	26.7%
일본으로 관광하러 간다	35%	40.7%	21.6%
학점이 필요		48.1%	

---

5) 한림대학교 齊藤明美교수가 2002년 11월에 실시한 조사 齊藤(2003) 참조

한편, 선택 과목에서 일본어를 선택한 학생에서는 「일본·일본인·
일본문화에 흥미가 있다」가 가장 높아 55.6%, 이어 「학점이 필요」가
48.1%로, 대만의 조사 결과와 현저한 차이는 보이지 않는다. 그러나
齊藤(2003)는 다방면에 걸친 서술 응답 중에 「일본을 이기기 위해」라
는 기입 예가 있는 것에 착목, 生越(1991)가 西岡의 조사에 근거하여
한국 젊은이의 일본어 학습 동기로 「극일론(克日論)」이 있다고 지적한
것을 인용하여, 지금까지의 일본어교육의 역사에 비추어 볼 때, 지극히
자연스러운 것으로 생각된다고 말하면서도, 한국에서는 최근 10년 동
안의 학습 동기가 일본·일본인·일본문화에 대한 흥미 쪽으로 조금씩
바뀌고 있음을 지적하고 있다. 篠原(2003)는 대만의 대학생, 특히 일본
어를 학습하고 있는 학생은 압도적 다수가 일본에 대하여 호감을 갖고
있음을 지적하였으나, 현재 대만에서는 한국과 같은 일본에 대한 대항
의식에서 일본어를 학습한다는 의식은 보이지 않는다.

3.2 일본어를 학습하지 않는 이유

대만의 대학생이 일본·일본인·일본문화에 대하여 좋은 이미지를
가지고 있는 것은 일본어를 학습하지 않는 학생에 대한 앙케트 결과에
서도 엿볼 수 있다.

〈표 4〉 일본어를 학습하지 않는 학생 119명이 학습하지 않는 이유

항 목	Yes	No
자신의 학과는 일본어를 이수할 필요가 없다	66.4%	33.6%
자신의 연구 분야에서는 일본어 문헌을 읽을 필요가 없다	29.4%	70.6%
어려울 것 같다	26.1%	73.9%

장래 일본어를 필요로 하는 일에는 취직하지 않으려고 한다	24.4%	75.6%
대만 사회에서는 일본어는 가장 중요한 언어가 아니다	16.0%	84.0%
일본에 흥미가 없다	15.1%	84.9%
일본어는 재미있을 것 같지 않다	15.1%	84.9%
다른 외국어를 배우고 싶다	14.3%	85.7%
일본문화를 싫어한다	8.4%	91.6%
일본어를 배워도 자신이 좋아하는 일에는 취업할 수 있을 것 같지 않다	6.7%	93.3%
일본, 일본인을 싫어한다	6.7%	93.3%
일본만화,애니매이션에 흥미가 없다	5.9%	94.1%
일본에 갈 필요가 없다	5.0%	95.0%
일본 TV 드라마는 재미없다	4.2%	95.8%
매스컴의 영향을 받아서	3.4%	96.6%
친구의 영향을 받아서	2.5%	97.5%
부모의 영향	1.7%	98.3%

〈표 4〉는 일본어를 학습하지 않는 학생 119명의 일본어를 학습하지 않는 이유이다. 이것을 보면, 「일본문화를 싫어한다」는 학생은 8.4%에 지나지 않으며, 「일본, 일본인을 싫어한다」를 이유로 든 학생은 더 적어 6.7%에 불과하다. 한편, 수치가 높았던 것은 「자신의 학과는 일본어를 이수할 필요가 없다」66.4%, 「자신의 연구 분야에서는 일본어 문헌을 읽을 필요는 없다」29.4%, 「어려울 것 같다」26.1% 등으로 일본이나 일본인 일본문화를 싫어하는 것을 원인으로 일본어 학습을 하지 않는 학생은 적음을 알 수 있다.

4. 도달 목표와 학습 방법

4.1 대만의 일본어 학습자는 일본어의 무엇을 쉽다고 느끼고 있는가

다음으로 〈표 5〉는 대만의 일본어 학습자가 일본어의 어느 면을 쉽다고 느끼고 있는지를 질문한 결과이다.

〈표 5〉 일본어에서 쉬운 것은 무엇인가

	명 수	백분율
회화	103명	34.6%
청취	38명	12.8%
독해	154명	51.7%
작문	3명	0.6%

이것에 의하면 학습자는 독해를 가장 쉽다고 느끼고 있으며(298명 중 154명), 작문이 쉽다고 답한 학생은 298명 중 3명으로 극단적으로 적었다. 대만의 학습자가 자신의 모어와 동형동의(同形同義)의 한자어를 많이 가진 일본어로 쓰인 문장의 독해를 쉽다고 느낄 것이라는 것은 예상대로이었다. 이에 비해, 일본어 청취는 매우 곤란한 듯 298명의 응답자 중, 청취가 쉽다고 답한 학생은 겨우 38명에 지나지 않았다.

〈표 6〉은 학생들이 구체적으로 일본어의 어느 부분을 쉽다고 생각하고 있는지를 조사한 결과이다. 대만의 학습자가 「한자」학습에 곤란을 느끼지 않을 것이라는 것은 상상하기 어렵지 않지만 「발음·악센트」, 「어휘」, 「외래어」 등도 기타 항목과 비교하여 상대적으로 어렵다고 느끼고 있지 않다는 것을 알 수 있다.

〈표 6〉 일본어 학습 시 쉬운 것은 무엇인가

한자	66.0%	경어	5.8%
히라가나 · 가타카나	48.7%	조사	4.2%
발음 · 액센트	36.5%	수수동사	3.2%
어휘	31.7%	일본어다운 표현	2.2%
외래어	23.4%	수동표현	1.9%
스스럼없는 표현	17.9%	조동사	0%
동사의 활용	16.3%		

「히라가나 · 가타카나」를 쉽다고 답한 학생이 많았던 것은 조사 대상이 일본어를 적어도 1년 정도 학습한 학생(조사를 실시한 5월은 대만에서는 학년 말에 가깝다)이었기 때문일 것이다. 일본의 만화나 텔레비전 프로그램을 24시간 언제든지 볼 수 있는 환경에 있으면서 만화나 텔레비전 방송에서 자주 보거나, 듣거나 하는 「스스럼없는 표현」 쪽이 외래어보다도 어렵다고 느끼고 있다. 또한, 예전부터 외국인에게 어려운 내용으로 여겨지고 있는 「경어」 「수수표현」 「수동표현」 「조사」, 「조동사」 등에 대해서는 역시 많은 학생이 곤란을 느끼는 것 같다. 일본어와는 계통이 다른 중국어에는 없는 「조사」에 학생들이 곤란을 느끼는 것은 이해가 가지만, 중국어에서도 「경어」는 발달해 있고, 수수 표현은 중국어와 일본어는 서로 비슷한 부분도 많은데, 일본어의 「경어」나 「수수표현」은 쉬운 내용이 아니라고 파악하고 있다.

4.2 대만인 학습자에게 일본어는 영어와 비교하여 어려운가

대만에서도 일반적인 대학생은 중학 고교에서 6년 이상 영어를 학습한 경험을 가지고 있다. 그러한 학생들은 일본어를 영어보다도 어렵다고 느끼는 것일까?

<표 7〉 영어와 비교하여 일본어는 어떤 언어인가

	명 수	백분율
영어보다 어렵다	119人	37.9%
영어와 비슷하다	135人	43.0%
영어보다 쉽다	60人	19.1%

〈표 7〉은 영어와 비교하여 일본어를 어떤 언어로 느끼고 있는지를 조사한 집계결과이다. 이 집계결과에서 학생들의 일본어에 대한 견해의 일면을 엿볼 수 있다. 대만에서도 영어가 국제어로서 중요시된 것은 오래되었다. 그러한 풍조 하에서 영어를 오랫동안 배워 온 현재 학생들은 공통되는 한자어를 많이 사용하는 일본어보다 영어 쪽을 쉽다고 느끼는 것 같아, 일본어는 영어보다도 어렵다고 답한 학생은 37.9%, 일본어 쪽이 영어보다 쉽다고 답한 학생은 약 반수인 19.1%이었다.

〈표 6〉에서 일본어 중에서 외래어를 그리 어렵게 느끼고 있지 않음을 알았으며, 영어를 오래 학습하여 영어의 어휘도 풍부한 현대 대만의 대학생에게 외래어는 그다지 어렵게 느끼지 않는 것일 것이다. 그리고 篠原(2003)에서 일본어 학습 경험이 있는 학생보다도 학습 경험이 없는 학생 쪽이 더욱 일본어가 간단하다고 답하고 있어서, 일본어를 학습하면 반대로 일본어를 어렵게 느낀다는 것을 지적했으나, 일본어 학습 경험자를 대상으로 한 이 설문에서는 일본어는 영어보다도 어렵게 느끼고 있다는 집계결과가 나와 있다.

4.3 현재 수준과 도달 목표

다음으로 〈표 8, 9, 10, 11〉은 학생들의 현재 일본어 각 능력에 대한 자기판정 집계결과와 희망 도달 수준의 집계결과이다. 이 조사 결과를 보면, 일본어 회화능력을 「잘 할 수 있다 (전문적인 내용의 토론이 가능)」정도까지 높이고 싶다고 희망하는 비율이 일본어의 타 능력에 비해 낮은 것이 특징적이다. 회화가 중시되어 회화 중심 수업으로 구성되는 경우도 많으나, 실제로는 많은 학생이 높이고 싶은 것은 회화 능력이 아님을 알 수 있다.

〈표 8〉 현재 회화능력에 대한 자기판정과 희망 도달 수준

회 화	현재 능력	희망 수준
잘 할 수 있다(전문적인 내용의 토론이 가능)		35.8%
할 수 있다(일본을 혼자서 여행할 수 있다)	4.7%	58.4%
조금 할 수 있다(일본어로 물건을 살 수 있다)	56.8%	5.8%
거의 할 수 없다	38.5%	

〈표 9〉 현재 청취능력에 대한 자기판정과 희망 도달 수준

청 취	현재 능력	희망 수준
잘 할 수 있다(일본어 텔레비전 프로그램이나 라디오 방송 내용을 완전히 이해한다)	0.4%	66.3%
할 수 있다(일본어 드라마를 보고 대체적으로 이해한다)	8.2%	30.8%
조금 할 수 있다(일본 드라마를 일부분 이해한다)	61.3%	2.5%
거의 할 수 없다	30.1%	0.4%

〈표 10〉 현재 독해능력에 대한 자기판정과 희망 도달 수준

독 해	현재 능력	희망 수준
잘 할 수 있다(사전을 찾지 않고 일본어 소설을 읽을 수 있다)	0.4%	55.8%
할 수 있다(사전을 찾지 않고 일본어 신문을 읽을 수 있다)	3.6%	35.0%
조금 할 수 있다(사전을 찾으면 일본어 신문을 읽을 수 있다)	54.3%	8.8%
거의 할 수 없다	41.7%	0.4%

〈표 11〉 현재 작문능력에 대한 자기판정과 희망 도달 수준

작 문	현재 능력	희망 수준
잘 할 수 있다(일본어로 리포트를 쓸 수 있다)		52.1%
할 수 있다(일본어로 전자 메일을 쓸 수 있다)	9.7%	36.4%
조금 할 수 있다(일본어로 간단한 메모를 적을 수 있다)	39.4%	10.2%
거의 할 수 없다	50.9%	0.4%

이번 조사에서는 청취능력을 향상시키고 싶다고 생각하는 학생이 가장 많아 66.3%의 학생이 「잘 할 수 있다 (일본어 텔레비전 프로그램이나 라디오 방송 내용을 완전히 이해한다)」를 희망하고 있어, 그 수치는 회화의 가장 높은 수준을 희망하는 35.8%를 크게 상회하고 있었다. 대만에는 예전에 일본 통치시대에 일본어교육을 받아, 일본어로 거의 자유롭게 회화를 할 수 있는 나이 든 사람도 많다. 그리고 일본어 텔레비전 프로그램도 24시간 볼 수 있다. 이러한 환경에서는 자연스럽게 일본어를 들을 기회도 많다. 이러한 환경적 요인도 청취능력을 중요시하는 요인이 되고 있을 것으로 생각된다.

회화능력에 관해서는 많은 학생이 희망하는 수준은 가장 높은 수준이 아니라 「할 수 있다 (일본을 혼자 여행할 수 있다)」로 55.8%이었다.

그리고 〈표 10〉에서 독해력을 높이고 싶다고 생각하는 학생도 많아, 55.8%의 학생이 「잘 할 수 있다 (사전을 찾지 않고 일본어 소설을 읽을 수 있다)」까지 높이고 싶다고 답하고 있다. 대만의 대학생이 일본어 독해력을 중시하는 경향은 1997년 조사에서도 볼 수 있었다[6]. 작문에 관해서도 가장 높은 수준인 「잘 할 수 있다 (일본어로 리포트를 쓸 수 있다)」를 희망하는 학생이 53.1%로 회화의 35.8%보다도 높은 수치였다.

이 집계결과로 대만의 일본어 학습자는 일본어로 표현하는 능력보다도 일본어를 사용하여 정보를 수용하기 위한 능력을 보다 중시하고 있다는 것을 지적할 수 있다. 말할 수 없으면 언어를 습득한 것이 아니다라고 자주 말을 한다. 분명, 그 주장은 틀렸다고는 말할 수 없을 것이다. 그러나 한정된 시간에 외국어를 학습하기 위해서는 무엇을 위하여 어떤 목적을 가지고 외국어를 학습하는 것인가라는 학생의 동기와 목적 분석을 거치지 않으면, 효율적으로 학습내용을 제공할 수는 없을 것이다. 일본에서 생활하는 외국인은 일상 생활을 위해 회화능력이 요구될 것이지만 교실을 한 걸음 벗어나면 일본어로 이야기할 기회가 거의 없는 외국에서 일본어를 학습하고 더욱이 일본 유학 등은 생각하고 있지 않는 학생에게 회화능력은 정보수집에 도움이 되는 다른 능력만큼 중요하지 않다고 여겨지고 있다는 것이 이 수치를 통해서 알 수 있다.

---

6) 1997년 조사에서는 남학생의 학습 목표 제1위는 「읽고 이해 할 수 있다」가 90.7%로, 이하 「말 할 수 있다」 82%, 「듣고 이해 할 수 있다」 78.7%, 「쓸 수 있다」 69.3%였다. 篠原(2000) 참조

4.4 평소 학습 방법과 효과적인 학습법

자신의 학습언어인 일본어의 특징을 4.1, 4.2에서와 같이 파악하고 있는 대만의 일본어 학습자는 4.3에서와 같이 각자가 희망하는 수준까지 도달하기 위해 학습에 임하여 어떤 노력을 기울이고 있는 것일까? 다음 〈표 12〉는 대만의 학습자의 평소의 학습 방법에 관한 앙케트 조사 집계결과이다.

학생들의 학습 방법으로 가장 수치가 높은 것은 「성실하게 수업을 받는다.」 83.9%, 이어 「텔레비전 시청」72.2%이다. 많은 학생이 텔레비전을 일본어 학습 방법으로 받아들이고 있는 것은 일본의 텔레비전 프로그램이 중국어 자막으로 24시간 볼 수 있다는 대만의 상황을 잘 나타내고 있다. 그러나 그 이외는 전통적인 학습 방법과 그다지 다르지 않을 것 같이 생각한다. 4.3에서와 같이 높이고 싶은 능력 중에서는 회화 수치가 낮았으나, 〈표 12〉에서도 「일본인과 회화를 한다.」 수치가 낮은 것이 주의를 끈다. 최근에는 많은 대학에서 교환 유학제도를 이용하여 대만에 1년간 정도 단기유학을 가는 일본인 학생도 늘어났다. 그러나 그러한 유학생과의 언어교환 등의 기회를 잘 살려 회화를 연습하고 있는 학생은 전체적으로 보면 그다지 많지 않은 것 같다. 또한, 자택 학습에 이용할 수 있는 인터넷 사이트도 증가되었음에도 불구하고, 실제로 자택 학습으로 인터넷을 이용하고 있는 학생은 의외로 적다.

〈표 12〉 평소 학습 방법

성실하게 수업을 받는다	83.9%	일본으로 여행을 간다	26.7%
텔레비전 시청	72.2%	일본인과 회화를 한다	23.7%
교과서를 암기한다	58.9%	텔레비전게임을 한다	19.0%

일본어 노래를 부른다	55.7%	인터넷	18.0%
예습·복습	52.7%	학원에 다닌다	17.4%
일본어 테이프를 듣기	34.5%	비디오를 본다	14.9%
만화 읽기	31.0%	일본어로 펜팔을 한다	12.3%
일본어책, 신문 읽기	26.9%	일본어 라디오 방송을 듣는다	9.5%

〈표 13〉 효과적인 학습 방법

	가장 효과적 명 수/%	다음으로 효과적 명 수/%
성실하게 수업을 받는다	100명/32.3%	52명/16.8%
일본인과 회화를 한다	45명/14.5%	17명/5.5%
텔레비전 시청	43명/13.9%	40명/12.9%
교과서를 암기한다.	28명/9.0%	36명/11.7%
예습·복습	24명/7.7%	38명/12.9%
일본어 테이프 듣기	17명/5.5%	18명/5.8%
일본어책, 신문 읽기	11명/3.5%	21명/6.8%
일본어 노래를 부른다	11명/3.5%	11명/3.6%

〈표 13〉은 〈표 12〉의 각 선택지 중에서 학습자가 실제로 도움이 되었다고 생각하는 학습법을 선택 빈도가 높은 순으로 나타낸 것이다. 「성실하게 수업을 받는다.」를 가장 효과적이라고 답한 것은 100명(32.3%), 이어 「일본인과 회화를 한다.」 45명(14.5%)이다. 그러나 4.3에서 분석한 바와 같이 대만의 학생은 반드시 회화능력을 기르는 것을 중요시하고 있지 않다. 중요 정도는 「텔레비전 시청」의 13.9%와 그다지 차이가 없다. 「다음으로 효과적인 학습 방법」에서 보면 「일본인과 회화를 한다.」는 전체의 5.5%로, 「텔레비전 시청」의 12.9%보다도 매우 낮아져 「테이프 듣기」의 5.8%와 거의 같은 정도이다.

4.5 자택 학습시의 중점

학생이 회화연습에 그다지 중점을 두고 있지 않다는 것은 〈표 14〉의 「자택에서의 학습의 중점」집계결과로도 밝혀졌다.

〈표 14〉 자택에서의 학습의 중점

청취	41.8%	단어	32.4%
문법	38.2%	발음	13.8%
독해	35.6%	한자	4.7%
회화	32.7%	작문	0.7%

4.3에서 본 바와 같이 이번 조사에서는 청취능력을 향상시키고 싶다고 생각하는 학생이 가장 많았다. 이 학생의 희망이 자택 학습시의 중점에도 나타나고 있어서, 44.8%의 학생이 자택 학습에서는 청취에 중점을 두고 있다고 응답하고 있다.

작문은 4.1에서 쉽다고 답한 학생은 불과 0.6%이었다. 많은 학생이 가장 높은 수준의 「잘 할 수 있다 (일본어로 리포트를 쓸 수 있다)」정도까지 능력을 높이고 싶다고 희망하고 있으나, 그럼에도 불구하고 자택 학습에서 작문에 중점을 두는 학생은 0.7%로 거의 없다. 인터넷을 이용한 메일로 정보교환이 일반화된 현재, 많은 학생이 작문의 중요성은 느끼면서도 자택에서의 독학이 어렵기 때문인지, 작문 연습은 그다지 하지 않고 있는 것이 현상이다. 최근에는 인터넷을 이용한 작문 지도 등도 시험적으로 이루어지고 있으나, 대만에서도 장차 보다 많은 학생이 자택에서 작문 연습에 몰두할 수 있도록 컴퓨터를 이용한 작문 지도를 적극적으로 도입해야 할 것이다.

5. 결론

본고에서는 2003년 5월에 대만의 4년제 대학의 대학생을 대상으로 행한 앙케트 조사의 후반 부분, 일본어 학습에 관한 부분에서 학습 동기, 일본어에서 쉬운 점, 현재 수준과 도달 목표, 및 학습 방법 등에 대해 집계 분석하였다. 분석에서는 과거 조사 결과와 한국에서 실시한 조사 결과와 비교를 통하여 이번 조사 결과의 특징적인 부분을 나타냈다. 집계결과로 다음과 같은 점을 지적할 수 있다.

1. 학습 동기는 전체적으로 1997년 조사 결과와 다르지 않다.
2. 학생들은 일본어 독해를 가장 쉽다고 느끼고 있다.
3. 많은 학생은 일본어 한자, 히라가나·가타카나, 발음·악센트, 어휘, 외래어 등을 쉽다고 느끼고 있다.
4. 가장 높이고 싶은 능력은 청취이다.
5. 성실하게 수업을 받는 것이 가장 효과적인 학습 방법이라고 생각하고 있다.
6. 일본어를 영어보다도 어렵게 느끼고 있는 학생이 많다.
7. 기타 능력과 비교하여 학생들은 회화능력을 그다지 중시하지 않고 있다.
8. 자택에서의 학습에서는 청취가 중시되고 있다.
9. 많은 학생이 작문의 필요성을 인정하면서도 실제로 자택에서는 그다지 연습하고 있지 않다.

이번 조사에서는 현장에서 교사의 감각과 같은 수치가 나타난 항목도 있었으나, 그 중에는 예상과 다른 결과를 나타낸 항목도 있었다.

이번 조사로 얻어진 데이터가 향후, 대만의 일본어교육에 다소나마 도움이 되기를 바란다.

■ 参考文献 ──

生越直樹(1991) 「韓国における日本語教育」 『講座 日本語と日本語教育』第16巻 明治書院
篠原信行(2000) 「台湾の高等教育機関における日本語学習者の背景と学習環境」 『台湾日本語言
　　　　　文芸研究』第1号
篠原信行(2003) 「台湾の大学生の日本と日本語に関する意識とそのイメージ形成に影響を与え
　　　　　る要因について」 『台湾日本語言文芸研究』第4号
齊藤明美(2003) 「韓国における日本語教育 ―大学生に対するアンケート調査の結果から」韓国
　　　　　日本学聯合会第1回国際学術大会 Preceding
齊藤明美(2004) 「韓国の大学生における日本語学習の現状について ―アンケート調査の結果か
　　　　　ら―」 『日本語教育研究』第6号

〈부록〉 앙케트 조사표(대만조사 · 일본어판)

このアンケートは学術的統計のために使われますので、個人情報の漏洩等の心配はありません。ご自身の状況に基づいて質問にお答えください。

_____学部 _____学科 _____學年 年齢 _____性別 男 / 女

出生地_____県_____市 /鎮/郷

F-1. 家族内に日本語を話す人がいますか。(○でお答えください)
　　　1. いる　　2. いない

F-2. あなたはこれまでに日本人の先生について日本語を学んだことがありますか。
　　　1. ある　　2. ない

F-3. 日本人の友達がいますか。
　　　1. いる　　2. いない

F-4. 日本語を勉強したことがありますか。
　　　1. ある　　2. ない
　　　(「1. ある」と答えた方は、F-5、F-6にお答えください)

F-5. どのくらいの期間日本語を勉強しましたか。(○でお答えください)
　　　1.半年未満　2.半年以上一年未満　3.一年以上二年未満　4.二年以上

F-6. いつ日本語を勉強しましたか。(○でお答えください)
　　　1.小学校入学以前　2.小学校時代　3.中学校時代　4.高等学校時代　5.大学入学後

F-7. あなたの母語は何語ですか。(複数選択可)
　　　1.中国語(北京語)　　　2.台湾語　　　　3.客家語
　　　4.先住民族の言葉　　5.その他_____

F-8. あなたは、子どもの頃、家で家族が外国語で話すのを聞いたことがありますか。
　　　1. ある　　2. ない

F-9. あなたは、子供の頃、家で家族が日本語で話すのを聞いたことがありますか。
　　　1. ある　　2. ない

F-10. 家で家族と話をする時、あなたはいつもどんな言葉を使いますか。(複数選択可)
　　　1.中国語(北京語)　　　2.台湾語　　　3.客家語
　　　4.先住民族の言葉　　　5.その他＿＿＿＿＿＿＿＿＿＿

【日本、日本人、日本語、日本文化について】

1. あなたは「日本」にどんな印象を持っていますか。(他の国と比較して

　　　　　　　　　　　　　　　　　　　　(○でお答えください)

　　a.非常に良い印象
　　b.良い印象
　　c.他の国と変わらない
　　d.悪い印象
　　d.非常に悪い印象

2. 下のそれぞれは、あんたの日本に対する印象形成にどれほどの影響を与えましたか。

　　　　　　　　　　　　　　　　　　　　(○でお答えください)

影響	a大	b中	c小	dなし
(1)過去の台日関係	(a)	(b)	(c)	(d)
(2)日本の伝統文化	(a)	(b)	(c)	(d)
(3)日本の漫画、アニメ	(a)	(b)	(c)	(d)
(4)日本の流行	(a)	(b)	(c)	(d)
(5)日本人観光客	(a)	(b)	(c)	(d)
(6)新聞の報道	(a)	(b)	(c)	(d)
(7)大學以前の教育	(a)	(b)	(c)	(d)
(8)日本のテレビ番組	(a)	(b)	(c)	(d)
(9)現在の日本経済	(a)	(b)	(c)	(d)

(10)台湾と日本の貿易関係	(a)	(b)	(c)	(d)
(11)日本の歌手、タレント	(a)	(b)	(c)	(d)
(12)日本人の日本語教師	(a)	(b)	(c)	(d)
(13)台湾籍の日本語教師	(a)	(b)	(c)	(d)
(14)日本製の商品	(a)	(b)	(c)	(d)
(15)台日間の領土問題	(a)	(b)	(c)	(d)
(16)現在の日本政府の政策	(a)	(b)	(c)	(d)
(17)日系企業の企業活動	(a)	(b)	(c)	(d)
(18)日本からの留学生	(a)	(b)	(c)	(d)
(19)日本での体験	(a)	(b)	(c)	(d)
(20)日本の大学、大学生との交流	(a)	(b)	(c)	(d)
(21)過去の中日関係	(a)	(b)	(c)	(d)

3. あなたの日本人に対する印象は?(○でお答えください)

   a.非常に良い印象

   b.良い印象

   c.他の国の人と特に変わらない

   d.悪い印象

   e.非常に悪い印象

4. 下のそれぞれは、あなたの日本人に対する印象形成にどれほどの影響を与えましたか。

   (○でお答えください)

影響	a大	b中	c小	d無
(1)過去の台日関係	(a)	(b)	(c)	(d)
(2)日本の伝統文化	(a)	(b)	(c)	(d)
(3)日本の漫画、アニメ	(a)	(b)	(c)	(d)
(4)日本の流行	(a)	(b)	(c)	(d)
(5)日本人観光客	(a)	(b)	(c)	(d)
(6)新聞の報道	(a)	(b)	(c)	(d)
(7)大学以前の教育	(a)	(b)	(c)	(d)
(8)日本のテレビ番組	(a)	(b)	(c)	(d)
(9)現在の日本経済	(a)	(b)	(c)	(d)

(10)台湾と日本の貿易関係　　　　(a)　　　(b)　　　(c)　　　(d)

(11)日本の歌手、タレント　　　　(a)　　　(b)　　　(c)　　　(d)

(12)日本人の日本語教師　　　　　(a)　　　(b)　　　(c)　　　(d)

(13)台湾籍の日本語教師　　　　　(a)　　　(b)　　　(c)　　　(d)

(14)日本製の商品　　　　　　　　(a)　　　(b)　　　(c)　　　(d)

(15)台日間の領土問題　　　　　　(a)　　　(b)　　　(c)　　　(d)

(16)現在の日本政府の政策　　　　(a)　　　(b)　　　(c)　　　(d)

(17)日系企業の企業活動　　　　　(a)　　　(b)　　　(c)　　　(d)

(18)日本からの留学生　　　　　　(a)　　　(b)　　　(c)　　　(d)

(19)日本での体験　　　　　　　　(a)　　　(b)　　　(c)　　　(d)

(20)日本の大学、大学生との交流　(a)　　　(b)　　　(c)　　　(d)

(21)過去の中日関係　　　　　　　(a)　　　(b)　　　(c)　　　(d)

5. あなたは日本語にどんな印象を持っていますか

　（それぞれの項目の三つの選択肢から一つを選んで○でお答えください）

(1) a. 粗野だ	b. 礼儀正しい	c. どちらでもない
(2) a. 荒々しい	b. 優しい	c. どちらでもない
(3) a. 粗暴だ	b. 大人しい	c. どちらでもない
(4) a. 嫌いだ	b. 好きだ	c. どちらでもない
(5) a. 重々しい	b. 軽快で活発	c. どちらでもない
(6) a. 発音がはっきりしていない	b. 発音がはっきりしている	c. どちらでもない
(7) a. 意思を伝えにくい	b. 意思を伝えやすい	c. どちらでもない
(8) a. 回りくどい	b. 簡潔で明快だ	c. どちらでもない
(9) a. 発音がゆっくりしている	b. 発音が速い	c. どちらでもない
(10) a. 硬い感じ	b. 柔らかくて軽快な感じ	c. どちらでもない
(11) a. 難しい	b. 簡単だ	c. どちらでもない

6. 日本へ行ったことがありますか。

　1. ある　　　　　2. ない

※「1. ある」とお答えの方にお聞きします。渡航の目的は何でしたか。(複数選択可)
  1. 観光
  2. 言葉の学習
  3. 交流プロジェクト
  4. 親戚や友達を訪ねる
  5. その他 _____
  ※ 最も長い滞在期間はどのくらいでしたか。 _____

7. 将来また日本へ行きたいと思いますか。
  1. また行きたい 2. もう行きたくない   3. どちらでもない

※「1. また行きたい」とお答えの方にお聞きします。なぜ行きたいですか。(複数選択可)
  1. より深く日本を理解したい
  2. 学んだ日本語で日本人と会話がしたい
  3. 日本で自分の興味のある物事を体験したい
  4. 台湾に近く、旅行が便利だ
  5. 友達を訪ねて
  6. 日本語を勉強したい
  7. その他 _____

8. 英語が世界言語だと思われていますが、英語をマスターした後、日本語を勉強する必要が
  あると思いますか。
  1. ある   2. ない   3. その他の意見 _____

9. 将来、日本語は役に立つと思いますか。
  1. 役に立つ   2. 役に立たない   3. その他の意見 _____

※「1. 役に立つ」とお答えの方にお聞きします。どんな場面で役立つと思いますか。
  (複数選択可)
  1. 仕事
  2. 就職

3. 観光旅行

4. 日本の状況を知る時

5. 日本人と会話をする時

6. 専門技術や専門の情報を理解する上で

7. 昇進

8. その他 _____

10. 今後どんな言語が役立つと思いますか。最も役立つと思う言語から順に三つ書いてください。

　　(1) _____　　(2) _____　　(3) _____

【日本語学習について】

1. あなたは日本語を勉強したことがありますか。

　　a.現在勉強している　　　　→ Aにお進みください

　　b.かつて勉強したことがある　→ Bにお進みください

　　c.勉強したことがない　　　　→ Cにお進みください

A. (「a.現在勉強している」とお答えの方)なぜ勉強していますか。(複数選択可)

　　a. 日本について知りたい

　　b. 他の言語よりも日本語に興味がある

　　c. 勉強し易いと思う

　　d. 日本や日本人、日本文化に興味がある

　　e. 日本語は必修科目で、勉強しなければならない

　　f. マスコミの影響

　　g. 友だちの影響

　　h. 両親の影響

　　i. 日本の映画やテレビ番組に興味がある

　　j. 日本の漫画やアニメに興味がある

　　k. 日本語の文献を読むため

　　l. 日本へ行くため

　　m. 単位のため

  n. 進学のため

  o. 留学のため

  p. その他 ＿＿＿＿＿＿＿＿＿＿＿＿＿＿＿＿＿＿＿

B. (「b. かつて勉強したことがある」とお答えの方) なぜ勉強を止めましたか。(複数選択可)

  a. 日本に興味がなくなった

  b. 日本は少しも面白くない

  c. 日本語は難しすぎる

  d. 日本や日本文化は少しも面白くない

  e. 現在日本語を履修する必要がない

  f. マスコミの影響

  g. 友だちの影響

  h. 両親の影響

  i. 日本語を勉強しても好きな仕事に就けない

  j. 将来恐らく日本語を必要とする仕事に就かない

  k. 自分の研究分野では日本語の文献を読む必要がない

  l. 台湾の社会では日本語は以前ほど重要ではなくなった

  m. 第二外国語の単位を取得した

  n. 日本や日本人が好きでなくなった

  o. 単位が取れなかった

  p. 日本へ行く必要がない

  q. その他 ＿＿＿＿＿＿＿＿＿＿＿＿＿＿＿＿＿＿＿

C. (「c. 勉強したことがない」とお答えの方) 日本語を勉強しない理由は何ですか。(複数選択可)

  a. 日本に興味がない

  b. 日本語は少しも面白くない

  c. 日本語は難しそうだ

  d. 日本文化が嫌いだ

  e. 自分が所属する学科では日本語を履修しなくてもよい

  f. マスコミの影響を受けて

  g. 友達の影響を受けて

  h. 両親の影響を受けて

i. 日本語を勉強しても自分の好きな仕事は見つからない

j. 将来恐らく日本語を必要とする仕事には就かないと思う

k. 自分の研究分野では日本語の文献を読む必要がない

l. 台湾の社会では日本語は重要な言語ではない

m. 他の外国語を勉強したい

n. 日本、日本人が嫌いだ

o. 日本の漫画やアニメに興味がない

p. 日本のテレビ番組は少しも面白くない

q. 日本へ行く必要がない

r. その他 _____

※ **非日本語履修者の方、お答えください**

2-1. あなたが日本語以外に学んでいる外国語は何ですか。同時に二種類以上学んでいる
　　方は、最も熱心に学んでいる外国語を選んでください。**(複数選択不可)**

　　a. ドイツ語　　　b. フランス語　c. スペイン語　　d. ロシア語

　　e. イタリア語　　f. アラビア語　g. 韓国語　　　h. その他 _____

2-2. あなたがその外国語を選んだ理由は何ですか **(複数選択可)**

　　a. その国に興味がある

　　b. 面白そうだ

　　c. 学びやすそうだ

　　d. いろいろな外国語の学習に興味がある

　　e. 自分の受講している科目ではその外国語を勉強しなければならない

　　f. マスコミの影響を受けて

　　g. 友達の影響を受けて

　　h. 父母の影響を受けて

　　i. その言語を勉強すると将来就職に役立つ

　　j. 将来その言語が必要な仕事に従事する可能性が高い

　　k. 自分の研究分野ではその言語の文献を読む必要がある

　　l. 台湾の社会では、その言語はとても重要だ

　　m. 現在は重要ではなさそうだが、将来は重要な言語になる可能性がある

n. その国の文化に興味がある
o. その国の製品が好きだ
p. その言語を使う国に行くため
q. 特に理由はない
r. その他 _____

現在日本語を履修していない方、アンケートはここで終わりです。
ご協力ありがとうございました。

※ 現在日本語を勉強している方、引き続き質問にお答えください。

3. 日本語を勉強して日本語に対するイメージが変わりましたか。(○でお答えください)
　　1. はい　　　2. いいえ

4. 英語と比較して、日本語はどうですか。(○でお答えください)
　　1. 英語よりも難しい
　　2. 英語と変わらない。難しくもないし、易しくもない。
　　3. 英語よりも易しい

5. あなたの現在の日本語のレベルはどうですか。自分の将来の日本語レベルにどんな期待を
　　していますか
　　(《 》の中にアルファベットで記入してください。)

　　5-1 日本語の会話について　現在のレベル《　　》　将来の希望《　　》
　　　　a. とてもレベルが高い (専門的な討論ができる)
　　　　b. レベルが高い (日本で一人で旅行できる)
　　　　c. まあできる (日本語で買い物ができる)
　　　　d. ほとんどできない

5-2 日本語の聴力について　現在のレベル《　　》　将来の希望《　　》
　　a. とてもレベルが高い(日本語のテレビ番組やラジオを聞いて、完全に理解できる)
　　b. レベルが高い(日本のドラマを見て、内容が大体理解できる)
　　c. まあできる(日本のドラマを見て、少し理解できる)
　　d. ほとんどできない

5-3 日本語の読解について　現在のレベル《　　》　将来の希望《　　》
　　a. とてもレベルが高い(辞書を引かずに日本語の小説が読める)
　　b. レベルが高い(辞書を引かずに新聞が読める)
　　c. まあできる(辞書を引きながら日本語の新聞が読める)
　　d. ほとんどできない

5-4 日本語の作文について　現在のレベル《　　》　将来の希望《　　》
　　a. とてもレベルが高い(レポートが書ける)
　　b. レベルが高い(一般的なEメールが書ける)
　　c. まあできる(簡単な書き置きやメモが書ける)
　　d. ほとんどできない

6. あなたにとって、日本語で難しいのはどれですか (複数選択可)
　　a. 会話　　b. 聴力　　c. 読解　　d. 作文　　e. その他 ＿＿＿＿＿＿＿

7. 日本語を勉強する時、あなたにとって難しいのはどの部分ですか (複数選択可)
　　a. 漢字　　　　　b. 発音、アクセント　　　　c. 平仮名、カタカナ
　　d. 語彙　　　　　e. 助動詞　　　　　　　　　f. 時制(過去、現在、未来)
　　g. 助詞　　　　　h. 外来語　　　　　　　　　i. 動詞の変化
　　j. 敬語　　　　　k. やりもらい動詞　　　　　l. 日本語らしい表現
　　m. 受身　　　　　n. 日常生活のくだけた表現　o. その他 ＿＿＿＿＿＿＿

8. あなたにとって、日本語で易しいのはどれですか (複数選択可)
　　a. 会話　　b. 聴力　　c. 読解　　d. 作文　　e. その他 ＿＿＿＿＿＿＿

9. 日本語を勉強する時、あなたにとって易しいのはどの部分ですか (**複数選択可**)

    a. 漢字　　　b. 発音、アクセント　　　　c. 平仮名、カタカナ

    d. 語彙　　　e. 助動詞　　　　　　　　　f. 時制(過去、現在、未来)

    g. 助詞　　　h. 外来語　　　　　　　　　i. 動詞の変化

    j. 敬語　　　k. やりもらい動詞　　　　　l. 日本語らしい表現

    m. 受身　　　n. 日常生活のくだけた表現　o. その他 _____

10. 日本語を勉強する時、下に挙げたどんな方法で勉強しますか (**複数選択可**)

    a. 教科書の内容を覚える　　b. 真面目に授業を受ける　　　　c. 予習、復習

    d. 日本語の書物、新聞を読む　e. 日本語のカセットテープを聴く　f. ビデオを見る

    g. 日本語のラジオを聴く　　h. テレビを見る　　　　i. 日本人と会話をする

    j. テレビゲームをする　　　k. マンガを読む　　　　　l. 日本語の歌を歌う

    m. 塾に行く　　　　　　　　n. 日本へ旅行に行く　　o. 日本語で友達と文通する

    p. インターネットをする　　q. その他 _____

11. あなたの経験から、上掲の勉強方法のうち最も有効だった方法を三つ選んでください

    (**アルファベットでお答えください**)

    (1)_____ (2)_____ (3)_____

12. 日本簿の授業で、あなたは下のどのような内容を勉強したいですか。また、教師にどの

    ような方法を採用してもらいたいですか。

    12-1 ［内容について］最も望む授業内容を最高三つお選びください。

        a. 会話　　b. 聴力　　c. 作文　　　d. 読解

        e. 文法　　f. 翻訳　　g. 発音練習　　h. その他 _____

    12-2 ［授業のやり方について］日本人の教師の授業に出るとすれば、あなたはどんな授業

        を希望しますか。(複数選択可、最高五つ)

        a. クイズやゲームを多くやってほしい

        b. 日本語の歌を教えてほしい

        c. 漫画や絵などを使って教えてほしい

        d. 授業中ビデオを多く見せてほしい

        e. クラスでは日本語だけを使ってほしい

　　　f. 教科書の内容だけを教えてほしい

　　　g. クラスでは中国語で解説してほしい

　　　h. 文法を詳しく解説してほしい

　　　i. 会話を中心の授業をしてほしい

　　　j. 書きことば中心の授業をしてほしい

　　　k. 作文が書けるようになることを目標にして授業をしてほしい

　　　l. 多文型練習をたくさんしてほしい

　　　m. 読解に重点を置いて授業をしてほしい

　　　n. 聴力に重点を置いて授業をしてほしい

　　　o. 日本の生活や文化についていろいろ話してほしい

　　　p. 日本社会に関係する情報をいろいろ話してほしい

　　　q. 日本の政治や経済などの情報をいろいろ話してほしい

　　　r. 日本人と会話ができるようになることを目標にして授業をしてほしい

　　　s. その他 ＿＿＿＿＿＿＿＿＿＿＿＿＿＿＿＿＿＿＿＿＿＿＿＿＿＿＿

12-3 ［授業のやり方について］台湾籍の教師の授業に出るとすれば、あなたはどんな授業
　　　を希望しますか。(複数選択可、最高五つ)

　　　a. クイズやゲームを多くやってほしい

　　　b. 日本語の歌を教えてほしい

　　　c. 漫画や絵などを使って教えてほしい

　　　d. 授業中ビデオを多く見せてほしい

　　　e. クラスでは日本語だけを使ってほしい

　　　f. 教科書の内容だけを教えてほしい

　　　g. クラスでは中国語で解説してほしい

　　　h. 文法を詳しく解説してほしい

　　　i. 会話を中心の授業をしてほしい

　　　j. 書きことば中心の授業をしてほしい

　　　k. 作文が書けるようになることを目標にして授業をしてほしい

　　　l. 多文型練習をたくさんしてほしい

　　　m. 読解に重点を置いて授業をしてほしい

　　　n. 聴力に重点を置いて授業をしてほしい

　　　o. 日本の生活や文化についていろいろ話してほしい

p. 日本社会に関係する情報をいろいろ話してほしい

q. 日本の政治や経済などの情報をいろいろ話してほしい

r. 日本人と会話ができるようになることを目標にして授業をしてほしい

s. その他 _____

13. 家で日本語を勉強する時、何に重点を置いて勉強していますか(二つ選んでください)

a. 会話　　b. 聴力　　c. 漢字　　d. 発音　　　e. 語彙

f. 作文　　g. 読解　　h. 文法　　i. その他 _____

14. 日本語を勉強する時、学習環境で改善すべき点はどこだと思いますか (可複選)

a. 日本語の新聞がない　　　　　　　　b. 日本語を勉強するテープが少ない

c. クラスの人数が多い　　　　　　　　d. 日本語教材の種類が少ない

e. 日本人教師が少ない　　　　　　　　f. 授業時間が少ない

g. クラス外では日本語を使う機会が多くない　h. その他 _____

15. 大學卒業後、習った日本語を使って何がしたいと思っていますか

a. 大学院を受験する　　b. 留学する　　c. 翻訳家になる

d. 通訳になる　　e. 観光旅行をする　　f. 仕事で日本語が必要な会社に就職したい

g. 入社試験で日本語の試験をする会社に就職したい　　　h. 娯楽(テレビゲーム)

i. 情報収集　　　　　j. 特に何がしたいということはない

k. その他 _____

　　　アンケートはこれで終わりです。ご協力ありがとうございました。

〈부록〉 앙케트 조사표(대만조사 · 중국어판)

本問卷為學術統計資料, 不涉及私人資料光開等疑慮, 請依照您自身情況回答下列問題。

_____學院 _____系 _____年級 年齡 _____性別 男 / 女

出生地_____縣_____市 /鎮/鄉

F-1. 家族內有人會說日語嗎? (請圈選)
    1. 有   2. 沒有

F-2. 您曾跟日本老師學過日文嗎?
    1. 學過   2. 沒有

F-3. 您有日本人朋友嗎?
    1. 有   2. 沒有

F-4. 您曾經學過日文嗎?
    1. 學過   2. 沒有學過
    (答「1. 學過」者,請續答F-5、F-6)

F-5. 您學過多久日文呢? (請圈選)
    1. 未滿半年   2. 半年以上未滿一年   3. 一年以上未滿兩年   4. 兩年以上

F-6. 您何時學日文? (請圈選)
    1. 小學以前   2. 小學時期   3. 中學時期   4. 高中時期   5. 大學入學後

F-7. 您的母語是? (可複選)
    1. 中文   2. 台語   3. 客家話   4. 原住民語言   5. 其他 _____

F-8. 從小在家裡聽到家人用外語交談?
   1. 有   2. 沒有

F-9. 從小在家裡聽到家人用日語交談?
   1. 有   2. 沒有

F-10. 您在家裡與家人交談的時候,通常用哪種語言? **(可複選)**
   1. 中文   2. 台語   3. 客家話   4. 原住民語言   5. 其他 _____

【關於日本、日本人、日本語、日本文化】

1. 您對「日本」的印象如何?(比起其他國家) (請圈選)
   a. 印象非常好   b. 印象還好   c. 與其他國家沒甚麼差別
   d. 印象不好   e. 印象非常壞

2. 以下各項 對您的「日本」印象之形成 有多大的影響? **(請圈選)**

影響	a大	b中	c小	d無
(1)過去的台日關係	(a)	(b)	(c)	(d)
(2)日本的傳統文化	(a)	(b)	(c)	(d)
(3)日本的漫畫、卡通	(a)	(b)	(c)	(d)
(4)日本的各種流行	(a)	(b)	(c)	(d)
(5)日本觀光客	(a)	(b)	(c)	(d)
(6)新聞報導	(a)	(b)	(c)	(d)
(7)大學以前的教育	(a)	(b)	(c)	(d)
(8)日本電視節目	(a)	(b)	(c)	(d)
(9)當前的日本經濟	(a)	(b)	(c)	(d)
(10)台灣與日本之貿易關係	(a)	(b)	(c)	(d)
(11)日本歌手、藝人	(a)	(b)	(c)	(d)
(12)日籍日文老師	(a)	(b)	(c)	(d)
(13)本國籍日文老師	(a)	(b)	(c)	(d)
(14)日製商品	(a)	(b)	(c)	(d)
(15)台日間的領土問題	(a)	(b)	(c)	(d)

(16)當前的日本政府之政策	(a)	(b)	(c)	(d)
(17)日本企業活動	(a)	(b)	(c)	(d)
(18)日籍留學生	(a)	(b)	(c)	(d)
(19)赴日時的經驗	(a)	(b)	(c)	(d)
(20)跟日本的大學或大學生交流	(a)	(b)	(c)	(d)
(21)過去的中日關係	(a)	(b)	(c)	(d)

3. 您對「日本人」印象如何? (請圈選)
   a. 印象非常好
   b. 印象還好
   c. 與其他國家的人沒甚麼差別
   d. 印象不好
   e. 印象非常壞

4. 以下各項 對您的「日本人」印象之形成 有多大影響? (請圈選)

影響	a大	b中	c小	d無
(1)過去的台日關係	(a)	(b)	(c)	(d)
(2)日本的傳統文化	(a)	(b)	(c)	(d)
(3)日本的漫畫、卡通	(a)	(b)	(c)	(d)
(4)日本的各種流行	(a)	(b)	(c)	(d)
(5)日本觀光客	(a)	(b)	(c)	(d)
(6)新聞報導	(a)	(b)	(c)	(d)
(7)大學以前的教育	(a)	(b)	(c)	(d)
(8)日本電視節目	(a)	(b)	(c)	(d)
(9)當前的日本經濟	(a)	(b)	(c)	(d)
(10)台灣與日本之貿易關係	(a)	(b)	(c)	(d)
(11)日本歌手、藝人	(a)	(b)	(c)	(d)
(12)日籍日文老師	(a)	(b)	(c)	(d)
(13)本國籍日文老師	(a)	(b)	(c)	(d)
(14)日製商品	(a)	(b)	(c)	(d)
(15)台日間的領土問題	(a)	(b)	(c)	(d)
(16)當前的日本政府之政策	(a)	(b)	(c)	(d)

(17)日本企業活動	(a)	(b)	(c)	(d)
(18)日籍留學生	(a)	(b)	(c)	(d)
(19)赴日時的經驗	(a)	(b)	(c)	(d)
(20)跟日本的大學或大學生交流	(a)	(b)	(c)	(d)
(21)過去的中日關係	(a)	(b)	(c)	(d)

5. 您對日文有甚麼印象? (各項請三則選一 請圈選)

(1) a. 粗魯	b. 謙恭有禮	c. 兩者皆非
(2) a. 粗野	b. 優雅	c. 兩者皆非
(3) a. 粗暴	b. 溫和	c. 兩者皆非
(4) a. 不喜歡	b. 喜歡	c. 兩者皆非
(5) a. 沉悶	b. 輕快活潑	c. 兩者皆非
(6) a. 發音不清楚	b. 發音很清楚	c. 兩者皆非
(7) a. 無法有效傳達意思	b. 能夠有效表達意思	c. 兩者皆非
(8) a. 囉嗦	b. 簡潔明快	c. 兩者皆非
(9) a. 聲調緩慢	b. 聲調快速	c. 兩者皆非
(10) a. 聽起來死板僵硬	b. 聽起來柔和輕鬆	c. 兩者皆非
(11) a. 很難	b. 很簡單	c. 兩者皆非

6. 是否曾經去過日本?

1. 去過　　　2. 沒有去過

※ 回答「1.去過」者,為何目的而去? (可複選)

1. 觀光

2. 語言學習

3. 交流計畫

4. 探親

5. 其他 _____

　※ 請問,最長的一次停留多久? _____

7. 未來(還)想去日本嗎?
   1. 想去　　　　　2. 不想去　　　　3. 兩者皆非

※ 回答「1.想去」者,請問為何想去日本? (可複選)
   1. 想更進一步了解日本
   2. 想在日本用所學日文跟日本人溝通
   3. 想在日本體驗自己感興趣的領域
   4. 鄰近台灣,旅行方便
   5. 去找朋友
   6. 想學日語
   7. 其他 _____

8. 一般視英文為世界共通語言。既已學會英文,您認為還有必要學日文嗎?
   1. 有　　　　2. 沒有　　　　3. 其他意見 _____

9. 您覺得學日文將來有用嗎?
   　　　　　有用　　　2. 沒有用　　　3. 其他意見 _____
※選「覺得有用」者,請問您覺得在哪些方面有用? (可以複選)
   1. 工作上
   2. 求職時
   3. 觀光旅遊的時候
   4. 為了了解日本概況
   5. 跟日本人溝通時
   6. 為了了解專門技術和資訊
   7. 升遷的時候
   8. 其他 _____

10. 您覺得今後學何種語言最有用?請依有用的程度填寫三種。
   (1)_____　(2)_____　(3)_____

【關於日語學習方面】

1. 您曾經學過日語嗎?
   a. 正在學　　　→　請跳至 A題
   b. 曾經學過　　→　請跳至 B題
   c. 從未學過　　→　請跳至 C題

A. (答「a. 正在學」者)請問您現在為何學習日文?(請圈選。**可複選**)
   a. 想了解日本
   b. 覺得日文比其他語言有趣
   c. 好像還蠻好學的
   d. 對日本、日本人、日本文化感興趣
   e. 日文為必修不得不學
   f. 受傳播媒體影響
   g. 受友人影響
   h. 受父母影響
   i. 對日本電影、電視節目感興趣
   j. 對日本漫畫、卡通感興趣
   k. 為了閱讀日文文獻資料
   l. 為了去日本
   m. 為了學分
   n. 為了就學
   o. 為了留學
   p. 其他 _____

B. (答「b. 曾經學過」者)請問您為何停止學習日文?(請圈選。**可複選**)
   a. 對日本失去興趣
   b. 日本一點都不有趣
   c. 日文太難了
   d. 日本、日本文化一點也不有趣
   e. 現在沒有必要再修日文
   f. 受傳播媒體影響
   g. 受友人影響

h. 受父母影響

i. 即使學習日文也找不到自己喜歡的工作

j. 將來大概不會從事需要日文的工作

k. 在自己的研究領域內沒有閱讀日文文獻的必要

l. 在台灣社會中,日文已不再像以前那麼重要

m. 已拿到必修外語學分

n. 不再喜歡日本、日本人

o. 拿不到學分

p. 沒有去日本的必要

q. 其他 _____

C. (答「c. 從未學過」者)請問您不學日文的理由?(請圈選。**可複選**)

a. 對日本沒興趣

b. 覺得日文一點都不有趣

c. 日文似乎很難

d. 討厭日本文化

e. 自己所屬的科系可以不必選修日文

f. 受傳播媒體影響

g. 受友人影響

h. 受父母影響

i. 即使學習日文也找不到自己喜歡的工作

j. 將來大概不會從事需要日文的工作

k. 在自己的研究領域內沒有閱讀日文文獻的必要

l. 在台灣社會中,日文不是重要的語言

m. 想學習其他外國語言

n. 討厭日本、日本人

o. 對日本漫畫、卡通沒興趣

p. 日本的電視節目一點也不有趣

q. 沒有去日本的必要

r. 其他 _____

※ 請非選修日文者填寫

2-1. 請問您現在除了英文以外還學習哪種外國語言?同時學習兩種以上外國語言者, 請圈選您最熱衷學習的一種外國語。 **(不可複選)**

   a. 德文　　　b. 法文　　　c. 西班牙文　d. 俄語

   e. 義大利文　f. 阿拉伯文　　g. 韓文　　　h. 其他 _____

2-2. 請問您選修該語文之原因為何? **(可複選)**

   a. 對這個國家感興趣

   b. 覺得有趣

   c. 好像還蠻好學的

   d. 樂於學習各種外國語言

   e. 課業上必須學習該語言

   f. 受傳播媒體影響

   g. 受朋友影響

   h. 受父母影響

   i. 學習該語言對未來就業有幫助

   j. 將來很有可能會從事需要該語言的工作

   k. 在自己的研究領域內有必要閱讀該語言的文獻資料

   l. 在台灣社會,該語言很重要

   m. 雖然現在看似不重要,但將來有可能成會重要的語言

   n. 對該國文化有興趣

   o. 喜歡該國產品

   p. 為了去使用該語言之國家

   q. 沒特別理由

   r. 其他 _____

目前沒有學習日文者,問題到此結束。謝謝您的合作。

現在正在學習日文者請繼續作答

3. 學習日文有沒有改變您對日文的印象? (請圈選)
   1. 有　　　2. 沒有

4. 與「英文」相較,您覺得日文如何? (請圈選)
   1. 比英文難
   2. 跟英文差不多,不特別難,也不特別簡單
   3. 比英文簡單

5. 您覺得您現在的日語程度如何? 對於自己的未來日文能力有甚麼期許?
   (請在《　　　》中填寫所選項字母。)
   5-1 日語會話方面　現在的程度《　　》　未來的期許《　　》
       a. 程度非常好(可做專業性的討論)
       b. 程度很好(可自己一個人在日本旅行)
       c. 還可以(可用日文購買物品)
       d. 幾乎完全不行

   5-2 日語聽力方面　現在的程度《　　》　未來的期許《　　》
       a. 程度非常好(看日語節目、聽日語廣播等,可以完全掌握內容)
       b. 程度很好(看日劇,可以大致了解其內容)
       c. 還可以(看日劇,只了解一小部分)
       d. 幾乎完全不行

   5-3 日語閱讀方面　現在的程度《　　》　未來的期許《　　》
       a. 程度非常好(不用查辭典,就可以看懂日文小說)
       b. 程度很好(不必查辭典,就可以看懂日文報紙)
       c. 還可以(邊看邊查辭典,可以看懂日文報紙)
       d. 幾乎完全不行

5-4 日語作文方面　現在的程度《　　》　未來的期許《　　》
　　a. 程度非常好(會寫書面報告)
　　b. 程度很好(可以書寫一般電子信件)
　　c. 還可以(會寫簡單的留言、筆記)
　　d. 幾乎完全不行

6. 對您個人來說,學日語最難的是哪些部份? (可複選)
　　a. 會話　b. 聽力　c. 閱讀　d. 作文　e. 其他 ＿＿＿＿＿＿＿

7. 學習日文時,對您個人來說比較難的部份是哪些? (可複選)
　　a. 漢字　　　　b. 發音、語調　　　　c. 平假名、片假名
　　d. 字彙　　　　e. 助動詞　　　　　　f. 時態(過去、現在、未來)
　　g. 助詞　　　　h. 外來語　　　　　　i. 動詞變化
　　j. 敬語　　　　k. 授受動詞　　　　　l. 道地的日文表現
　　m. 被動態　　　n. 日常生活裡的通俗講法　o. 其他 ＿＿＿＿＿＿＿

8. 就您個人而言,學日語較簡單的部分是甚麼?
　　a. 會話　b. 聽力　c. 閱讀　d. 作文

9. 學習日文時,對您個人來說最簡單的部份是哪些? (可複選)
　　a. 漢字　　　　b. 發音、語調　　　　c. 平假名、片假名
　　d. 字彙　　　　e. 助動詞　　　　　　f. 時態(過去、現在、未來)
　　g. 助詞　　　　h. 外來語　　　　　　i. 動詞變化
　　j. 敬語　　　　k. 授受動詞　　　　　l. 道地的日文表現
　　m. 被動態　　　n. 日常生活裡的通俗講法　o. 其他 ＿＿＿＿＿＿＿

10. 學習日文的時候,您會使用下列哪些方式來學習? (可複選)
　　a. 背日文教科書內容　b. 專心上課　　　　c. 預習、複習
　　d. 閱讀日文書報　　　e. 聽日文錄音帶　　f. 看錄影帶
　　g. 聽日文廣播　　　　h. 看電視　　　　　i. 與日本人對談
　　j. 玩電動遊樂器　　　k. 看漫畫　　　　　l. 唱日文歌
　　m. 上補習班　　　　　n. 到日本旅行　　　o. 用日文與朋友通信

　　p. 上網　　　　　　q. 其他 _____

11. 依您的經驗,請從上述選項中選出最有助益的三項 (請寫字母)

　　(1)_____ (2)_____ (3)_____

12. 上日文課時,您比較喜歡學習下列的哪一種內容?此外, 您希望老師以哪種方式授課?

　　12-1 〔內容方面〕請圈選最多三項您最喜歡的授課內容。

　　　　a. 會話　　b. 聽力　　c. 作文　　　d. 閱讀

　　　　e. 文法　　f. 翻譯　　g. 發音練習　　h. 其他 _____

　　12-2 〔授課方法〕如果是日本老師上課,您希望以何種方式進行? (可複選, 最多五項)

　　　　a. 希望老師上課多玩遊戲或猜謎

　　　　b. 希望老師教唱日文歌曲

　　　　c. 希望老師利用漫畫或圖畫授課

　　　　d. 希望老師上課多放錄影帶

　　　　e. 課堂中全程以日文進行

　　　　f. 依照教科書內容,按部就班講授

　　　　g. 課堂中最好能多用中文講解

　　　　h. 希望老師詳細解說文法

　　　　i. 希望上課以會話為主

　　　　j. 希望上課以文章體為主

　　　　k. 希望能以寫好作文為目標來授課

　　　　l. 多做句型練習

　　　　m. 希望上課以閱讀為重點

　　　　n. 希望上課以聽力為重點

　　　　o. 希望課堂上多談日本生活、文化

　　　　p. 希望課堂中多談日本社會相關訊息

　　　　q. 希望課堂中多談日本的政治、經濟等資訊

　　　　r. 希望以能與日本人進行日常會話為目標來授課

　　　　s. 其他 _____

12-3 〔授課方法〕如果是本國籍老師上課,您希望以何種方式進行?(可複選,最多五項)

    a. 希望老師上課多玩遊戲或猜謎

    b. 希望老師教唱日文歌曲

    c. 希望老師利用漫畫或圖畫授課

    d. 希望老師上課多放錄影帶

    e. 課堂中全程以日文進行

    f. 依照教科書內容,按部就班講授

    g. 課堂中最好能多用中文講解

    h. 希望老師詳細解說文法

    i. 希望上課以會話為主

    j. 希望上課以文章體為主

    k. 希望能以寫好作文為目標來授課

    l. 多做句型練習

    m. 希望上課以閱讀為重點

    n. 希望上課以聽力為重點

    o. 希望課堂上多談日本生活、文化

    p. 希望課堂中多談日本社會相關訊息

    q. 希望課堂中多談日本的政治、經濟等資訊

    r. 希望以能與日本人進行日常會話為目標來授課

    s. 其他 _____

13. 在家中學習日文時,請問您把學習重點放在哪裡(請圈選二項)

    a. 會話   b. 聽力   c. 漢字   d. 發音   e. 字彙

    f. 作文   g. 閱讀   h. 文法   i. 其他 _____

14. 在您學習日文時,您覺得學習環境有何需要改善之處(可複選)

    a. 沒有日文報紙   b. 學習日文的錄音帶太少   c. 班級學員太多

    d. 日文教材的種類太少   e. 日本老師太少   f. 授課時數太少

    g. 課堂外使用日文的機會不多   h. 其他 _____

15. 大學畢業後，請問您想利用日文做些甚麼？

   a. 報考研究所　　　b. 留學　　　　　c. 當文字翻譯

   d. 當口譯　　　　　e. 觀光旅行　　　f. 想要到工作上必須用日文的公司就職

   g. 想要到徵才時有考日文的公司就職　　h. 娛樂(電玩)

   i. 蒐集資訊　　　　j. 沒有特別想做什麼　k. 其他 ＿＿＿＿＿＿＿＿＿＿＿

本問卷到此結束。謝謝您的合作。

한국에 있어서 일본어교육과 이미지 형성

▮ 제1장 ▮ 한국에 있어서 일본어교육의 개관과 문제점

▮ 제2장 ▮ 한국에 있어서 일본어의 위상
― 중국어와 비교를 중심으로 ―

▮ 제3장 ▮ 한국에 있어서 일본, 일본인, 일본어에 대한
이미지 형성과 일본어 학습

▮ 제4장 ▮ 한국에 있어서 일본어 학습과 일본, 일본어에 대한
이미지 형성
― 대만조사와 비교를 중심으로 ―

▮ 제5장 ▮ 일본어 학습자와 한국어 학습자의 목표언어에 대한 이미지
― 한국과 일본의 학습자를 중심으로 ―

齊藤明美

제1장

한국에 있어서 일본어교육의 개관과 문제점

1. 서론

국제교류기금(2009)에 의하면 전 세계 일본어 학습자 수는 3, 651, 232명이다. 그중에서 한국의 학습자 수는 964, 014명으로 전체 26.4%를 차지하여 세계 제1위이다. 2위는 중국 827, 171명, 3위는 인도네시아 716, 353명, 4위 오스트레일리아는 275, 710명으로 이어진다. 본 장에서는 세계에서 가장 일본어 학습자가 많은 한국에 있어서 일본어교육의 개요와 한국의 대학교에 있어서 일본어교육의 문제점에 대해 기술하고자 한다. 먼저, 세계 일본어교육의 상황(기관 수, 교사 수, 학습자 수)에 대해 언급한 후, 한국에 있어서 일본어교육의 상황(기관 수, 교사 수, 학습자 수)에 대해 기술하고 이어서 학습목적, 교재, 문제점 등에 대해 언급하고자 한다.

2. 세계 일본어교육의 상황

국제교류기금 (1998, 2003, 2006, 2009) 「별표」를 기준으로 세계 일본어교육 기관 수, 교사 수, 학습자 수를 정리하면 다음과 같다.

〈표 1〉 세계 일본어교육 기관 수, 교사 수, 학습자 수 추이

	1998년	2003년	2006년	2009년
기관 수	10,930	12,222	13,639	14,925
교사 수 (명)	27,611	33,124	44,321	49,803
학습자 수(명)	2,102,103	2,356,745	2,979,820	3,651,232

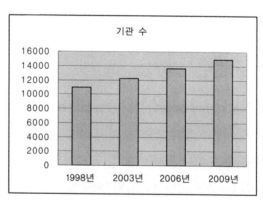

〈그림 1〉 세계 일본어교육 기관 수 추이

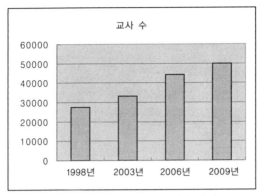

〈그림 2〉 세계 일본어교육 교사 수 추이

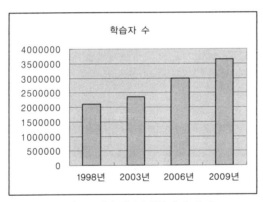

〈그림 3〉 세계 일본어 학습자 수 추이

〈표 1〉〈그림 1〉〈그림 2〉〈그림 3〉을 보면, 기관 수, 교사 수, 학습자 수는 증가하고 있음을 알 수 있다.

3. 한국에 있어서 일본어교육의 상황

3.1 한국에 있어서 일본어교육의 기관 수, 교사 수의 추이

국제교류기금 (1998, 2003, 2006, 2009)「별표」를 기준으로 한국에 있어서 일본어교육의 기관 수, 교사 수의 추이를 정리하면 다음과 같다.

〈표 2〉 한국에 있어서 일본어교육의 기관 수, 교사 수 추이

	1993년	1998년	2003년	2006년	2009년
기관 수(기관)	1,117	2,660	3,333	3,579	3,799
교사 수(명)	2,944	5,604	6,231	7,432	6,577

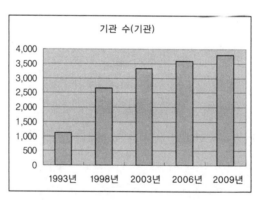

〈그림 4〉 한국 일본어교육에 있어서 기관 수 추이

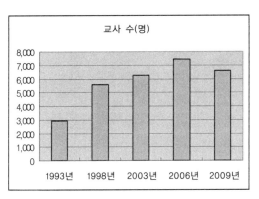

〈그림 5〉 한 국 일본어교육에 있어서 교사 수 추이

〈표 2〉〈그림 4〉〈그림 5〉를 보면, 기관수는 조사할 때마다 증가하였으나, 교사 수는 2006년까지는 증가하였고, 2009년은 감소하였음을 알 수 있다.

3.2 학습자 수의 추이

마찬가지로 국제교류기금의 자료를 기준으로 한국에 있어서 일본어 학습자 수의 추이에 대해 전체, 초등·중등교육기관, 고등교육기관, 학교 교육 이외의 기관별로 정리하면 다음과 같다.

〈표 3〉 한국에 있어서 일본어 학습자 수의 추이

	1993년	1998년	2003년	2006년	2009년
초등·중등교육기관 (명)	679,493	731,416	780,573	769,034	871,757
고등교육기관 (명)	117,745	148,444	83,514	58,727	59,401
학교교육 이외의 기관(명)	23,670	68,244	30,044	83,196	32,856
합계(명)	820,908	948,104	894,131	910,957	964,014

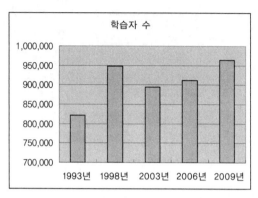

〈그림 6〉 한국의 일본어 학습자 수 추이

〈표 3〉〈그림 6〉을 보면 1993년과 비교하여 1998년에는 학습자 수가 증가하였음을 알 수 있다. 그러나 2003년에는 53, 973명 감소하였으며 2006년, 2009년에 다시 증가하였다. 그리고 학습자를 초등ㆍ중등교육 기관, 고등교육기관, 학교 교육 이외의 기관으로 나누어 보면 다음과 같다.

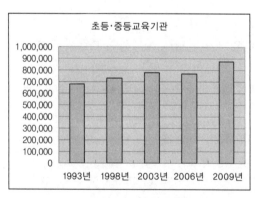

〈그림 7〉 한국 초등ㆍ중등교육기관 학습자 수 추이

〈그림 7〉을 보면 한국 초등·중등교육기관의 학습자 수는 1993년, 1998년, 2003년은 증가하였고, 2006년에는 감소하였으나, 2009년에는 다시 증가하였음을 알 수 있다.

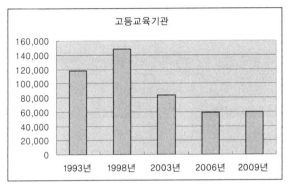

〈그림 8〉 한국 고등교육기관 학습자 수의 추이

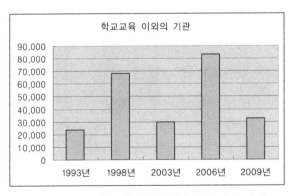

〈그림 9〉 한국 학교교육 이외의 기관의 학습자 수 추이

〈그림 8〉을 보면 고등교육기관의 1998년 학습자 수는 1993년 학습자 수와 비교하여 30,699명 증가하였으나, 2003년에는 1998년보다 64,930명

감소하였음을 알 수 있다. 또한, 2006년에는 24, 787명 더 감소하였고 2009년에는 다소 증가하였다. 그리고 〈그림 9〉를 보면, 학교 교육이외 기관의 일본어 학습자는 증가와 감소를 반복하고 있음을 알 수 있다. 다음은 한국 고등교육기관의 일본어 학습자를 중국·대만과 비교한 결과를 나타냈다.

〈표 4〉 한국, 중국, 대만에 있어서 고등교육기관의 일본어 학습자 수 추이

	1993년	1998년	2003년	2006년	2009년
한국(명)	117,745	148,444	83,514	58,727	59,401
중국(명)	81,335	95,658	205,481	407,603	529,508
대만(명)	44,590	76,917	75,242	118,541	119,898

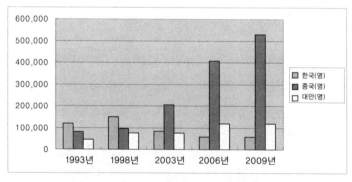

〈그림 10〉한국, 중국, 대만에 있어서 고등교육기관의 일본어 학습자 수 추이

〈표 4〉〈그림 10〉을 보면 2009년 한국 고등교육기관에서의 학습자 수(59, 401)는 중국(529, 508)이나 대만(119, 898)과 비교하여 상당히 적다는 것을 알 수 있다. 이러한 경향은 이미 2003년, 2006년에도 볼 수 있었다. 2003년 고등교육에서의 학습자 수는 한국(83, 514), 중국(205, 481), 대

만(75,242)이며, 2006년에는 한국(58,727), 중국(407,603), 대만(118,541)이었다. 한국에 있어서 고등교육기관의 학습자 수가 감소하는데 비해, 중국의 학습자 수는 현저하게 증가하고 있다. 또한, 대만의 학습자 수도 증가 경향에 있다. 국제교류기금의 「日本語教育国別情報(2010년도 중국)」에서는 다음과 같이 기술하고 있다.

1990년대에는 각 교육 단계에서 실러버스 정비 결과 그에 준한 교재가 잇달아 출판되었다. 일본어는 영어에 이어 제2의 외국어 지위를 확립하였다. 2000년대에 들어, 초등·중등교육기관에서 학습자 수가 감소하였으나, 고등교육기관이나 학교 교육 이외의 기관에서는 학습자 수가 대폭적으로 증가함을 볼 수 있다. 특히 고등교육기관에서는 직업대학(단기대학)에 있어서 일본어 학부가 증가하였으며, 또한, 제2외국어로서 일본어를 이수하는 학생도 늘어나고 있다. 2009년 해외일본어 교육기관조사에 있어서 일본어 학습자 수는 전 회인 2006년 조사 결과보다 큰 폭으로 증가하여 약83만 명이 되었다.

이를 보면 중국에서는 한국과 달리, 초등·중등교육기관에서는 일본어 학습자 수가 감소하고, 고등교육기관에서는 학습자 수가 증가했음을 알 수 있다. 또한, 한국의 학교 교육이외 기관의 학습자 수 추이는 증감을 반복하고 있다는 것에 대해서는 앞서 기술한 바 있으며, 한국과 중국, 대만의 학교 교육 이외 기관의 학습자 수 추이를 비교하면 다음과 같다.

〈표 5〉 한국, 중국, 대만에 있어서 학교교육 이외의 기관의 일본어 학습자 수 추이

	1993년	1998년	2003년	2006년	2009년
한국(명)	23,670	68,244	30,044	83,196	32,856
중국(명)	60,174	33,523	102,782	200,743	195,196
대만(명)	13,694	53,023	16,802	14,628	48,164

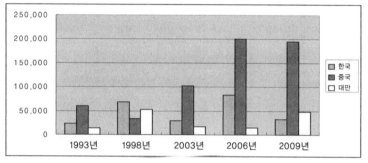

〈그림 11〉 한국, 중국, 대만에 있어서 학교교육 이외의 기관의 일본어 학습자 수 추이

〈표 5〉〈그림 11〉을 보면 고등교육기관 학습자의 경우와는 달리, 중국의 학교 교육이외 기관의 학습자 수는 2003년부터 증가하였고, 2009년에는 다소 감소하였음을 알 수 있다. 대만의 경우는 2006년까지는 한국보다 적었으나, 2009년에는 한국의 학습자보다 많아졌다. 「학습자의 증감은 각각 그 나라의 정치적, 경제적, 문화적 요인이나 일본과의 관계가 영향을 주고 있다 (국제교류기금 (2003p. 5)」고 생각할 수 있으며, 한국에 있어서 2003년 고등교육기관이나 학교 교육이외의 기관에서의 학습자 감소는 일본경제의 침체나 중국어 학습자의 증가와 관계가 있을 것으로 생각된다. 齊藤明美(2004b)에 한국 대학생을 대상으로 「금후 도움이 된다고 생각하는 외국어」에 대해 질문한 결과, 2003년 조사 시점에서 「금후 도움이 된다고 생각하는 외국어」는 「중국어」라

고 답한 학생이 「영어」라고 답한 학생보다 많았던 것은 주목할 만하다.

〈표 6〉 금후 도움이 된다고 생각하는 외국어

언어	중국어	영어	일본어	프랑스어	스페인어	독일어	러시아어	아라비아어	라틴어	이탈리아어
(명)	376	365	298	68	38	28	9	7	3	3

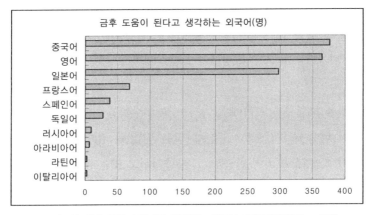

〈그림 12〉 금후 도움이 된다고 생각하는 외국어 齊藤明美(2004b p.165)

중국어 학습자 수와 일본어 학습자 수의 증감은 직접 관련은 없다고 도 생각할 수 있으나, 한국에서는 대학을 졸업하고 취직할 때 영어 능력을 요구하는 회사도 많기 때문에, 「영어는 기본」이라고 생각하는 경향이 있는 한국 대학생이 제2외국어를 선택할 때, 중국어 학습자가 증가하면 상대적으로 일본어 학습자가 감소할 가능성은 높다고 생각 된다. 그러나 한국 중등교육에 있어서 일본어 학습자 수에 대해서 국제 교류기금(2010 p.5)에서는 다음과 같은 기술이 있다.

2002년 이후, 중국어 학습자의 증가가 현저하다. 대학교에 따라서는 일본어 학습자를 상회하는 곳도 많으며, 중등교육 단계에서도 중국어를 개강하는 기관이 늘고 있다. 하지만, 중등교육 단계에 있어서 일본어는 여전히 제2외국어 중에서 6할 이상의 점유율을 차지하고 있다. 『교육 통계 연보』에서 통계 데이터를 확인할 수 있는 일반계 고교의 제2외국어 학습자를 보면, 전체 학습자 수에 대한 일본어 및 중국어 학습자 수 비율은 2006년에 일본어 60.9%, 중국어 25.6%, 2009년에 일본어 63.4%, 중국어 27.2%로 일본어·중국어 모두 그 비율이 증가하고 있음을 알 수 있다. (그 비율만큼 독일어·프랑스어가 감소하고 있다.)

이것을 보면 중등교육에 있어서는 중국어 학습자의 증가가 반드시 일본어 학습자의 감소로 연결된다고는 말할 수 없음을 알 수 있다. 일본어 학습자, 중국어 학습자 모두 증가하고 있는 것이다. 중등교육 단계에서의 학습자 수는 나라의 언어정책과 관련이 있는데, 한국의 「2007년 개정 교육 과정」에 의하면 이웃하고 있는 국가나 정치경제적으로 중요한 세계주요국가의 언어나 문화를 배우는 것은 중요하다고 되어 있다. 이 말은 중등교육 단계에 있어서의 일본어 학습자 수와도 관련이 있음을 생각할 수 있다. 하지만, 2009년 12월에 발표된 「2009년 개정 교육 과정」에 의하면, 한국 고등학교에서는 2012년부터는 지금까지 필수과목이던 제2외국어가 「생활·교양과목」중 하나로 되어 「기술·가정」「제2외국어」「한문」「교양」의 4개 분야 중에서 선택과목이 된다고 한다. 이러한 정책은 현재 한국의 일본어 학습자 중 약 90%를 차지하고 있는 중등교육 단계에서 일본어 학습자 수에 영향을 미칠 것으로 생각된다. 또한, 2011년 3월에 발생한 동일본 대지진 재해도 향후 일본어 학습자 수에 영향을 미칠 수도 있다. 이에 대해서는 齊藤明美, 黃慶子, 小城彰子(2011)가 한국 대학생 98명을 대상으로, 2011년 3월의 동일본대지진이 향후 일본어 학습자 수에 영향을 줄 것인지 여부에 대해 질문한 결과는 다음과 같다.

〈표 7〉〈그림 13〉을 보면 「조금 감소한다」「어느 쪽도 아니다」「감소하지 않는다」고 답한 학생이 거의 같은 수였다. 또한, 「상당히 감소한다」고 생각하는 학생도 7.1% 있었다. 한국의 일본어 학습자 수는 향후 변화될 가능성이 있다고도 생각할 수 있으나, 현시점에서 명확히 하는 것은 어려울 것 같다.

〈표 7〉동일본대지진으로 일본어 학습자는 감소한다고 생각하는가

	상당히 감소한다	조금 감소한다	어느 쪽도 아니다	감소하지 않는다	전혀 감소하지 않는다
(%)	7.1	27.6	27.6	29.6	0.2

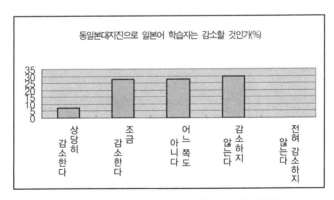

〈그림 13〉 동일본대지진으로 일본어 학습자는 감소할 것인가

3.3 학습 목적

국제교류기금의 「일본어교육 국가별 정보 2010년도 한국」에 의하

면, 한국의 일본어 학습자의 학습 목적은 다음과 같다.

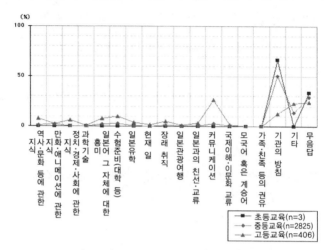

〈그림 14〉 일본어 학습 목적(한국) 국제교류기금(2010) 「일본어교육 국가별 정보 2010년도 한국」

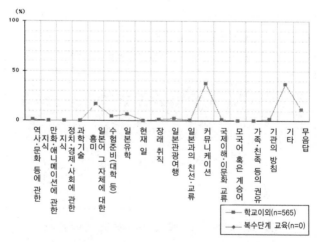

〈그림 15〉 일본어 학습 목적(한국) 국제교류기금(2010) 「일본어교육 국가별 정보 2010년도 한국」

〈그림 14〉〈그림 15〉를 보면 초등·중등교육에 있어서는 「기관의 방침」이라고 답한 사람이 많음을 알 수 있다. 대학생은 「커뮤니케이션」이 가장 많으며, 다음으로 「수험 준비」「일본어 그 자체에 대한 흥미」「역사·문학 등에 관한 지식」「정치·경제·사회에 관한 지식」이 학습목적으로 되어있는 경우가 많다. 또한, 학교 이외에서 배우고 있는 학습자의 응답에서도 「커뮤니케이션」이라고 답한 사람이 가장 많았고, 이어서 「일본어 그 자체에 대한 흥미」「일본 유학」「수험 준비」 등이 학습 목적으로 되어있다. 이 결과는 세계 일본어 학습자의 학습 목적과는 다소 다른 점도 있다. 국제교류기금 (2009p. 8)의 「일본어 학습의 목적」에서는 「일본어 학습의 목적으로는 『일본어 그 자체에 대한 흥미』가 58.1%로 가장 높았고, 이어 『커뮤니케이션』(55.1%), 『만화·애니메이션 등에 관한 지식』(50.6%)이다. 」로 되어있다. 한국에 있어서도 「커뮤니케이션」이나 「일본어 그 자체에 대한 흥미」는 많으나, 「만화·애니메이션 등에 관한 지식」이라고 답한 사람은 그다지 많지 않았다. 한국에서 일본어를 배우고 있는 대학생을 보면 학습 동기로 일본의 만화나 애니메이션을 드는 사람이 많으나, 이것은 학습 동기는 될 수 있어도 학습 목적은 아니라는 것일지도 모르겠다.

齊藤明美(2004b)는 한국 대학생을 대상으로 한 학습 동기에 관한 2003년 조사 결과를 보고하였다. 〈표 9〉을 보면 「일본, 일본인, 일본문화에 흥미가 있다」「일본 만화, 애니메이션에 흥미가 있다」「학점이 필요」「일본을 알고 싶다」「일본 영화, 텔레비전 프로그램에 흥미가 있다」의 순으로 많음을 알 수 있다. 2003년 조사 시점에서는 일본문화, 만화, 애니메이션, 영화, 텔레비전 등에 대한 흥미가 일본어 학습 동기로 되어 있어 확실히 일본문화 개방 시기에 적합한 응답이었다고도 말할 수 있겠다.

<표 8> 일본어 학습 동기

순위	일본어 학습동기	빈도수(명)
1	일본, 일본인, 일본문화에 흥미가 있다	160
2	일본 만화, 애니메이션에 흥미가 있다	133
3	학점이 필요	132
4	일본을 알고 싶다	128
5	일본 영화, 텔레비전 프로그램에 흥미가 있다	108
6	취직을 위해서	93
7	다른 외국어보다 재미있을 것 같다	92
8	쉬울 것 같다	79
9	일본에 가기 위해서	73
10	일본어가 지정되어 있어서, 학습하지 않을 수 없었다	63
11	유학하기 위해서	30
11	친구의 영향을 받았다	30
13	일본어 문헌자료를 읽기 위해서	27
14	매스컴 영향을 받았다	26
15	부모 영향을 받았다	17
16	그 외	16

齊藤明美(2004b p.158)

한편, 중국 대학생의 학습 목적을 보면 「장래 취직」이라고 답한 학생이 많아, 한국 학생과는 차이가 있다.

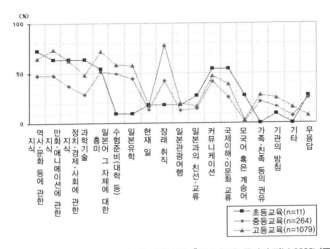

〈그림 16〉 일본어 학습 목적(중국) 국제교류기금(2009) 「일본어교육 국가별 정보 2009년도 중국」

3.4 교재

초등학교에서는 일본어가 정규과목이 아니므로 국정, 검정 교과서 등은 없다. 그리고 중학교의 일본어교육은 2001년부터 재량 수업으로 시작하여 현재는 「한문」, 「컴퓨터」, 「환경」, 「생활 외국어」 중에서 선택하는 선택 필수과목으로 되어있다. 중학교 교과서는 2009년도까지는 『생활일본어 こんにちは』 1권 뿐이었다. 그러나 2010년 3월부터는 검정 교과서 『생활일본어』 8종이 채용되었다. 필자도 중학교의 검정 교과서를 집필할 기회가 있었는데, 모든 교과서는 컬러판으로 만화나 일러스트, 사진이 많이 사용되어 있다. 또한 대부분의 교과서가 회화 중심이며 문법 설명은 그리 많지 않다. 그리고 일본어는 물론, 일본문화(전통문화, 일상생활, 언어행동)에 관한 기술이 많다.

齊藤明美(2010a)는 중학교 교과서에서 볼 수 있는 문화에 관한 기술에 대해 분석하고, 齊藤明美(2010b)는 중학교 교과서에 볼 수 있는 언어습관, 언어행동에 관한 기술에 대해 언급하고 있다. 이를 보면 모든 교과서에서 문화에 관한 사진을 많이 게재하고 있으나, 언어행동에 관해서는 교과서에 따라 기술 방법이나 분량 등에 차이가 있다. 교과서의 구성을 보면 「듣기, 말하기, 읽기, 쓰기」의 기능에 따라 나누어져 있어, 모든 교과서에서 국가의 지침에 따른 통제가 되어 있었다. 이러한 구성 방법은 저자의 생각에 따라 비교적 자유롭게 만들어져 있는 중국이나 오스트레일리아의 교과서와는 차이가 있는 것 같다.

한국 고등학교에 있어서 일본어교육은 1973년부터 시작되어 현재, 일반계 고교, 외국어계 고교, 국제계 고교, 가사·실업계 고교가 있으나, 일반계 고교의 교과서로는 『일본어Ⅰ』과 『일본어Ⅱ』가 있으며, 외국어계 고교의 교과서로는, 회화, 독해, 작문, 청해, 문화, 실무일본어와 같이 세분화된 교과서가 있다. 또한, 대학의 일본어교육은 1961년부터 시작되었으며 교과서는 각 대학에서 작성한 것을 사용하는 경우가 많으나, 그렇지 않는 경우도 적지 않다. 그리고 학원과 같은 곳에서 배우거나 독학으로 학습하는 학습자도 많아서, 독학용 교과서도 많다. 그 외에, 비즈니스, 관광을 위한 교과서도 있어서, 한국의 일본어 교재는 비교적 풍부하다고 말할 수 있겠다. 그러나 초급 교과서에 비해 상급 교과서는 그다지 많지 않다. 앞으로는 다양한 분야의 학습자의 요구에 부응하기 위해 더욱 많은 교과서가 필요하다고 생각된다.

4. 문제점

한국의 대학에 있어서 일본어교육의 문제점으로 齊藤明美(2004a)는 다음의 ①~⑤ 를 지적하고 있다.

    ① 학부제의 문제

    ② 교재의 문제

    ③ 교수법의 문제

    ④ 문법용어 통일의 문제

    ⑤ 고등학교와 교육내용의 연계

「韓国の大学における日本語教育の問題点」齊藤明美(2004a) pp.49-50

    이를 보면, 이미 해결된 것도 있고 지금도 문제가 되고 있는 것도 있다. 이미 해결된 문제로는 학부제의 문제가 있다. 학부제라고 하는 것은 필자의 근무교인 한림대학교 일본학과의 예를 들면, 입학 때는 지역학과의 학생으로 입학하여 2학년이 될 때 일본학과, 중국학과, 러시아학과 중에서 과를 선택하는 방법으로 이러한 결과, 1학년 때 일본어, 중국어, 러시아어의 3종류의 외국어를 학습하지 않으면 안 되며, 그 후 성적에 따라서 희망한 학과에 들어갈 수 없는 경우도 있기 때문에, 도중에 퇴학해 버리는 학생도 있었다. 때문에 한림대학교에서는 학부제가 시작된 후 3년 정도 지나, 이 제도를 폐지한 것으로 생각한다.

    그리고 문법용어의 문제로, 예를 들면 동사의 활용에 있어서 예전에는 5단 동사, 하1단 동사와 같은 용어를 사용했던 교과서도 있었으나, 최근에는 1그룹, 2그룹, 3그룹과 같은 용어로 거의 통일되어 있다. 또한, 교수법에 대해서는 현재는 커뮤니커티브·어프로치 중심이지만, 커뮤니커티브·어프로치에 지나치게 구애받지 말고 일본어와 한국어 문법의 유사성을 살린 한국 학생에게 보다 효과적으로 일본어를 학습

할 수 있는 교수법의 개발이 요구된다.

그리고 2001년부터 중학교에서 일본어 수업이 시작되었으므로 대학 입학 시, 학습경험자와 미경험자 사이의 일본어 실력에 차이가 있는 경우가 적지 않다. 따라서 학생의 어학실력에 맞게 어떤 교육을 해야 할 것인가, 혹은 평가 문제는 어떻게 할 것인가, 라는 문제가 남아 있다고 생각한다. 그리고 일본어교육을 할 때, 언어와 함께 문화 학습이 요구되는 현재, 일본어교사에게는 문화나 언어행동에 관한 지식, 지도력도 요구된다.

5. 결론

본 장에서는 한국의 일본어교육의 개요와 문제점에 대해 기술하였다. 먼저, 세계 일본어교육의 기관 수, 교사 수, 학습자 수에 대해 기술한 후, 한국에 있어서 일본어교육의 기관 수, 교사 수, 학습자 수의 추이에 대해 언급하였고 이어서, 학습 목적, 교재에 대해 논하였으며, 마지막으로 문제점에 대해 기술하였다. 결론을 정리하면 다음과 같다.

① 세계 일본어 학습자 수, 기관 수, 교사 수는 국제교류기금의 1993년, 1998년, 2003년, 2006년, 2009년의 조사 결과를 보면, 조사 때마다 증가하고 있음을 알 수 있다.

② 한국의 일본어 학습자의 전체수는 1993년부터 1998년에 걸쳐 큰 폭으로 증가하였으나, 2003년에는 감소하였다. 그 후 2006년, 2009년에 다시 증가하였으며, 기관별로 보면, 고등교육기관의 학습자

수는 감소 경향에 있으며, 학교 교육 이외 기관의 학습자 수는 증감을 반복하고 있다. 현재, 고등교육기관(대학)의 학습자 수는 한국보다 중국, 대만의 학습자 쪽이 많다. 초등교육·중등교육기관의 학습자가 90%를 차지하고 있는 한국에서는 2012년부터 필수과목이었던 고등학교 제2외국어가 선택과목이 된 이후, 일본어 학습자 수에도 변화가 나타날 것으로 생각된다. 또한, 동일본대지진 재해의 영향에 따른 학습자 수의 변화도 생각할 수 있다.

③ 학습 목적에 대해서는 한국은 「커뮤니케이션」을 목적으로 하는 학습자가 많으며, 중국은 「장래 취직」을 목적으로 하는 사람이 많다. 중국 대학의 학습자 수가 한국과 비교하여 많은 것은 대학 졸업 후 취직 상황과 관련이 있는 것으로 생각된다.

④ 교재에 대해서는 한국에서는 현재도 많은 일본어교재가 작성 되고 있으나, 금후, 다양한 학습자의 요구에 부응할 수 있는 더욱 많은 교재가 필요하다고 생각된다.

⑤ 한국의 대학의 일본어교육의 문제점으로는 중학교, 고등학교에서 이미 일본어를 학습한 학생과 대학입학 후에 일본어 학습을 시작한 학생의 지도와 평가를 어떻게 해야 할 것인가라는 문제가 있다. 또한, 교수법에 대해서는 커뮤니커티브·어프로치에 지나치게 구애받지 않는 종합적인 교수법이 필요하다고 생각된다. 문법을 지나치게 경시하지 않으며 일본어와 한국어 문법의 유사성을 살린 교수법 개발이 요구된다.

⑥ 일본어교사에게는 문화에 관한 지식도 요구되므로 일본어교사는 일본문화나 언어행동에 대하여도 파악하여 지도력을 함양할 필요가 있다고 생각된다.

▌参考文献 ────────────────────────────────

齊藤明美(2004a) 「韓国における大学生の日本語学習の現状について-アンケート調査の結果か
ら-」『인문학 연구』11 한림대학교 인문학연구소

齊藤明美(2004b) 「韓国における日本語教育の外観と問題点」『日本語教育研究』第6輯 韓国日語
教育学会

齊藤明美(2010a) 「韓国における日本語教育-中学校の教科書にみられる文化的記述を中心にして-」
『東아시아日本学会2010年度春季国際学術大会및招請講演要旨集』東아시아日本学会

齊藤明美(2010b) 「韓国の中学校で用いている日本語教科書にみられる言語習慣・言語行動に関
する記述について」『社会言語科学会第26回大会発表論文』社会言語科学会(日本)

齊藤明美、黄慶子、古城彰子(2011) 「한림 대하교 HID에 있어서의 일본어교수법 연구」한림대
학교 교수법 연구 소모임 결과 보고서 한림대학교 교육개발센터

〈資料〉

国際交流基金(1993)1993-94国際交流基金調査『海外の日本語教育の現状』大蔵省印刷局発行(1995)
「別表1国・地域別日本語教育機関数・教師数・学習者数(1993年)」Web 사이트

国際交流基金(1998) 「海外の日本語教育の現状 日本語教育機関調査・1998年 概要」Web 사이트

国際交流基金(2003) 「海外の日本語教育の現状 日本語教育機関調査・2003年 概要」Web 사이트

国際交流基金(2006) 「海外の日本語教育の現状 日本語教育機関調査・2006年 概要」Web 사이트

国際交流基金(2009) 「海外の日本語教育の現状 日本語教育機関調査・2009年 概要」Web 사이트

国際交流基金(2010) 「日本語教育国別情報 2010年度 韓国」Web 사이트

国際交流基金(2010) 「日本語教育国別情報 2010年度 中国」Web 사이트

教育人的資源部(2007) 「2007年改訂教育課程」

任栄哲

제2장

한국에 있어서 일본어의 위상

— 중국어와 비교를 중심으로 —

1. 서론

21세기에 들어와 한일관계는 국가와 국가 수준을 넘어 개인 간에도 교류가 활발히 전개되고 있다. 바야흐로 한일관계가 새로운 시대로 돌입되었다는 것은 누가 보아도 명백하다. 일본인에게는 이제까지 경원시하던 한국 문화에 대한 견해가 급속히 변화하고 있는 한편, 한국에서도 완고히 금지되어 있던 일본의 대중문화를 비롯하여 인적·경제적 교류가 왕성하게 이루어지게 되었다. 그러나 최근에 한국에서는 큰 변화를 보이기 시작하였다. 바로 중국의 대두이다.

중국은 2001년 세계무역기구(WTO)에 가맹하였다. 2008년의 북경올림픽, 2010년 상해 세계만국박람회 등, 국제적인 이벤트 개최와 유치에도 성공하였다. 그리고 1992년 한중 양국 국교가 정상화 된 이후, 인적·경제적 교류는 더욱 더 확대일로에 있다.

이러한 중국 경제의 잠재력과 장래성에 대한 기대감에서일까, 이런 변화의 조짐은 언어 면에서도 확연히 나타나기 시작하였다. 이것은 중국어의 등장으로 인하여 한국에 있어서 일본어의 위상에 변화가 나타났기 때문이다. 즉, 일본어교육에 대한 영향이다. 따라서 본고에서는 한국에 있어서 일본어의 위상을 주로 중국어와 비교하면서 언어의 시장가치라고 하는 경제언어학의 관점에서 고찰해보고자 한다.

2. 현대 한국의 일본어 사정

2.1 일본어 학습자 수

일본 국제교류기금이 행한 「해외 일본어 교육기관 조사」결과에 의하면 2006년 현재, 전 세계 133개국에서 기관 수 13,639기관, 교사 수 44,321명, 학습자 수 2,979,820명이 일본어를 배우고 있다. 〈그림 1〉의 일본어 학습자 수 추이에서도 알 수 있듯이, 학습자 수는 증가 추세에 있다. 그리고 〈그림 2〉의 일본어 학습자 수의 구성 비율을 국가 별로 보면 상위 3위는 한국, 중국, 오스트레일리아라는 것을 알 수 있다. 그 중에서도 한국인 약 90만 명이 일본어를 배우고 있어, 전 세계 약 30%를 차지하고 있다. 이것은 한국인 50명 중 1명이 일본어를 배우고 있다는 계산이 된다. 게다가 일본어교육 기관 수(한국 3,579기관, 오스트레일리아 1,692기관, 중국 1,544기관)는 1위, 교사 수 (중국 12,907명, 한국 7,432명, 오스트레일리아 2,935명)는 2위를 차지하여 한국은 이른바 「일본어 학습 대국」인 셈이다.

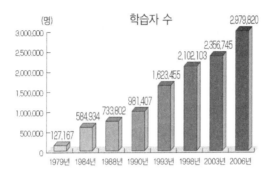

〈그림 1〉 전 세계 일본어 학습자 수의 추이

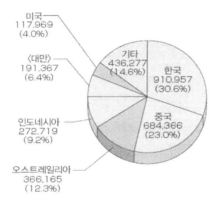

〈그림 2〉 일본어 학습자의 국가별 구성비

※그림1,2 국제교류기금(2006) 『2006년 해외 일본어 교육기관조사』

2.2 한국은 일본어 학습 대국

그런데 주목해야 할 점은 〈표 1〉에서도 알 수 있듯이, 한국의 일본어 학습자 수 전체의 84% 이상이 초·중등 교육기관의 학생이 차지하고 있다는 것이다. 종래 고등학교에서의 일본어는 독일어, 프랑스어, 스

페인어, 중국어, 러시아어 등과 동등하게 제2외국어로서 선택되어 왔
다. 단, 이 선택권은 학생 측이 아닌 학교 측에 있었으며, 실제로는
그 학교에 어느 외국어 교사가 있는지에 의해 결정되었다.

　그런데, 2001년도부터 학생들이 제2외국어 과목을 자유롭게 선택할
수 있게 되었다. 그 결과, 독일어나 프랑스어를 선택하는 학생 수가
줄어들고, 그 만큼 일본어나 중국어를 선택하는 학생이 늘어나고 있다.
이러한 현실을 감안하여 수강자가 적은 독일어나 프랑스어 담당교사
가 일본어교사로 바뀔 필요가 생겼다. 그래서 2001년도부터 일본어교
원양성을 위한 1년간의 특별교육과정 일본어연수가 실시되었다.

〈표 1〉한국의 일본어교육 현황(2006년 현재) 명 수(%)

	학습자 수	기관 수	교사 수
초 · 중등교육	769,034(84.4)	2,473(69.1)	3,619(48.7)
고등교육	58,727(6.4)	398(11.1)	1,793(24.1)
학교교육 이외	83,196(9.2)	708(19.8)	2,020(27.2)
합 계	910,957(100.0)	3,579(100.0)	7,432(100.0)

*국제교류기금(2006) 『2006년 해외 일본어 교육기관조사』

　이상에서도 알 수 있듯이, 한국의 초 · 중등교육기관에서 일본어 인
기는 상당히 높다. 그 이유는 한국어와 일본어와의 유사성으로부터
다른 언어보다 습득하기 쉽다는 점을 들 수 있다. 그리고 대학 입시
등에서 유리할 것이라는 기대감이나, 1998년 이후 일본 대중문화 개방
에 의한 점 등을 들 수 있겠다. 특히, 최근의 경향으로 일본의 애니메이
션이나 만화, J-POP, 영화, 위성방송 등의 미디어를 통한 일본문화에
대한 관심이 높아져, 일본어로 직접 체험하고 싶은 소망이 일본어 학습

동기로 이어지는 학습자가 눈에 띄게 많아 졌다.

2.3 팽배하는 일본어 비관론

그런데, 초ㆍ중등교육기관의 일본어교육과 같이 한국의 일본어교육의 장래에 대하여 긍정적인 이야기도 많은 반면, 한편으로는 힘든 상황도 있다. 예를 들면 한국의 대학에서는 최근 몇 년 동안 학부제를 도입한 대학이 늘어났다. 학부제란 학부단위로 신입생을 모집하여 2, 3학년으로 진학 시, 전공학과를 자유롭게 선택할 수 있는 제도이다.

이 방침에 입각하여 한국에서는 일본어학과와 중국어학과가 하나의 학부로 구성되어 있는 「동양어문학부」가 있는 대학도 있다. 이는 우선 동양어문학부에 입학하여 1, 2학년 동안은 일반교양과목 학점을 취득한다. 그리고 2, 3학년으로 진학 시에는 일본어학과를 희망할 것인지, 혹은 중국어학과를 희망할 것인지, 이후 자신이 전공하고 싶은 학과를 정해야만 한다. 예전에는 일본어학과를 희망하는 학생이 대부분을 차지하였다. 그러나 현재는 중국어학과가 6, 7할, 일본어학과가 3, 4할로 일본어학과의 인기는 떨어지고 중국어학과로 희망자가 증가하게 되었다.

또, 한국의 많은 대학에서는 교양을 위한 「초급일본어」를 이수하게 한다. 이런 초급일본어 강좌에 수강자가 모이지 않기 때문에 개강을 할 수 없게 되고, 그 학생들이 「초급중국어」로 이동한다고도 한다. 한편, 일부 대학에서는 저출산의 영향, 혹은 일본어학과는 이미 장래성이 없다 하여, 학생이 모이지 않게 되고, 결국에는 정원 미달로 일본어학과가 폐과 되어버린 경우도 있다. 대학원으로의 진학률은 더욱 심각한 상태로, 진학하는 대학원생이 적어 수업을 할 수 없을 정도로 감소하고 있는 것이 현상이다.

관련된 통계로 〈표 2〉가 있다. 표에서 알 수 있듯이, 초·중등교육 기관에서는 1998년에 비해 2003년에는 학습자가 5만 명이나 늘어났다. 그리고 고등교육기관이나 학교 교육 이외에서는 절반 가까이 줄어, 전체적으로 약 5만 명이나 되는 학습자가 감소하고 있음을 알 수 있다. 하지만 2006년에는 2003년에 비해 전체적으로 2만 명이나 늘어났으며 그중에서도 특히 학교 교육 이외에서는 5만 명이나 늘어나, 앞으로의 추이가 주목할 만하다.

〈표 2〉 한국의 일본어 학습자의 추이 (명 수:%)

	1998년	2003년	2006년
초·중등교육	731,416(77,1)	780,574(87,3)	769.034(84.4)
고등교육	148,444(15,7)	83.514(9,3)	58.727(6.4)
학교교육 이외	68,244(7,2)	30,044(3,4)	83.196(9.2)
합 계	948,104(100,0)	894,131(100,0)	910.957(100.0)

*국제교류기금(2006) 『2006년 해외 일본어 교육기관조사』

2.4 일본어인가, 중국어인가

한국에서는 사회인에 대한 일본어교육은 주로 「일본어학원」 등의 사설기관에서 실시되고 있다. 그 수는 3,000이라고도 4,000이라고도 한다. 그러나 최근, 일본어 학습자 수의 감소, 중국어 학습 희망자의 증가라는 상황에 대응하기 위하여, 중국어학원으로 전업을 꾀하는 곳이 늘어나고 있다. 신설되는 곳도 일본어학원보다 중국어학원이 많은 것 같다.

　뒤에서 구체적으로 기술하겠으나, 2005년 현재, 일본의 대학·대학원에 유학중인 한국인 유학생 수는 19,022명이다. 그러나 2006년에는 15,158명으로 줄어들어, 전년도에 비해 약 4,000명이 감소하였다. 이에 비하여, 중국의 대학·대학원에 유학 중인 한국인 유학생 수는 2005년 현재, 28,408명이며 2006년에는 29,102명으로 증가하여 이미 일본의 2배에 달하고 있다. 주목할 만한 수치다.

　이러한 점으로부터, 지금까지 일본으로 유학을 알선해 온 회사가 중국으로 유학을 알선하는 회사로 전업·겸업하고 있다고도 한다. 더욱이, 한국의 대기업에서는 회사 내에서 제2외국어교육이 왕성한 편으로, 극히 최근까지는 그 중심이 일본어였다. 그런데, 2000년대로 들어선 후, 대기업 대부분이 중국어로 옮겨가게 되었다.

　이상과 같은 것에서도 알 수 있듯이, 초·중등교육기관에서는 일본어의 학습자가 확실히 늘어나는 경향이다. 그러나 고등교육기관이나 기업, 나아가 사회인 쪽은 오히려 감소하여, 일본어 학습 비관론이 한국 사회 전체적으로 상당히 팽배해 있다는 것이 현황이다.

　이러한 상황을 초래한 요인으로서 「잠자는 사자」 또는 「세계의 공장」 등 그 호칭이 상징하듯이, 앞으로 중국의 잠재력이나 장래성에 대한 기대감이 한국인 사이에 상당히 강하게 존재하고 있다는 것을 들 수 있다고 생각한다.

3. 그늘이 보이기 시작한 일본어교육

3.1 인적 접촉

인적 교류는 인간의 사고나 행동에 여러 가지로 영향을 미친다고
여겨지고 있다. 예를 들면 인적 네트워크나 교제가 있는 사람과 그렇지
않은 사람과는 여러 면에 있어서 차이가 날 것으로 생각된다. 최근의
한국인의 인적교류에 대해 살펴보자.

3.1.1 해외 출국처의 추이

먼저, 한국인의 일본과 중국행 해외 출국자 수를 〈표 3〉〈표 4〉에서
보면, 2006년 현재 약 237만 명의 한국인이 일본을 방문하였다. 그러나
놀라운 것은 일본의 거의 2배에 달하는 427만 명의 한국인이 중국으로
발길을 옮겨, 그 증가율은 무서울 정도이다. 그리고 약 90만 명의 중국
인이 한국으로, 약 232만 명의 일본인이 한국을 여행지로 선택하고
있다.

여기서 덧붙이자면, 2006년 현재 중국에 상주하고 있는 한국인은
이미 50만 명을 넘었다는 통계가 있다. 그중에서도 특히 주목해야 할
것은 최근 북경시 朝陽区 望京地区 에 「小首尔」(소서울)이라고 불리는
한국인 커뮤니티가 형성되어 있다는 것이다. 그리고 반대로 26만 명이
나 달하는 중국인(주로 조선족)이 서울 구로구 근처에 「중국인 마을」을
형성하여, 일상생활을 영위하고 있다. 덧붙이자면, 도쿄의 신오쿠보
(新大久保)에 주로 1980년 이후에 일본을 방문한 뉴커머(newcomer)에
의한 코리아타운에는 약 1만 3,000명의 한국인이, 그리고 서울 용산구
에는 「리틀 도쿄」가 형성되어, 약 5,000명 가까운 일본인이 살고 있다.

〈표 3〉 한일 출국자의 추이

	2002	2003	2004	2005	2006
한국→일본	1,472,096	1,621,903	1,774,872	2,008,418	2,368,877
일본→한국	2,307,095	1,790,953	2,426,837	2,421,406	2,319,676

* 자료: 주일한국대사관 제공(2007년 1월 27일 『동아일보』)

〈표 4〉 한중 출국자의 추이

	2002	2003	2004	2005	2006
한국→중국	2,124,310	1,945,500	2,844,893	3,541,341	4,261,243
중국→한국	539,466	410,134	627,264	710,243	896,969

* 자료 「한국관광공사」

3.1.2 유학생 수의 추이

한국인 대학 · 대학원생의 해외 유학생 수를 〈표 5〉에서 살펴보자. 2006년 현재, 미국 · 영국 · 오스트레일리아 · 캐나다 · 뉴질랜드 등, 주로 영어권 국가의 유학생 수가 대부분을 차지하고 있다. 그중에서도 특히 미국으로 가는 유학생 수가 가장 많아 총 유학생 수의 30%를 차지하고 있다.

다음으로, 중국행 유학생은 그 수가 해마다 늘어나서, 2006년에는 일본의 거의 2배에 달하여, 약 3만 명에 가까운 대학 · 대학원생이 유학하고 있다. 특히, 주목하고 싶은 것은 1999년까지는 중국보다 일본을 유학 처로 선택한 한국인이 많았으나, 2000년대에 들어와 중국행 유학생 수가 급증하여, 일본을 제치고 있음을 알 수 있다. 그리고 우려할 만한 것은 일본의 대학 · 대학원으로의 유학생은 2005년을 정점으로 다음 해에는 그 수가 4,000명이나 격감해버렸다는 것이다. 이것은 일본을 유학 처로 선택할 매력이 점점 사라지고 있다는 증거일 것이다.

〈표 5〉 한국의 해외 유학생 국가별 추이(대학 · 대학원)

	미국	중국	영국	호주	일본	캐나다	NZ	PH	독일	프랑스	기타	합계
2006	57,940	29,102	18,845	16,856	15,158	12,570	8,882	9,500	6,651	5,500	9,360	190,364
2005	57,896	28,408	20,100	15,176	19,022	11,400	10,306	8,600	6,759	5,500	9,087	192,254
2004	56,390	23,722	18,600	17,847	16,992	13,307	13,297	8,000	6,777	4,550	8,201	187,683
2003	49,047	18,267	7,759	15,775	17,339	14,058	9,870	9,600	6,353	3,450	5,485	159,903
2001	58,457	16,372	1,398	10,492	14,925	21,891	2,711	4,100	4,858	6,614	8,115	149,933
1999	42,890	9,204	2,463	9,526	12,746	19,839	2,172	1,290	5,218	6,300	8,522	120,170

* 자료: 한국 「한국인적자원부」. 2000, 2002년도 자료는 없음.
NZ는 뉴질랜드, PH는 필리핀의 약자임.

3.1.3 초 · 중 · 고교생의 유학 처

〈표 6〉은 한국의 초 · 중 · 고교생의 해외 유학 처의 추이이다. 미국을 비롯한 영어권으로의 유학생은 그 수가 매우 많으므로 여기에서는 생략한다. 일본과 중국과의 관계를 보면, 초 · 중 · 고교생의 유학생도 중국이 일본의 12배에 달하여, 심한 차이를 보여주고 있다. 일본으로 가는 유학생 수가 적은 것은 외국인이 일본의 초 · 중 · 고교에 유학할 때에, 법률상 여러 가지 어려운 문제가 있기 때문이라고 생각된다. 일본은 초 · 중 · 고교의 유학생에 대한 문호를 더욱 개방해야 한다고 생각한다. 세계를 향하여 문호를 개방하지 않으면 일본의 고립화는 점점 진행될 것이 분명하다. 왜냐하면 이후, 젊은이들끼리의 인적 교류는 그 나라의 미래를 좌우할 만큼 중요한 문제가 되기 때문이다.

덧붙이자면, 일본의 「유학생 수용 10만 명 계획」은 1983년의 나카소네 수상 동남아시아 순방 후, 지지에 따라 추진하고 있는 것으로 프랑스와 같은 수준의 10만 명 유학생을 21세기의 초두에는 받아들이자는 계획이다. 2006년 5월 현재, 일본으로의 유학생 총수는 117,927명(이 중, 대학·대학원생 수는 94,347명)으로, 전년도 대비 3.2% 감소하였다. 더욱이, 일본정부의 교육재생회의에서는 일본의 대학·대학원으로의 유학생 수용을 확대하여, 2025년에 100만 명을 목표로 수용 태세의 정비를 도모한다고 보도하고 있다(『요미우리신문』2007.4.18).

한편, 세계의 유학생 수는 2004년 현재, 245만 명이다. 국가별 수용 점유율은 미국이 24%로 여전히 최고이며, 영국 12%, 독일 11%, 프랑스 10%, 오스트레일리아 7%, 일본 5%로 이어진다. 그러나 그 후 보고에서는 중국이 일본을 제친 것 이외에 캐나다, 뉴질랜드도 점유율을 확대하여, 유학생 획득 경쟁은 심해졌다. 고등교육기관의 국제경쟁의 격화이기도 하다. (『요미우리신문』 2007.5.29).

〈표 6〉 한국 해외 유학생의 국가별 추이(초·중·고교)

	미국	중국	영국	호주	일본	캐나다	NZ	PH	독일	프랑스	기타	합계
2005	6,800	3,410	248	990	276	2,999	1,043	132	85	64	4,353	20,400
2004	5,380	3,062	275	785	174	2,539	1,125	88	62	59	2,897	16,446

　* 자료: 한국 「한국인적자원부」. NZ는 뉴질랜드의 약자임. PH는 필리핀의 약자임.

3.2 물적 접촉

글로벌화 바람이 강하게 부는 가운데, 일본경제의 재생, 한국의 약진과 중국의 대두로, 동아시아에서는 커다란 성장 물결이 몰아치고 있다. 그렇다면, 최근 한국의 경제 동향은 어떠한가?

〈표 7〉한일·한중의 수출입 동향

(단위:천 달러)

	일 본		중 국	
	수출	수입	수출	수입
2006	26,534,014	51,926,291	69,459,181	48,556,676
2005	24,027,438	44,211,347	61,914,985	68,958,242
2004	21,701,337	46,144,463	54,241,806	29,584,935
2003	18,276,139	36,313,089	35,109,717	21,909,128
2002	15,143,172	29,856,228	23,753,586	17,405,779
2001	16,505,767	26,633,372	18,190,189	13,302,675
2000	20,466,017	31,827,944	18,454,539	12,798,731

* 자료: 「STAT−KOREA」

〈표 7〉을 보면 알 수 있듯이, 한국은 대 일본 수출보다도 수입이 해마다 증가하여, 매년 그 격차는 커지고 있다. 반대로, 중국에 대해서는 수입보다 수출 쪽이 많아지고 있다. 그래서 2006년 현재, 한국의 대 중국 수출은 일본의 2배를 넘어, 한국의 최대 수출 국가는 중국이다.

이러한 숫자에서도 알 수 있듯이, 한국은 일본보다는 중국과 경제적으로 상당히 굵은 파이프로 맺어져 있음을 알 수 있다. 그리고 한국인은 일본인이나 일본문화보다 중국인과 중국문화와의 교류나 접촉을 보다 빈번하게 행하고 있음을 알 수 있다. 따라서 이러한 인적·물적 교류는 앞으로 한국에 있어서 일본어와 중국어의 위상에 여러 형태로 영향을 미칠 것으로 예상된다.

4. 한국인의 언어의식의 흐름

4.1 중소기업은 일본어 · 대기업은 중국어

언어의 시장가치라는 개념이 있다. 언어의 시장가치를 결정하는 요인에는 화자의 수, 경제력, 문화도 · 정보량 등, 다양한 요인이 얽혀 있다. 게다가, 국가의 언어교육 사정이나 개인차도 작용한다. 따라서 한마디로 어느 언어가 시장가치가 있는 언어인지를 결정하기에는 어려운 면이 있다. 그러나 일반 사람들은 어느 언어를 익히면 유용할지에 대해 항상 관심을 두고 있다. 그래서 시장가치가 있을 법한 언어를 익히고자 한다.

오늘날, 영어는 영국이나 미국, 오스트레일리아, 뉴질랜드의 대다수 사람들의 모어일 뿐만 아니라, 국제적으로도 가장 넓은 유효범위를 가지고 있는 언어이다. 그리고 최첨단 정보의 축적량이 가장 많은 국제 공통어이기도 한다. 이것은 금후 더욱 강해질 수는 있어도 당분간 그 기세가 잦아들 것 같지는 않다고 생각한다. 따라서 한국인이 무언가 한 가지 외국어를 익히고 싶을 때, 영어를 선택하는 것은 언어의 시장가치라는 측면에서 보면, 옳은 판단이라고 생각한다. 그런 이유로 많은 한국인이 영어권에 유학을 간다든가, 상당한 시간을 들여 영어 학습에 힘쓰고 있는 것이다.

그래서 상장 대기업 18개 사와 중소기업 11개 사를 대상으로 하여, 한국의 기업에 있어서 언어의 시장가치를 조사해 보았다. 조사 항목은 각각 「Q1:업무를 추진하는데 중요하다고 생각되는 외국어」를 복수응답, 자유기입식으로 질문하였다. 또한, 「Q2:현재와 비교하여 5년 전은 어떠하였는가?」는 항목에서도 5년 전 당시에 중요했다고 생각되는 순으로 언어명을 들게하여 점수화한 것이 〈표 8〉이다.

〈표 8〉 업무 · 승진 시의 외국어의 가치 (숫자는 점수)

		영어			일본어			중국어			독일어			프랑스어		
		대	중	계	대	중	계	대	중	계	대	중	계	대	중	계
업무상	1997	84	44	128	58	36	94	44	20	64	0	6	6	2	0	2
	2002	85	54	139	51	33	84	52	29	81	0	6	6	6	0	6
	합계	169	98	267	109	69	178	96	49	145	0	12	12	8	0	8
승진 시	1997	85	30	115	47	23	70	36	16	52	0	2	2	0	0	0
	2002	85	34	119	38	21	59	42	23	65	0	2	2	0	0	0
	합계	170	64	234	85	44	129	78	39	117	0	4	4	0	0	0

*자료:任栄哲(2002)

영어는 업무 · 승진 시에 대기업 · 중소기업을 막론하고, 전체적으로 높은 수치를 사리키고 있다. 독일어와 프랑스어는 점수가 너무 적어서 여기에서는 생략한다. 2002년 현재, 대기업에서는 업무를 추진하는 데 있어서 가장 중요한 언어는 영어(85점)이다. 그리고 일본어(51점)와 중국어(52점)의 중요도는 거의 같음을 알 수 있다. 중소기업에서는 「영어(54점) → 일본어(33점) → 중국어(29점)」 순으로 되어있으며, 일본어가 중국어를 다소 상회하고 있다.

또한, 「Q3:승진할 때 어느 외국어가 중요한가?」에서는 2002년 현재, 대기업 · 중소기업 모두 「영어(대 85점, 중 34점) → 중국어(대 42점, 중 23점) → 일본어(대 38점, 중 21점)」의 순이다. 즉, 중국어는 승진 시(대 42점, 중 23점)보다도 업무(대 52점, 중 29점)를 추진하는 데에 있어서, 보다 중시되는 경향에 있음을 알 수 있다. 더욱이, 5년 전과 비교하여 1997년에는 대기업 · 중소기업을 막론하고 업무를 추진하는 데 있어서나 승진 시 모두 「영어 → 일본어 → 중국어」의 순으로 중요하다고 생각하였다. 결국, 5년 전에는 어떤 경우에도 「영어→일본어→중국어」 순이었다. 그러나 5년간에 일본어와 중국어 순위는 역전되어버렸다는 것이 〈표 8〉을 통해 확실히 알 수 있다.

이러한 결과로부터, 현재 한국의 기업에서 가장 중시되고 있는 외국어는 영어임을 알 수 있다. 그 다음으로 대기업에서는 중국어가, 중소기업에서는 일본어와 중국어가 거의 동등하다는 것을 알 수 있다.

한국에 있어서 중국어 붐은 일시적인 거품에 지나지 않는다는 의견이 있다. 그리고 중국어를 배웠다고 해서 취직을 하기도 힘들며, 특히 이공계 수준이 떨어지므로 얻을 수 있는 정보가 한정되어 있다는 지적도 있다. 그러나 이와는 반대로 금후, 일본어보다 중국어로 기울 것이라는 것은 세상의 흐름이라는 의견도 있다. 어느 쪽이든, 중국어의 약진이 주목할 만한 점이다.

4.2 일본어 이탈·중국어 편향

한국에 있어서 일본어나 중국어의 위상에 관한 앞으로의 일련의 언어의식의 추이를 예측하기 위해, 「Q4:최근에 일본어 학습자가 감소 경향에 있다고 하는데, 그 원인은 어디에 있다고 생각하는가?」라고, 질문해 보았다.

결과는 「중국의 호경기 영향으로 상대적으로 일본어의 장점이 줄었다」가 70.6%, 「일본의 불경기 영향으로 학습 의욕이 줄었다」가 20.3%이다. 5년 전까지는 세계경제의 핵심에 있었던 일본의 경제력 영향으로 한국에 있어서 일본어의 위상은 영어 다음으로 제2위였다. 그러나 최근, 중국의 경제발전과 함께 중국어가 상당한 기세를 보이는 지금 일본어 학습에 그늘이 보이기 시작하고 있다.

다음으로, 「Q5:현재, 중국어가 붐으로, 그 원인은 어디에 있다고 생각하는가?」라는 질문에 대해서는 「금후, 중국의 국제화가 예상되므로 그에 대비하기 위해」가 77.3%, 이어서 「취직에 도움이 되기 때문에」가 12.4%, 「단지 매스컴의 중국 선전 때문에」가 4.5%의 순이었다. 한국인의 언어의식의 변화를 파악 할 수 있는 주목할 가치가 있는 결과이다.

4.3 교양을 위한 일본어 · 실용을 위한 중국어

무릇 외국어를 배우는 이유에는 2가지 타입이 있는데, 「교양언어」와 「실용언어」이다. 원래는 서양과 동양 모두 교양을 위한 고전어(그리스어 · 라틴어 · 한문 등)와 실리적인 이용을 위한 근대어와는 명백하게 나뉘어져 있었다. 그리고 이러한 면이 최근의 일본어교육이 융성하게 된 배경이 있다고 井上史雄(2000)는 기술하고 있나.

이러한 관점에서 볼 때, 한국의 제2외국어 시장에 있어서 당분간, 심한 경쟁이 예상되는 가운데, 일본어와 중국어의 보급을 전망하기 위해 「Q6: 앞으로 일본어와 중국어의 보급에 대해, 어떻게 생각하는가?」라고, 질문하여 보았다.

결과는 「중국어 쪽이 일본어를 상회한다」가 70.2%, 「양쪽 언어 거의 동등하다」가 19.5%, 「일본어가 중국어를 상회한다」가 9.5%이다. 많은 한국인이 앞으로 중국어 쪽이 일본어의 보급을 상당히 상회할 것으로 예상하고 있다.

마지막으로, 「Q7: 각각 일본어와 중국어의 학습 이유」를 질문해 보았다. 그 결과, 일본어는 「교양을 위해」가 43.0%, 중국어는 「취직에 유용하므로」가 27.0%로, 각각 1위이다. 이와 관련하여, 일본어의 학습 이유에 관한 일련의 조사 결과를 되짚어보면, 이전에는 취직 등에 유리

할 것이라는 실용적인 면이 높이 평가 받았다. 그러나 이번 조사에서는 실용적인 면보다는 오히려 일본문화의 이해나 교양 면이 우선시되고 있다는 것이 밝혀졌다.

이상의 결과를 종합하여 보면, 바로 쓸 수 있는 일본어, 실용적인 일본어라는 경향에서 「교양을 위한 일본어」로의 변화를 읽을 수 있다. 그리고 중국어의 경우는 지식으로서의 중국어로부터 「실용을 위한 중국어」로의 변화를 엿볼 수 있다. 각각 학습 이유가 큰 변화를 보였다고 말할 수 있을 것 같다.

4.4 가장 보내고 싶은 유학 처

일시적으로 한국에서는 러시아어를 배우기 위해, 러시아로 유학생이 급증한 적이 있다. 이것은 그때그때의 세계정세의 변화와 함께, 일반 사람들도 민감하게 어느 언어가 앞으로 가장 유용할지, 나아가 상품성이 있을 것인지를 판단하는 생각이 작용하고 있었기 때문이라고 생각한다. 그래서 「Q8: 앞으로 어느 나라로 유학시키면 아이의 장래에 도움이 될 것으로 생각하는가?」라고 부모의 의향을 물어 보았다. 자료는 任栄哲(2004)이다.

응답은 미국(38.9%), EU(27.0%), 중국(13.4%), 일본(5.4%) 순으로, 여기에서도 일본 유학을 희망하는 비율은 상당히 낮다는 것을 알 수 있다.

이상을 종합해 보면, 일본보다 중국으로 상당히 기울고 있다는 것이 일목요연하다. 결국, 한국의 우수한 인재와 장래 한국을 짊어지고 나갈 전도유망한 젊은이들이 일본보다 중국과의 교류를 넓혀, 더욱 긴밀해져 가는 경향이 있음을 알 수 있다. 유학생은 두 말할 필요 없이 나라의 중요한 전략자원이다. 이것은 유학생의 귀국 후의 장래성과 영향력을 주목하기 때문이다.

4.5 가장 배우게 하고 싶은 외국어

이전 한국에서는 일본어의 시장가치 상승에 따라, 취직하면 바로 써 먹을 수 있는 실용언어로서 일본어를 공부하는 사람이 많이 있었다. 그렇다면 최근 한국인 부모의 외국어관은 어떠한가, 에 대하여 조사를 위해, 「Q9: 앞으로, 아이에게 가장 배우게 하고 싶은 외국어는 어느 언어입니까?」라고 질문해보았다.

〈표 9〉 앞으로, 아이에게 배우게 하고 싶은 외국어 (단위:%)

	영어	중국어	일본어	독일이	프랑스어	기타	무응답	계
제1응답	79.2	14.6	2.8	0.3	0.7	0.0	2.5	100.0
제2응답	12.9	46.9	27.0	3.8	3.3	0.4	5.3	100.0
합계	92.1	61.5	29.8	4.1	4.0	0.4	7.8	100.0

*자료:任栄哲(2004)

〈표 9〉에서도 알 수 있듯이, 국제적으로 가장 넓은 영향력을 가진 영어가 1위를 차지하고 있다. 그리고 앞으로 한국과의 교류에 발전성이 예상되는 중국어, 일본어 순이다. 같은 항목의 3년 전 조사 결과에서는 중국어(45.3%)와 일본어(31.0%) 차이는 1.5배 정도였다. 그러나 이번 조사에서는 그 차이가 2배 이상에 달하여, 일본어가 중국어에 점점 밀리는 분위기에 있음을 알 수 있다.

덧붙이자면, 한국의 일간지에는 「생활회화」라는 외국어 코너가 매일 연재되고 있다. 4, 5년 전까지는 영어와 일본어 코너만 있었다. 그런데 최근에 중국어 수요의 증대로, 중국어 코너도 마련되게 되었다. 이러한 사례에서도 알 수 있듯이, 한국인의 외국어습득에 대한 관심은 지극히 높다고 말할 수 있다. 연간 몇 십만 명이나 되는 한국인이 주로 영어권을 비롯하여 중국이나 일본 등 세계 도처로 어학연수를 떠난다. 이러한 점으로부터 비추어 볼 때, 한국은 어학이 붐으로, 외국어 구사 능력은 취업준비를 비롯하여 경제활동과 사회생활을 영위하는 데 있어서 확실히 무기로 인식되고 있다고 말할 수 있을 것 같다.

4.6 '외국어' 하면 어떤 언어인가

한국에 있어서 외국어교육의 융성을 뒤돌아보면 예전에는 영어, 프랑스어, 독일어의 독점 시장이었다. 그러나 1970년대에 들어선 후, 일본어가 가세함에 따라, 프랑스어와 독일어는 사양 일로를 걷게 된다. 일본어의 등장으로 한국의 제2외국어 교육의 판도가 확 바뀐 것이다. 이것은 일본의 고도 경제 성장과 지리적인 근접성 등의 이유로 일본어 학습자가 늘어나 영어에 이어, 제2위를 차지하게 되었기 때문이다.

그런데 2000년대에 들어서, 다시 변화가 보이게 되었다. 바로 중국어의 대두이다. 중국어의 출현에 따라, 한국의 제2외국어 교육의 장에 있어서, 일본어와 중국어 사이에 2위 쟁탈전이 시작된 셈이다. 이러한 상황에서 한국인과 일본인의 외국어의식에 대한 일면을 살피기 위해 「Q10: 외국어라는 말을 들었을 때, 어떤 언어가 떠오르는가?」라는 질문을 해 보았다. 대답은 복수응답으로 3개까지 들게 하였다.

〈표 10〉 외국어라는 말을 들었을 때 어떤 언어가 떠오르는가(단위:%)

	영 어	일본어	프랑스어	중국어	독일어	러시아어	한국어
한 국	93.0	76.0	36.0	31.6	29.4	-	-
일 본	94.9	-	74.8	20.5	66.3	6.0	0.8

*일본자료: 국립국어연구소(1984)、한국자료:任栄哲(2002)

면저, 〈표 10〉에서 한국의 결과를 보면, 한국인에게 일본어라는 언어는 1위인 영어 다음으로 생각나는 외국어라는 것을 확실히 알 수 있다. 결국, 일본어는 한국인의 의식 속에 상당히 강하게 각인되어 있는 언어라는 것이 계량적으로 증명되었다.

다음으로, 일본인의 결과이다. 영어나 프랑스어, 또는 독일어와 같은 구미의 언어가 상위를 차지하여, 일본인이 얼마나 서양 언어를 중시하고 있는지를 엿 볼 수 있다. 한국어를 떠올리는 일본인의 비율은 0.8%이다. 이것은 가장 가까운 이웃나라의 언어인 한국어를 떠올리는 일본인은 거의 없다고 하는 현상이 밝혀졌다. 즉 이것은 일본인은 한국어를 거들떠보지도 않는데도, 한국인은 「일본어, 일본어」하며 오로지 짝사랑을 하고 있는 것이다. 마치 홀로 씨름하는 것과 같은 일방적인 관계에 있다는 것이 확실하게 부상되었다.

그런데, 이 결과는 말할 필요도 없이 「언어의 경제력」과 깊은 관계가 있기 때문에 냉혹한 상황이다. 한국인은 이 현실을 침착 냉정하게 받아들이고, 노력해야 한다고 생각한다. 역시 이것은 한국이 하루라도 빨리 문화·사회적으로나 경제적으로도 일본과 당당히 어깨를 나란히 할 수 있게, 그리고 보다 매력 넘치는 풍요로운 나라가 되지 않으면 해결책은 보이지 않을지도 모른다.

4.7 중국어의 급부상

앞서, 2000년대부터 중국어의 대두에 따라, 한국의 제2외국어 교육
의 장에 있어서 다시 변화가 일기 시작했다고 기술하였다. 그래서 최
근 한국인의 외국어의식은 어떠한가, 그 변화를 추적해 보기 위해,
1993년 조사와 같은 항목을 이용하여, 한국의 전국 대학생 241명 (남
자 118명, 여자 123명)을 대상으로 2007년 3월에 계속조사를 행하
였다.

〈표 11〉에서 보여주는 바와 같이, 영어가 1위를 차지하여, 영어는
15년 전과 거의 변함없음을 알 수 있다. 프랑스어와 독일어는 그 비율
은 다소 줄어들었으나, 그 변화는 그다지 크지 않다. 그러나 일본어와
중국어는 그 변화가 상당히 현격하여 15년 전의 조사 결과와 비교해
보면, 그 위상이 역전되어 있음을 확인 할 수 있다. 최근 15년 사이에
한국인의 언어의식에 큰 변화가 나타났으며, 특히 중국어가 급부상하
고 있음을 알 수 있다.

〈표 11〉 외국어라는 말을 들었을 때 어떤 언어가 떠오르는가(단위:%)

	영 어	일본어	프랑스어	중국어	독일어	러시아어
1993년 조사	93.0	76.0	36.0	31.6	29.4	-
2007년 조사	96.0	38.2	26.2	79.5	20.3	1.2

*자료:任栄哲(2007)

5. 결론

5.1 일본어를 배우는 목적

이상으로, 한국인의 의식에는 「중국어 편향」, 「일본어 이탈」이 상당히 진행되고 있음을 알 수 있다. 그러나 실제 90만 명에 가까운 한국인이 일본어 배우기에 힘쓰고 있다. 그렇다면 그 이유는 도대체 어디에 있는 것일까?

우선 첫째로, 실용적인 측면에서이다. 일본이 전 세계에 강력한 영향력을 미치는 경제대국이 되었으므로 일본과의 무역, 일본인을 상대로 하는 사업이나 취업을 하고 싶을 것으로 생각한다. 그리고 일본이라는 나라를 더욱 알고 싶은 호기심, 더욱이 일본이 어떻게 경제적으로 성장·발전하였는가에 대해 배워서 자기 자신이나 나아가서는 자국의 발전에 도움이 되고 싶다는 것이 있을 것으로 생각한다. 결국 본심은 실용언어로서 이용 가치가 있기 때문에 일본어를 배우고 있다고 생각한다.

두 번째로, 문화적 측면에서이다. 일본어를 배운다고 하는 것은 그저 단지 문법을 습득하는 것이 아니라 일본문화의 배경도 배운다고 하는 것이다. 일본문화와 접촉해 보면, 일본인이나 일본문화의 좋은 점과 나쁜 점이 점차 많이 확실히 보이게 된다. 결국, 밀려오는 국제화 시대에 일본인과 일본문화를 재차 파악할 필요성이 생기고 있다. 이것은 두 말할 필요 없이 일본어라는 언어를 통해서 가능하기 때문이다.

세 번째로, 정보의 측면에서이다. 일본에는 동서고금의 수많은 문화와 문명에 속한 지적·문화적인 언어작품이 대단히 높은 수준으로 번역·축적되어 있다. 그리고 최첨단기술에 관한 정보가 일본어로 표현되어 있다. 일본어를 배워서, 만일 일본어를 이해하게 된다면 다른 언어를 공부하는 것보다도 쉽게 게다가 다량의 정보를 얻을 수 있기 때문이다.

네 번째로, 한국인에게는 언어야말로 무기이다 라는 측면이 있다. 한국은 지정학적·경제적인 입장에서 영어 이외에 또 한 가지 언어를 사용할 수 있게 되면 취직이나 정보 등을 수집 할 때, 여러 가지로 유리한 점이 많다고 생각한다. 그중에서도 특히, 지리적으로 가까운 관계에 있는 일본어를 습득해 두면 여러 면에서 도움이 될 가능성이 상당히 높아진다. 그러므로 한국인에게는 언어야말로 무기라는 의식이 상당히 강하므로, 많은 한국인이 일본어를 배워 왔다고 말할 수 있다.

5.2 한일 신시대를 향하여

이상으로, 한국에 있어서 일본어의 위상에 대하여, 주로 중국어와 비교하면서 고찰하였다. 그렇다면, 향후 한국에 있어서 일본어교육의 장래에 대해 몇 가지 제언을 하고자 한다.

첫째로, 한국인 중에 일본을 좋아하는 사람이 많다는 것은 사실이라는 생각이 든다. 이것은 일본에 관한 출판물이나 번역 책이 많으며, TV나 신문 등 매스컴이 일본을 다루는 비율이나, 사람들의 화제에 오르는 빈도 등을 생각해 보면 명백하다. 그러면 왜, 일본에 대하여 이렇게 관심이 높을까? 그것은 무엇보다도 일본의 발전된 기술이나 정보 등을 한국에 받아들여 한국의 근대화에 공헌하고 싶기 때문일 것이다. 그러나 일본의 발전된 기술이나 정보를 받아들이기 위해서는 일본어를 통해서만 가능한 것이다. 이러한 점으로부터도 추측할 수 있듯이,

일본어가 정보의 도수(導水)라는 것을 한국인 자신이 다시 자각하고, 재 파악해야 한다고 생각한다.

두 번째로, 한국의 일본어교육은 지금까지는 문법·독해 중심의 수신형이 대부분을 차지하고 있었다. 최근에는, 커뮤니케이션을 위한 발신형으로 바꾸지 않으면 안 된다는 자각으로부터 교재 개편이 열심히 이루어지게 되었다. 그러나 아직 충분하다고는 말할 수 없다. 따라서 일본어 학습자의 요구에 부응한 매력적인 교재개발은 물론, 다방면에 걸친 커리큘럼의 개발이 요구된다. 그리고 이와 동시에 교원 능력의 향상을 도모할 필요성이 있다고 생각한다. 이것은 일본어 학습자의 확장으로도 이어지며, 더욱이 매력적인 일본어교육을 추진하는 중개자 역할이라는 점에서도 중요하기 때문이다.

세 번째로, 한국 대학의 일본어교육의 교수자나 일본으로 가는 유학생을 보면 어학이나 문학 전공자가 다수를 차지하고 있다. 정치를 비롯한 역사, 경제, 사회, 문화 등 다른 분야의 전공자는 대단히 적은 것이 현상이다. 결국, 특정 분야에 연구자가 편중되어 있다는 것을 알 수 있다. 일본학이 지역학으로 발전할 것을 목표로 하여, 일본문화·일본인, 나아가 일본이라는 나라를 「일본어」를 통하여 보다 포괄적으로 조망할 수 있도록 하고자 한다.

네 번째로, 한국의 일본어교육의 현상과 위상, 언어지향 의식 등의 변화를 정확하게 밝혀내는 것은 극히 어려운 일이다. 그러나 전체를 파악하기 위한 노력은 결코 소홀히 해서는 안 된다. 변화에 대응해 나가기 위해, 그리고 보다 적절한 교육방책을 찾기 위해서라도, 실태를 보다 깊이, 보다 정확하게 파악해 둘 필요가 있다. 이것은 다양한 실태를 정확하게 알면, 그에 대하여 어떤 대책을 시행하면 좋을지를 예측

할 수 있기 때문이다.

다섯 번째로, 여전히, 한일관계는 삐걱거리는 상태가 계속되고 있다. 그리고 「역사문제가 나올 때마다, 일본어 학습 의욕에 영향을 준다」 「역사문제 때문에 우수한 학생은 영어학과나 중국어학과로 간다」 등, 역사문제가 일본어교육의 진전을 방해한다는 의견도 있다. 한국과 일본이 정치적으로 신뢰관계를 쌓으며, 상호 의심을 일소하여, 보다 안정적인 한일협력 체제를 구축해 나가야 한다고 생각한다. 왜냐하면, 그것은 일본어교육, 나아가 한국어교육과도 깊은 관계가 있기 때문이다.

마지막으로, 한국의 일본어교육의 장래에 큰 의미를 가지는 것은 한국인이 중국을 어떻게 인식하고, 어떻게 평가할 것인가이다. 그리고 이후 중국 경제의 장래 전망에 따라 일본어 학습자 수는 상당히 유동적일 것으로 생각된다.

본고는 임영철(2002) 「그늘이 보이기 시작한 일본어교육」을 가필 수정한 것이다.

▌参考文献

任栄哲(2002)「翳りが見えはじめた日本語教育」『日本語学』21-11 明治書院
任栄哲(2004)「隣国のことばが好きですか」『言語』33-9 大修館書店
任栄哲(2007)「韓国における日本語の位相―中国語との比較を中心として」『日本言語文化』第
　　　11輯 韓国日本言語文化学会
任栄哲(2008)『한국어와 일본어 그리고 일본인과의 커뮤니케이션』태학사
井上史雄(2000)『日本語の値段』大修館書店
大野晋・森本哲郎・鈴木孝夫(2001)『日本・日本語・日本人』新潮選書

国際交流基金(2006)『2006年海外日本語教育機関調査』Web 사이트
国立国語研究所(1984)『言語行動における日独比較』三省堂
鈴木孝夫(1996)『日本語は国際語になりうるか』講談社
『読売新聞』(2007.4.18)

제3장

한국에 있어서 일본, 일본인, 일본어에 대한 이미지 형성과 일본어 학습

■ 齊藤明美

1. 서론

한국의 대학교에 처음으로 일본어과가 설립된 것은 1961년이다. 이 해에 한국외국어대학교에 일본어과가 설립되었다. 그리고 다음 해 1962년에는 국제대학교에 일어일문학과가 개설되어 이때부터 한국의 대학에 있어서 일본어교육은 순수한 외국어교육으로 행하여지게 되었다. 그리고 1965년에 한국과 일본과의 국교정상화가 실현되어 1973년에는 고등학교에서도 일본어교육이 시작되었다. 그러나 당시 한국에 있어서 일본어교육을 하는 것에 대한 사회적인 반대가 강하여 당시 대통령이었던 박정희 대통령은 다음과 같은 요지의 담화를 발표했다[1]고 한다.

---

1) 稲葉継雄(1986)「韓国における日本語教育の歴史」『日本語教育』60号 p.136

과거 한일관계 때문에 일본어를 기피하는 경향이 있으나, 정신만 차리고 있으면 일본어를 배웠다고 해서 일본인이 되는 것이 아니다. 따라서 민족의 주체성 및 활달한 대국민의 도량이 필요하다.

또, 당시 일본어 교육과정에 게재된 지도목표 안에는 일본어를 매체로 하고 있으나 한국인으로서의 민족정신을 기르자고 하는 문언도 담겨져 있었다. 그리고 이 시기의 일본 및 일본어에 대한 한국인이 가지고 있었던 이미지를 여실히 나타내고 있는 다음과 같은 문장[2]도 남아 있다.

여기에서 조금 생각하지 않으면 안 되는 것은 정말 일본어가 어렵다고 하는 것보다는 외국어에 대한 처음부터 옳지 않은 선입관이 학습의욕을 저하시키는 원인이 된다고 하는 것, 그리고 장래에 대한 자신의 확고한 목적의식 없이, 불성실한 학습태도를 취하는 것, 그리고 또한 사회정세의 불안정에 대한 심리적 긴장이 가해져 일본어를 배우는 학생에게 의외로 심각한 내적제약이 되어 결국 장래 희망을 포기하게 하는 작용을 한다고 하는 것 등이다. 혹은 처음에는 어떤 관심이나 이해관계에서 일본어를 배우면서도 마음 저편에는 일본을 싫어하며 일본에 대한 악감정을 씻어 내지 못한 채 있는 학생이 있을지도 모른다. 이러한 모든 요인은 일본어 학습에 커다란 장해가 되므로 이것들을 잘 관찰하여 지도해 가지 않으면 안 된다.

---

2) 金永佑(1977) 「한국에 있어서 일본어교육의 현상과 문제점」 『일본어교육』 32号 p.109

이것을 보면, 일본 및 일본어에 대하여 가지고 있는 감정이 일본어 학습자의 학습의욕, 학습효과 등에도 크게 관련되어 있음을 알 수 있다. 따라서 본장에서는 앞으로 한국에 있어서 일본어교육의 모습, 보다 효과적인 교수방법, 교육내용 등을 생각한 후, 더욱 필수불가결한 기초 지식 중 하나로 현재 한국 대학생이 가지고 있는 일본, 일본인, 그리고 일본어에 대한 의식을 파악함과 동시에 그들의 이미지 형성에 영향을 주는 요인에 대해서도 조사하여, 그 결과를 보고해 가고자 한다.

2. 조사의 개요

2.1 조사대상과 방법

대학교에서 일본학과, 혹은 일어일문학과에 소속되어 일본어를 배우며 1년 이상 학습하고 있는 학생, 교양일본어 수업을 이수하고 있는 학생 및 이공계 학생을 대상으로 무기명으로 앙케트 조사를 실시하여 412명으로부터 응답을 얻었다. 조사를 행한 대학은 강원도 소재 A대학교과 서울 소재 B대학교 2곳이다.

〈표 1〉 조사대상 대학

	학생 수	%
A대학	232	56.3
B대학	180	43.7
Total	412	100

〈표 2〉 조사대상 학생의 전공분야

조사대상		학생 수	%	학교별 %
A대학	일본학과	74	18	56.3
	교양일본어	70	17	
	이공계	88	21.4	
B대학	일어일문학과	65	15.8	43.7
	교양일본어	71	17.2	
	이공계	44	10.7	
Total		412	100	100

2.2 조사기간

예비조사는 2002년 11월에 행하였으며 본 조사는 2003년 5월에 실시하였다.

2.3 조사 내용

조사표는 페이스 시트, 일본, 일본인, 일본어에 대한 이미지에 관한 질문, 일본어 학습에 관한 질문으로 이루어져있다. 페이스 시트의 설문은 ① 소속 ② 학년 ③ 성명 ④ 연령 ⑤ 성별 ⑥ 출생지 ⑦ 가족 중 일본어 화자가 있는지 여부 ⑧ 일본인 교사에게 일본어를 배운 적이 있는지 유무 ⑨ 일본인 지인이 있는지 유무 ⑩ 일본어를 학습한 경험이 있는지 유무 ⑪ 학습기간 ⑫ 학습시기 등이었다. 일본, 일본인에 대한 이미지에 관하여 질문한 후, 이미지 형성에 영향을 준 요인에 대해 질문하고, 영향의 정도를 대, 중, 소, 무 4개로 나누어서 질문하였다. 일본어에 관해서는 ① 거친지 정중한지 ② 지저분한지 품위있는지 ③ 난폭한지 온화한지 ④ 싫어하는지 좋아하는지 ⑤ 답답한지 경쾌한지 ⑥ 알아듣기 어려운지 알아듣기 쉬운지 ⑦ 비능률적인지 능률적인지 ⑧ 장황한지 깔끔한지 ⑨ 느린지 빠른지 ⑩ 딱딱한지 부드러운지 ⑪ 어려운지 쉬운지 등에 대해 질문하였다. 그 외, 일본 방문경험의 유무, 재방문 희망 여부, 일본어의 필요성 등에 대해 질문하였다.

3. 조사결과

여기에서는 일본 방문경험의 유무와 일본, 일본인에 대한 이미지, 성별에 따른 일본, 일본인에 대한 이미지, 전공별 일본, 일본인에 대한 이미지, 현재 일본어 학습 유무에 따른 일본, 일본인에 대한 이미지, 일본어 학습기간이 길고 짧음에 따라 일본, 일본인에 대한 이미지, 학습시기에 따라 일본, 일본인에 대한 이미지, 전공분야와 일본어에 대한 이미지 등에 대해 언급하고자 한다.

3.1 일본 및 일본인에 대한 이미지

3.1.1 일본 방문경험 유무와 일본, 일본인에 대한 이미지
     질문내용은 다음과 같다.

1. 당신은 일본에 대하여 어떠한 이미지를 갖고 있습니까?
   (1) 매우 좋다   (2) 좋다   (3) 다른 나라와 별로 다를 게 없다.
   (4) 나쁘다   (5) 매우 나쁘다

먼저, 전체 대답을 보면, (1) 매우 좋다 3.6% (2) 좋다 38.8% (3) 다른

나라와 별로 다를 게 없다. 42.2% (4) 나쁘다 12.6% (5) 매우 나쁘다 2.4%
이었다.

이어서, 일본 방문경험의 유무와 일본에 대한 이미지를 보면 다음과 같다.

○ 일본 방문경험의 유무와 일본에 대한 이미지

<표 3> 일본 방문경험의 유무와 일본에 대한 이미지

	일본에 대한 이미지					Total
	매우 좋다	좋다	다른 나라와 다를 게 없다	나쁘다	매우 나쁘다	
일본에 가본 경험이 있다	5	53	34	6	1	99
	(5.1)	(53.5)	(34.3)	(6.1)	(1.0)	(100%)
일본에 가본 경험이 없다	10	107	140	46	9	312
	(3.2)	(34.3)	(44.9)	(14.7)	(2.9)	(100%)
Total	15	160	174	52	10	411
	(3.6)	(38.9)	(42.3)	(12.7)	(2.4)	(100%)

$(\chi^2(4)=15.37, p<.001)$

<표 3>을 보면, 일본에 가본 경험이 있다고 답한 학생 가운데, 일본
에 대한 이미지가 (1) 매우 좋다가 5.1%, (2) 좋다가 53.5% 이었던 것에
비해, 일본에 가본 경험이 없다고 답한 학생 가운데 (1) 매우 좋다가
3.2%, (2) 좋다가 34.3% 이었다. 또한, 일본에 가본 경험이 있다고 대답
한 학생 가운데 (4) 나쁘다가 6.1%, (5) 매우 나쁘다가 1.0% 이었던 것에
비해, 일본에 가본 경험이 없다고 대답한 학생 가운데 (4) 나쁘다가
14.7%, (5) 매우 나쁘다가 2.9% 로, 일본 방문경험의 유무와 일본에 대
한 이미지와의 관계에서는 일본에 가본 경험이 있다고 답한 학생은
없다고 답한 학생에 비해, 일본에 대해 좋은 이미지를 가지고 있다는
것을 알 수 있다.

다음으로, 일본 방문경험 유무와 일본인에 대한 이미지에 관한 조사 결과이다. 질문 내용은 일본에 대한 이미지를 질문한 경우와 동일하다.

2. 당신은 일본인에 대해서 어떤 이미지를 갖고 있습니까?
   (1) 매우 좋다   (2) 좋다
   (3) 다른 나라 사람과 별로 다르지 않다
   (4) 나쁘다   (5) 매우 나쁘다

전체 조사 결과를 보면, (1) 매우 좋다 1.5% (2) 좋다 29.6% (3) 다른 나라 사람과 별로 다르지 않다 57.0% (4) 나쁘다 10.2% (5) 매우 나쁘다 0.7% 이었다.

다음으로 일본 방문경험의 유무와 일본인에 대한 이미지에 관한 조사 결과이다.

○ 일본 방문경험의 유무와 일본인에 대한 이미지

〈표 4〉 일본 방문경험의 유무와 일본인에 대한 이미지

	일본인에 대한 이미지					Total
	매우 좋다	좋다	다른 나라 사람과 별로 다르지 않다	나쁘다	매우 나쁘다	
일본에 가본 경험이 있다	2	49	43	4	1	99
	(2.0)	(49.5)	(43.4)	(4.0)	(1.0)	(100%)
일본에 가본 경험이 없다	4	73	192	38	2	312
	(1.3)	(23.6)	(62.1)	(12.3)	(.6)	(100%)
Total	6	122	235	42	3	408
	(1.5)	(29.9)	(57.6)	(10.3)	(.7)	(100%)

$(\chi^2(4)=26.70, p<.001)$

〈표 4〉를 보면, 일본 방문경험이 있다고 답한 학생 가운데 일본인에 대한 이미지가 (1)매우 좋다고 답한 학생은 2.0%, (2)좋다고 답한 학생은 49.5% 이었던 것에 비해, 일본 방문경험이 없다고 답한 학생 가운데 (1)매우 좋다고 답한 학생은 1.3% (2)좋다고 답한 학생은 23.6% 이었다. 그리고 일본 방문경험이 있는 학생 가운데 (4)나쁘다고 답한 학생이 4.0% (5)매우 나쁘다고 답한 학생이 1.0% 이었던 것에 비해, 일본 방문경험이 없다고 답한 학생은 (4)나쁘다고 답한 학생이 12.3% (5)매우 나쁘다고 답한 학생이 0.6% 이었다. 이상으로 보아 일본 방문경험이 있는 학생은 없는 학생에 비해, 일본인에 대해 좋은 이미지를 가지고 있다고 말할 수 있다. 또한, 일본에 가본 경험이 없다고 답한 학생의 일본인에 대한 이미지에 있어서 특히 다른 나라 사람과 별로 다르지 않다고 답한 학생이 62.1% 있었던 것은 일본인에 대하여 특별한 관심이 없다는 결과로도 생각 할 수 있다.

3.1.2 성별에 따른 일본, 일본인에 대한 이미지

다음으로 성별에 따른 일본 및 일본인에 대한 조사를 하였다. 그 결과, 일본에 대한 이미지는 성별에 따른 차이는 보이지 않았으나 일본인에 대한 이미지는 성별에 따라 차이가 조금 있음이 밝혀졌다. 여기에서는 관련성이 있다고 생각되는 일본인에 대한 이미지 조사 결과를 살펴보고자 한다.

○성별에 따른 일본인에 대한 이미지

〈표 5〉를 보면, 일본인에 대한 남학생의 이미지는 (1) 매우 좋다 (2) 좋다 (3) 다른 나라 사람과 별로 다르지 않다 (4) 나쁘다 (5) 매우 나쁘다

의 전 항목에 걸쳐 있으나, 여학생의 이미지는 (2) 좋다 (3) 다른 나라 사람과 별로 다르지 않다 (4) 나쁘다의 3항목에 집중되어 있음을 알 수 있다. 또한 (1) 매우 좋다 (2) 좋다고 답한 남학생이 각각 2.6%, 25.8%이었던 것에 비해, (2) 좋다고 답한 여학생은 35.2%이며, 한편 (4) 나쁘다 (5) 매우 나쁘다고 답한 남학생이 각각 10.9%, 1.3%이었던 것에 비해 (4) 나쁘다고 답한 여학생은 9.1%이었다. 이상으로 보아, 남학생에 비해 여학생 쪽이 일본인에 대하여 다소 좋은 이미지를 가지고 있다는 것을 알 수 있다.

〈표 5〉 성별에 따른 일본인에 대한 이미지

		일본인에 대한 이미지					Total
		매우 좋다	좋다	다른 나라 사람과 별로 다르지 않다	나쁘다	매우 나쁘다	
성별	남성	6	59	136	25	3	229
		(2.6)	(25.8)	(59.4)	(10.9)	(1.3)	(100%)
	여성	-	62	98	16	-	312
		-	(35.2)	(55.7)	(9.1)	-	(100%)
Total		6	121	234	41	3	405
		(1.5)	(29.9)	(57.8)	(10.1)	(.7)	(100%)

$(\chi^2(4)=10.46, p<.05)$

3.1.3 전공에 따른 일본 및 일본인에 대한 이미지

다음으로 전공분야에 따라 일본 및 일본인에 대한 이미지가 다른지 여부에 대해 조사하였다.

○전공에 따른 일본에 대한 이미지

〈표 6〉을 보면, 일본어를 전공하는 학생이 (1) 매우 좋다 2.9% (2) 좋다 59.7% 이었던 것에 비해 교양일본어를 이수하고 있는 학생은 (1) 매우 좋다 4.3% (2) 좋다 36.9% 이었다. 또한, 이공계 학생은 (1) 매우 좋다

3.8% (2) 좋다 19.1% 이었다. 그리고 (4) 나쁘다 (5) 매우 나쁘다고 답한 학생은 일본학과, 일어일문학과 학생이 각각 (4) 2.2%, (5) 0.7% 이었던 것에 비해, 교양일본어를 이수하고 있는 학생은 각각 (4) 19.1%, (5) 2.1% 이며, 이공계 학생은 (4) 16.8% (5) 4.6% 이었다. 이것을 보면, 일본학과 및 일어일문학과 학생, 교양일본어를 이수하고 있는 학생, 이공계 학생 순으로, 일본에 대해 좋은 이미지를 가지고 있다는 것을 알 수 있다.

〈표 6〉 전공에 따른 일본에 대한 이미지

		일본에 대한 이미지					Total
		매우 좋다	좋다	다른 나라와 별로 다르지 않다	나쁘다	매우 나쁘다	
전공	일본학과 일어일문학과	4	83	48	3	1	139
		(2.9)	(59.7)	(34.5)	(2.2)	(.7)	(100%)
	교양일본어	6	52	53	27	3	141
		(4.3)	(36.9)	(37.6)	(19.1)	(2.1)	(100%)
	이공계	5	25	73	22	6	131
		(3.8)	(19.1)	(55.7)	(16.8)	(4.6)	(100%)
Total		15	160	174	52	10	411
		(3.6)	(38.9)	(42.3)	(12.7)	(2.4)	(100%)

$(\chi^2(8)=60.29, p<.001)$

○ 전공에 따른 일본인에 대한 이미지

〈표 7〉 전공에 따른 일본인에 대한 이미지

		일본인에 대한 이미지					Total
		매우 좋다	좋다	다른 나라 사람과 별로 다르지 않다	나쁘다	매우 나쁘다	
전공 분야	일본학과 일어일문학과	4	66	61	5	1	137
		(2.9)	(48.2)	(44.5)	(3.6)	(.7)	(100%)
	교양일본어	2	39	77	22	1	141
		(1.4)	(27.7)	(54.6)	(15.6)	(.7)	(100%)

전공 분야	이공계	-	17	97	15	1	130
		-	(13.1)	(74.6)	(11.5)	(.8)	(100%)
	Total	6	122	235	42	3	408
		(1.5)	(29.9)	(57.6)	(10.3)	(.7)	(100%)

$(\chi^2(8)=52.46, p<.001)$

〈표 7〉을 보면, 일본어를 전공하는 학생이 (1) 매우 좋다 2.9% (2) 좋다 48.2% 이었던 것에 비해, 교양일본어를 이수하고 있는 학생은 (1) 매우 좋다 1.4% (2) 좋다 27.7%, 이공계 학생은 (1) 매우 좋다 0% (2) 좋다 13.1% 이었다. 그리고 (4) 나쁘다 (5) 매우 나쁘다고 답한 학생은 일본학과, 일어일문학과 학생이 각각 (4) 3.6% (5) 0.7% 이었던 것에 비해, 교양일본어를 이수하고 있는 학생은 각각 (4) 15.6%, (5) 0.7%이며, 이공계 학생은 (4) 11.5% (5) 0.8%이었다. (4) 나쁘다 (5) 매우 나쁘다를 선택한 학생의 합계를 보면, 교양일본어를 이수하고 있는 학생이 다른 학생에 비해, 나쁜 이미지를 가지고 있는 것으로 될 수도 있으나, 전반적으로 보면, 일본어를 전공하는 학생이 그렇지 않은 학생에 비해, 일본인에 대해서도 좋은 이미지를 가지고 있으며, 이공계 학생은 다른 나라 사람과 다르지 않다고 답한 사람이 많았음을 알 수 있다.

3.1.4 현재 일본어 학습을 하고 있는지의 여부에 따른 일본, 일본인에 대한 이미지

다음으로 현재 일본어 학습을 하고 있는지의 여부에 따른, 일본 및 일본인에 대한 이미지에 대해 조사하였다. 여기에서 말하는 현재 일본어를 학습하지 않고 있는 학생은 94명의 이공계 학생을 말한다.

○현재 일본어 학습을 하고 있는지 여부와 일본에 대한 이미지

〈표 8〉 현재 일본어 학습을 하고 있는지 여부와 일본에 대한 이미지

	일본에 대한 이미지					Total
	매우 좋다	좋다	다른 나라와 별로 다를 게 없다	나쁘다	매우 나쁘다	
일본어 학습을 하고 있지 않다	4	17	42	23	7	93
	(4.3)	(18.3)	(45.2)	(24.7)	(7.5)	(100%)
일본어 학습을 하고 있다	11	143	132	29	3	318
	(3.5)	(45.0)	(41.5)	(9.1)	(.9)	(100%)
Total	15	160	174	52	10	411
	(3.6)	(38.9)	(42.3)	(12.7)	(2.4)	(100%)

$(\chi^2(4)=40.21, p<.001)$

〈표 8〉을 보면, 일본어 학습을 하고 있다고 답한 학생은 (1) 매우 좋다 3.5% (2) 좋다 45.0% 이었으나, 일본어 학습을 하고 있지 않다고 답한 학생은 (1) 매우 좋다 4.3% (2) 좋다 18.3% 로 큰 차이를 보였다. 또한, (4) 나쁘다 (5) 매우 나쁘다고 답한 학생은 일본어 학습을 하고 있다고 대답한 학생이 각각 (4) 9.1% (5) 0.9% 이었던 것에 비해, 일본어 학습을 하고 있지 않다고 답한 학생은 (4) 24.7% (5) 7.5% 이었다. 이상으로 보아, 일본어 학습을 하고 있는 학생은 일본어 학습을 하고 있지 않다는 학생에 비해 일본에 대하여 좋은 이미지를 가지고 있음을 알수 있다.

○현재 일본어 학습을 하고 있는지 여부와 일본인에 대한 이미지

다음으로, 현재 일본어 학습을 하고 있는지 여부와 일본인에 대한 이미지에 대해 조사하였다.

〈표 9〉 현재 일본어 학습을 하고 있는지 여부와 일본인에 대한 이미지

	일본인에 대한 이미지					Total
	매우 좋다	좋다	다른 나라 사람과 별로 다르지 않다	나쁘다	매우 나쁘다	
일본어 학습을 하고 있지 않다	-	15	60	17	2	94
	-	(16.0)	(63.8)	(18.1)	(2.1)	(100%)
일본어 학습을 하고 있다	6	107	175	25	1	314
	(1.9)	(34.1)	(55.7)	(8.0)	(.3)	(100%)
Total	6	122	235	42	3	408
	(1.5)	(29.9)	(57.6)	(10.3)	(.7)	(100%)

$(\chi^2(4)=20.98, p\langle.001)$

〈표 9〉를 보면, 일본어 학습을 하고 있는 학생이 (1) 매우 좋다 1.9% (2) 좋다 34.1% 이었음에 비해, 일본어 학습을 하고 있지 않다고 답한 학생은 (1) 매우 좋다 0% (2) 좋다 16.0% 로 여기에서도 차이를 보였다. 그리고 (4) 나쁘다 (5) 매우 나쁘다 항목을 보면, 일본어 학습을 하고 있다고 답한 학생이 각각 (4) 8.0% (5) 0.3% 이었던 것에 비해, 일본어 학습을 하고 있지 않다고 답한 학생은 (4) 18.1% (5) 2.1% 이었다. 이상 으로 보아, 일본어 학습을 하는 학생은 하지 않는 학생에 비해 일본인 에 대하여 좋은 이미지를 가지고 있다는 것이 밝혀졌다.

3.1.5 일본어 학습기간의 길고 짧음에 따른 일본, 일본인에 대한 이 미지

다음으로, 일본어 학습기간의 길고 짧음에 따른 일본 및 일본인에 대한 이미지에 대해 조사하였다. 여기에서는 일본어 학습기간을 반년 미만, 반년 이상 1년 미만, 1년 이상 2년 미만, 2년 이상으로 나누어 조사하였다.

○일본어 학습기간과 일본에 대한 이미지

〈표 10〉 일본어 학습기간과 일본에 대한 이미지

		일본에 대한 이미지					Total
		매우 좋다	좋다	다른 나라와 별로 다르지 없다	나쁘다	매우 나쁘다	
일본어 학습기간	반년 미만	1	22	39	16	-	78
		(1.3)	(28.2)	(50.0)	(20.5)	-	(100%)
	반년 이상 1년 미만	-	28	18	6	1	53
		-	(52.8)	(34.0)	(11.3)	(1.9)	(100%)
	1년 이상 2년 미만	4	26	33	3	-	66
		(6.1)	(39.4)	(50.0)	(4.5)	-	(100%)
	2년 이상	6	68	42	6	2	124
		(4.8)	(54.8)	(33.9)	(4.8)	(1.6)	(100%)
Total		11	144	132	31	3	321
		(3.4)	(44.9)	(41.1)	(9.7)	(.9)	(100%)

$(\chi2(12)=35.60,\ p<.001)$

〈표 10〉을 보면, 일본에 대한 이미지에 대해서는 일본어 학습기간이 반년 미만인 학생이 (1) 매우 좋다 1.3% (2) 좋다 28.2% 이었던 것에 비해, 학습기간이 반년 이상 1년 미만인 학생은 (1) 매우 좋다 0% (2) 좋다 52.8%, 1년 이상 2년 미만인 학생은 (1) 매우 좋다 6.1%, (2) 좋다 39.4%, 2년 이상이라고 답한 학생은 (1) 매우 좋다 4.8% (2) 좋다 54.8% 이었다. 이것을 보면, (1) 매우 좋다 (2) 좋다의 합계가 가장 높은 것은 2년 이상인 학습자이며, 그 다음으로 높은 것은 반년 이상 1년 미만인 학습자이며, 그 다음이 1년 이상 2년 미만, 반년 미만인 학습자 순으로 이어진다는 것을 알 수 있다. 그리고 (4) 나쁘다 (5) 매우 나쁘다고 답한 학생의 비율이 가장 높았던 것은 반년 미만 학습자이며, 그 다음은 반년 이상 1년 미만의 학습자, 2년 이상의 학습자, 1년 이상 2년 미만 학습자로

이어지며, 학습기간이 길어짐에 따라서 반드시 이미지가 좋아진다고
는 말하기 어려우나, 반년 미만과 2년 이상 학습자의 답을 보면, 오래
학습한 학생 쪽이, 그렇지 않은 학생과 비교하여 일본에 대해서도 좋은
이미지를 가지고 있다고 말할 수 있을 것 같다.

○일본어 학습기간과 일본인에 대한 이미지

다음으로, 일본어 학습기간과 일본인에 대한 이미지에 대해 조사하
였다.

〈표 11〉 일본어 학습기간과 일본인에 대한 이미지

		일본인에 대한 이미지					Total
		매우 좋다	좋다	다른 나라 사람과 별로 다르지 않다	나쁘다	매우 나쁘다	
일본어 학습기간	반년 미만	1	17	48	12	-	78
		(1.3)	(21.8)	(61.5)	(15.4)	-	(100%)
	반년 이상 1년 미만	-	19	30	3	-	52
		-	(52.8)	(34.0)	(11.3)	-	(100%)
	1년 이상 2년 미만	1	17	44	2	-	64
		(1.6)	(26.6)	(68.8)	(3.1)	-	(100%)
	2년 이상	4	55	55	8	1	123
		(3.3)	(44.7)	(44.7)	(6.5)	(.8)	(100%)
Total		6	108	177	25	1	317
		(1.9)	(34.1)	(55.8)	(7.9)	(.3)	(100%)

$(\chi^2(12)=25.76, p<.05)$

〈표 11〉을 보면, 일본인에 대한 이미지에 대해서는 학습기간이 반년
미만인 학생이 (1) 매우 좋다 1.3% (2) 좋다 21.8% 이었던 것에 비해,
반년 이상 1년 미만 학습자는 (1) 매우 좋다 0% (2) 좋다 52.8%이며,
1년 이상 2년 미만 학습자는 (1) 매우 좋다 1.6% (2) 좋다 26.6%, 2년
이상 학습자는 (1) 매우 좋다 3.3% (2)좋다 44.7% 로, 학습기간이 길어

짐에 따라 반드시 이미지가 좋아진다고는 말할 수 없을 것 같다. 그리고
(4) 나쁘다 (5) 매우 나쁘다에 관해서도 동일하게 말할 수 있으나, 학습
기간이 반년 미만과 2년 이상인 학생을 비교하면, 학습기간이 길어지면
일본인에 대한 이미지가 긍정적으로 된다고 말할 수 있을 것 같다.

3.1.6 학습시기에 따른 일본, 일본인에 대한 이미지

다음으로, 학습시기와 일본 및 일본인에 대한 이미지에 관해 조사하
였으나, 조사 결과를 보면, 학습시기와 이미지와는 관련이 없다는 것이
밝혀졌다.

3.2 일본에 대한 이미지 형성에 영향을 주는 요인에 대해서

3.2.1 일본에 대한 이미지에 영향을 주는 요인

다음으로 일본에 대한 이미지 형성에 영향을 주는 요인에 대해 조사
하였다. 질문은 다음과 같다

당신의 일본에 대한 이미지 형성에 아래의 항목이 각각 어느 정도의
영향을 주고 있습니까? (각 문항마다 a, b, c, d 중 하나를 고르시오)(영
향 정도는 대, 중, 소, 무, 4단계로 표시하였다.)
(1) 과거의 한일관계 (2) 일본의 전통문화 (3) 일본 영화, 애니메이션
(4) 일본의 유행 (5) 일본인 관광객 (6) 신문 보도 (7) 고등학교까지의 교
육 (8) 일본의 TV 프로그램 (9) 현재의 일본 경제 (10) 한국과 일본과의
무역관계 (11) 일본 가수 · 탤런트 (12) 일본인 일본어교사 (13) 한국인
일본어교사 (14) 일본 제품 (15) 양국 간의 영토문제 (16) 현재의 일본

정책 (17) 일본의 기업 활동 (18) 일본인 유학생 (19) 월드컵 (20) 대중문화 개방 (21) 재일한국인

　일본에 대한 이미지를 형성할 때에 영향을 주는 요인으로는 학생의 답이 많은 순서는 다음과 같다.

　① 일본 영화, 애니메이션 ② 일본 제품 ③ 과거의 한일관계 ④ 양국 간의 영토문제 ⑤ 대중문화 개방 ⑥ 월드컵 ⑦ 일본 가수·탤런트 ⑧ 일본의 유행 ⑨ 일본 TV 프로그램 ⑩ 고등학교까지의 교육

　〈표 12〉를 보면, 일본 영화나 애니메이션이 1위를 차지하고 있음은 예상하고 있었으나, 역시 주목해 볼 만하다. 그리고 일본 제품, 과거의 한일관계나 영토문제와 더불어 대중문화 개방, 월드컵과 같은 새로운 요인의 출현에도 역시 주목해야 할 것이다.

〈표 12〉 일본에 대한 이미지에 영향을 주는 요인

순위	영향을 준 요인	빈도 수(명)
1	일본 영화, 애니매이션	205
2	일본 제품	173
3	과거의 한일관계	168
4	양국 간의 영토문제	163
5	대중문화 개방	149
6	월드컵	117
7	일본 가수, 탤런트	96
8	일본의 유행	93
9	일본 TV 프로그램	83
10	고등학교까지의 교육	72
11	현재의 일본 경제	70
12	현재의 일본 정책	67
13	한국과 일본의 무역관계	60
14	신문 보도	59

15	한국인 일본어교사	54
16	일본인 일본어교사	51
17	일본의 기업 활동	50
18	일본의 전통문화	46
19	재일 한국인	42
20	일본인 유학생	30
21	일본인 관광객	27

3.2.2 일본인에 대한 이미지 형성에 영향을 주는 요인에 대해서

다음으로, 일본인에 대한 이미지 형성에 영향을 주는 요인에 대해 조사한 결과이다. 질문 내용은 일본에 대한 것과 동일하다.

일본인에 대한 이미지를 형성할 때에 영향을 주는 요인에 대해 많은 순서대로 예를 들면, 〈표 13〉와 같다.

① 일본 영화, 애니메이션 ② 과거의 한일관계 ③ 월드컵 ④ 일본 제품 ⑤ 일본 가수·탤런트 ⑥ 일본의 유행 ⑦ 양국 간의 영토문제 ⑧ 대중문화의 개방 ⑨ 일본의 TV 프로그램 ⑩ 일본인 관광객

이것을 보면, 1위는 역시 일본 영화, 애니메이션임을 알 수 있다. 그 뒤를 이어 과거의 한일관계, 월드컵, 일본 제품으로 이어지며, 일본에 대한 이미지 형성에 영향을 주는 요인과 거의 같음을 알 수 있다.

〈표 13〉 일본인에 대한 이미지에 영향을 주는 요인

순위	영향을 준 요인	빈도 수 (명)
1	일본 영화, 애니메이션	153
2	과거의 한일관계	143
3	월드컵	128
4	일본 제품	122

5	일본 가수·탤런트	121
6	일본의 유행	118
7	양국 간의 영토문제	117
8	대중문화 개방	110
9	일본의 TV 프로그램	99
10	일본인 관광객	74
11	일본인 일본어교사	73
12	일본인 유학생	66
13	현재의 일본 정책	62
14	신문 보도	58
15	일본의 전통문화	53
16	고등학교까지의 교육	51
17	현재의 일본 경제	48
18	한국인 일본어교사	48
19	재일 한국인	48
20	일본의 기업 활동	41
21	한국와 일본의 무역관계	33

3.3 일본어에 대한 이미지

3.3.1 일본어에 대한 이미지와 전공분야

마지막으로 일본어에 대한 이미지에 대해 조사하였다.

조사 결과를 보면, 일본어에 대한 전체 이미지는 (1)싫어한다 9.7% (2)좋아한다 48.1% (3)어느 쪽도 아니다 41.5% 이었으나, 일본학과, 일어일문학과 학생은 (1)싫어한다 2.9% (2)좋아한다 69.1% (3)어느 쪽도 아니다 28.1%이며, 교양일본어를 이수하고 있는 학생은 (1)싫어한다 10.8% (2)좋아한다 51.1% (3)어느 쪽도 아니다 38.1%, 이공계의 학생은 (1)싫어한다 16.0% (2)좋아한다 23.7% (3)어느 쪽도 아니다 60.3% 이었다. 이 결과로 보아 일본어 관련학과에 소속되어 학습하고 있는 학생은 그렇지 않은 학생에 비해, 일본어에 대해 긍정적인 이미지를 가지고 있다고 말할 수 있을 것 같다.

3.3.2 일본어에 대한 긍정적 이미지와 학습기간

다음으로 일본어에 대한 긍정적 이미지와 학습기간에 대해 조사하였으나, 일본어의 긍정적 이미지와 일본어 학습기간과는 유의미한 수치는 보이지 않았다.

3.3.3 일본어에 대한 긍정적 이미지와 일본 방문경험의 유무

일본어에 대한 긍정적 이미지와 일본 방문경험의 유무와의 관련에 대해서도 조사해 보았으나, 일본 방문경험의 유무와 일본어에 대한 이미지와는 관련이 없다는 결과를 얻었다.

다음으로, 일본을 방문하는 목적에 대해 조사하였다.

〈표 14〉 일본 방문의 이유

목적	빈도 수(명)
관광	47
어학연수	27
교류 프로그램	23
친척 방문	9
기타	16

〈표 14〉을 보면, 관광, 어학연수, 교류 프로그램, 친척 방문 순으로 많음을 알 수 있다.

4. 결론

　본 장에서는 한국의 대학생이 가지고 있는 일본, 일본인 및 일본어에
대한 이미지에 대해 조사한 결과이다. 먼저, 일본에 대해서는 전체적
으로는 (1) 매우 좋다 3.6% (2) 좋다 38.8% (3) 다른 나라와 별로 다를
게 없다 42.2% (4) 나쁘다 12.6% (5) 매우 나쁘다 2.4%이며, 일본인에
대해서는 (1) 매우 좋다 1.5% (2) 좋다 29.6% (3) 다른 나라와 다르지
않다 57.0% (4) 나쁘다 10.2% (5) 매우 나쁘다 0.7%이었다. 이 결과로
보면, 전체적으로는 일본에 대해서는 비교적 좋은 이미지를 가지고
있는 학생이 많지만 일본인에 대해서는 다른 나라 사람과 별로 다르지
않다고 답한 학생이 많았음 알 수 있다. 이러한 결과로부터 일본어를
학습하기 위한 사회적, 심리적 환경은 나쁘지 않다고 말할 수 있다.
　다음으로, 일본 방문경험의 유무와 일본, 일본인에 대한 이미지에
관하여 조사하였다. 그 결과, 일본에 가본 경험이 있다고 답한 학생은
없다고 답한 학생에 비해 일본 및 일본인에 대하여, 좋은 이미지를
가지고 있다는 것을 알았다. 또한 전공에 따라서도 이미지 차이를 보였
다. 일본학과, 일어일문학과 학생은 다른 학생에 비해 일본, 일본인에
대해 좋은 이미지를 가지고 있음이 밝혀졌다. 이것은 전공분야이기
때문에 좋은 이미지를 가지고 있는 것인지, 좋은 이미지가 있기 때문에
전공하고 있는 것인지는 명확하지 않다. 어쩌면 상호 작용하고 있는
것으로 생각할 수 있으며, 어쨌든 좋은 이미지를 가지고 있다는 것은
확실한 것 같다. 그리고 현재 일본어를 학습하고 있는지 여부에 따라서
도 일본 및 일본인에 대한 이미지가 다르다는 것을 알았다. 일본어를
학습하고 있는 학생은 학습하고 있지 않는 학생에 비해 일본, 일본인에

대해서도 좋은 이미지를 가지고 있으며, 학습기간이 길어지면 이미지 가 좋아지는 경향이 있다는 것도 밝혀졌다. 그러나 학습시기와 이미지 와는 그다지 관계가 없는 것 같다. 그리고 이들 이미지를 형성하는 것과 영향을 주는 요인에 대해서도 조사해 보았다. 그 결과, 애니메이 션이나 과거의 한일관계 등의 영향이 크다는 것은 알았으나, 이번 조사 에서는 이 요인이 플러스 이미지를 형성하고 있는지, 아니면 마이너스 이미지를 형성하는 요인이 되고 있는지에 대해서는 밝힐 수 없었다.

마지막으로 일본어에 대한 이미지에 관한 조사도 행하였다. 그 결과, 전체적으로는 좋아한다고 답한 학생이 48.1%, 싫어한다고 답한 학생이 9.7%, 어느 쪽도 아니다라고 답한 학생이 41.5%이었다. 이 결과에서 보면, 좋아한다고 답한 학생이 싫어한다고 답한 학생보다 상당히 많음 을 알 수 있다. 앞서, 언어를 학습할 때에는 그 언어가 가지고 있는 이미지도 학습의욕, 학습효과에 영향을 준다고 기술한 바 있으나, 이번 조사의 결과, 학생들은 일본, 일본인, 일본어에 대해 전체적으로는 비 교적 좋은 이미지를 가지고 있다는 것을 알았다. 특히, 일본어 학습을 하고 있는 학생들은 그렇지 않은 학생에 비해, 일본에 가본 경험이 있는 학생은 그렇지 않은 학생보다, 좋은 이미지를 가지고 있다는 것이 밝혀졌으며, 예전에 걱정되었던 것 같은 일본어 학습에 장해가 될 만 한 나쁜 이미지는 가지고 있지 않다고 생각된다. 따라서 학습의욕도 충분히 있으며, 예전의 일본어 학습자들이 가지고 있었던 것 같은 일본 어를 배우는 것에 대한 「꺼림칙함」과 같은 것은 느껴지지 않는 시대가 되었다고 말할 수 있을 것 같다. 앞으로는 학습자들이 보다 의욕적으로 보다 효과적으로 학습할 수 있는 교재, 교수법 등의 새로운 개발이 기대된다.

▌参考文献

金永佑(1977)「韓国における日本語教育の現状と問題点」『日本語教育』32 日本語教育学会

稲葉継雄(1986)「韓国における日本語教育の歴史」『日本語教育』60 日本語教育学会

任栄哲(1989)「日本語は韓国人にどう評価されているか」『月刊言語』大修館書店

生越直樹(1991)「韓国における日本語教育概観」『講座日本語と日本語教育』第16巻 明治書院

齊藤明美(1994)「日本語教育の歴史と大学生の意識」『論集』22 駒澤大学大学院国文学会

齊藤明美(1996)「日本語学習者の意識調査研究」『人文学研究』2・3集 翰林大学校人文研究所
　　　　(原文は韓国語)

齊藤明美(1999)「日本語学習者に対する基礎調査」『人文学研究』第6集 翰林大学校人文学研究
　　　　所(原文は韓国語)

篠原信行(2000)「台湾の高等教育機関における日本語学習者の背景と学習環境」『日本言語文芸
　　　　研究』第1号 台湾日本言語文芸研究学会

齊藤明美

제4장

한국에 있어서 일본어 학습과 일본, 일본어에 대한 이미지 형성

─ 대만조사와 비교를 중심으로 ─

1. 서론

한국의 일본어교육 현황에 대해서는 지금까지 이미 많은 연구, 보고가 이루어 졌다. 또한 대만의 일본어교육에 대해서도 많은 논문이 발표되었으나 한국과 대만의 일본어교육에 대해 조사하여 대조적으로 비교한 연구는 별로 없었다고 생각된다. 그리고 한국에서의 일본에 대한 이미지, 또는 대만에서의 일본에 대한 이미지 조사는 지금까지 다양한 형태로 이루어졌으나, 일본어 학습 경험과 일본, 일본어의 이미지에 대해 연구된 것은 별로 없었다. 또한, 같은 일본어를 학습한다고 하더라도 모어나 각각의 나라 사정이 다르면 학습 동기나 학습 방법이 다를 경우가 있다. 그래서 각각의 나라에 있어서 학습자의 현황을 정확하게 파악하여, 앞으로의 일본어교육에 참고할 필요가 있다고 생각한다.

본 장에서는 한국과 대만에서 행한 앙케트 조사 결과를 바탕으로
한국과 대만에 있어서 일본어 학습의 현황을 보고하는 것과 함께 양국
의 일본, 일본어에 대한 이미지와 일본에 대한 이미지 형성에 영향을
준 요인에 대해 기술하고자 한다.

2. 조사의 개요

2.1 조사대상과 방법

한국에서의 앙케트 조사는 2003년 5월 강원도 소재 A대학교 학생
232명과 서울 소재 B대학교 학생 180명을 대상으로 하였다. 일본어
학습과 일본·일본어와의 관계를 고려하여, 일본어 관련학과 학생 139
명, 교양일본어 수강생 141명, 이공계 학생 132명의 3개 그룹에 대하여
조사하였다[1].

대만조사는 篠原信行 교수가 2003년 5월부터 6월에 걸쳐, 대만 북부
소재 대학교 2곳, 남부 소재 대학교 1곳에서 행하였으며, 학생 수는
474명, 현재 일본어를 학습하고 있는 학생 297명, 예전에 일본어를 학
습하였으나 현재는 학습하고 있지 않는 학생 58명, 학습 경험이 없는
학생 119명이다. 이곳에서도 일문계 학생과 일본어를 학습하고 있는
일문계 이외의 학생, 이공계 학생 3개 그룹에 대하여 조사하였다. 한편,
일본어 학습에 관한 앙케트 조사 대상은 1년 이상 일본어를 학습한
경험이 있는 학생으로 한정하였다. 그 이유는 어느 정도 일본어 기초를

---

1) 조사 방법은 무기명으로, 수업 시간에 조사표를 배포하고, 그 자리에서 응답하
게 하여 회수하였다. 대만조사도 같은 방법으로 행하였다.

이해한 후 답하는 편이 확실한 결과를 얻을 수 있다고 생각했기 때문
이다.

2.2 조사내용

조사표는 페이스 시트, 일본, 일본인, 일본어에 대한 이미지에 관한
질문, 일본어 학습에 대한 질문으로 되어있다.

3. 한국과 대만의 일본어 학습에 대하여

3.1 학습 동기

먼저 한국과 대만의 일본어 학습자의 학습 동기에 대하여 조사하였다.
(*질문 항목은 한국에서 사용한 질문지의 일본어판으로, 대만과 약
간 다른 경우가 있다.)

○ 왜 일본어를 배우고 있습니까? (복수선택 가능)
　　a. 일본에 대해서 알고 싶어서 b. 다른 외국어 보다 재미있을 것
　　같아서 c. 쉬울 것 같아서 d. 일본·일본인·일본문화에 흥미가
　　있어서 e. 일본어가 지정되어 선택의 여지가 없어서 f. 매스컴의
　　영향을 받아서 g. 친구의 영향을 받아서 h. 부모의 영향을 받아서
　　i. 일본의 영화·TV 방송에 흥미가 있어서 j. 일본의 만화·애니
　　메이션에 흥미가 있어서 k. 일본어 문헌자료를 읽기 위해서 l. 일
　　본에 가기 위해서 m. 학점을 취득하기 위해서 n. 취직을 위해서
　　o. 유학을 가기 위해서 p. 기타

한국과 대만 대학생의 학습 동기를 1위부터 10위까지 〈표 1〉 〈그림
1〉에 나타냈다. 이것을 보면 한국의 일본어 학습자의 학습 동기와 대만
의 학습 동기 1위가 「일본, 일본인, 일본문화에 흥미가 있어서」로 동일
하다는 것을 알 수 있다. 그리고 「일본의 만화·애니메이션에 흥미가
있어서」「일본의 영화, TV 방송에 흥미가 있어서」「일본에 대해서 알
고 싶어서」「학점을 취득하기 위해서」 등도 양국에서 상위에 위치하고
있다는 것을 알 수 있다. 그러나 대만 쪽이 전체적으로 퍼센트 수치가
높다는 것은 흥미롭다.

〈표 1〉 한국과 대만의 일본어 학습 동기

순위	일본어 학습 동기	한국(%)	대만(%)
1	일본, 일본인, 일본문화에 흥미가 있어서	50.5	62.7
2	일본의 만화·애니매이션에 흥미가 있어서	42.0	49.2
3	학점을 취득하기 위해서	41.6	38.3
4	일본에 대해서 알고 싶어서	40.5	37.9
5	일본의 영화, TV 방송에 흥미가 있어서	34.2	62.1
6	취직을 위해서	29.4	35.4
7	다른 외국어보다 재미있을 것 같아서	29.0	42.8
8	쉬울 것 같아서	24.9	24.4
9	일본에 가기 위해서	23.0	35.4
10	일본어가 지정되어 선택의 여지가 없어서	19.9	36.0
11	유학을 가기 위해서	9.5	18.3
12	친구의 영향을 받아서	9.5	13.2
13	일본어 문헌자료를 읽기 위해서	8.5	11.3
14	매스컴의 영향을 받아서	8.2	36.7
15	부모의 영향을 받아서	5.4	9.3
16	기타	5.0	

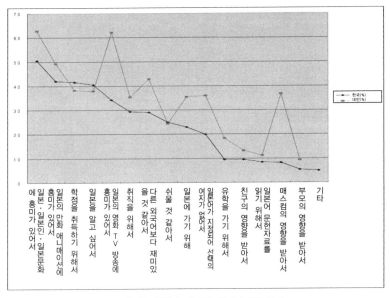

〈그림 1〉 한국과 대만의 일본어 학습동기

篠原(2004)에 의하면 「대만의 대학 레벨에서 일본어 학습자의 학습 동기로는 일본에 대한 흥미가 가장 큰 동기이다는 것, 그리고 그 학습 동기는 최근 몇 년간을 보면 특히 큰 변화는 보이지 않는다는 것을 지적할 수 있다」고 한다. 또한, 齊藤明美(2004b)는 「일본문화, 만화, 애니메이션, 영화, 텔레비전 등에 대한 흥미가 일본어 학습 동기가 되고 있다는 것은 정확히 일본문화 개방 시기에 딱 맞는 응답이라고도 말할 수 있다」고 한다. 한편, 齊藤明美(1999)에서도 학습동기 1위는 「일본이나 일본문화에 관심이 있다」이며, 한국과 대만의 학습 동기가 비슷하다고 말할 수 있겠다.

3.2 일본어 학습자에게 어려운 것은 무엇인가

3.2.1 한국과 대만의 일본어 학습자에게 어려운 것
여기에서는 한국과 대만의 일본어 학습자가 어렵다고 생각하는 것
에 대해 질문하였다.
　○ 일본에서 어렵다고 생각하는 것은 다음 중 어느 것입니까?
　（복수 선택가능）
　　a. 회화　　b. 청해　　c. 독해　　d. 작문　　e. 기타

조사 결과는 〈표 2〉〈그림 2〉과 같다.

〈표 2〉 한국과 대만의 일본어 학습자에게 어려운 것

	한국(%)	대만(%)
회화	42.1	42.7
청해	50.8	59.2
독해	21.3	24.4
작문	47.6	65.2

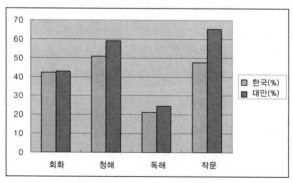

〈그림 2〉 한국과 대만의 일본어 학습자에게 어려운 것

조사 결과를 보면, 한국 학생은 청해, 작문, 회화, 독해 순으로 어렵다고 느끼며, 대만 학생은 작문, 청해, 회화, 독해 순으로 어렵다고 느끼고 있어, 한국과 대만의 학습자 사이에 작문과 청해 순서가 뒤바뀌어 있다는 것을 알 수 있다. 이것은 대만 학생들은 모어와 문법체계가 다른 일본어 작문을 무엇보다도 어렵게 느끼며, 한국 학생은 일본어와 한국어는 유사점도 많으므로, 작문보다 청해 쪽이 어렵게 느껴지는 것이라고 생각된다.

다음으로 구체적인 항목을 들어, 좀 더 자세하게 질문해 보았다.
○ 일본어를 배울 때 어려운 것은 무엇입니까?(복수 선택가능)
　　a. 한자 b. 발음 · 악센트 c. 히라가나 · 가타카나 d. 단어 e. 조동사 f. 시제 g. 조사 h. 외래어 i. 동사 활용 j. 경어 k. 수수동사 l. 일본어다운 표현 m. 수동태 n. 인포멀한 회화 o. 기타

조사 결과는 〈표 3〉 〈그림 3〉 과 같다.
여기에서는 한국과 대만에서의 수치에 큰 차를 보인 항목을 정리하였다.

〈표 3〉 한국과 대만의 일본어 학습자에게 어려운 것

순위	어려운 것	한국(%)	대만(%)
1	한자	68.3	4.8
2	일본어다운 표현	52.4	53.5
3	경어	33.5	37.3
4	동사의 활용	25.4	49.4
5	인포멀한 회화	25.4	37.3
6	발음 · 엑센트	24.8	32.2

7	단어	22.9	17.8
8	수동태	18.5	31.5
9	외래어	18.5	27.1
10	수수동사	14.7	31.5
11	시제	10.7	31.8
12	조동사	9.7	37.6
13	조사	9.4	45.5
14	하라가나 · 가타카나	8.2	7.0

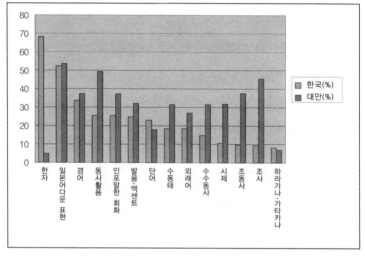

〈표 3〉 한국과 대만의 일본어 학습자에게 어려운 것

〈표 3〉〈그림 3〉은 한국 학생이 어렵다고 느끼는 항목 순으로 나열한 것이나, 한국 학습자가 가장 어렵다고 답한 한자는 대만 학습자는 가장 쉽게 느껴지며, 한국 학생이 쉽게 느끼는 조사나 조동사가 대만 학생에게는 어렵게 느껴진다는 것을 알 수 있다. 이러한 결과는 역시 목표언어와 모어와의 관계에 의한 것이 아닐까라고 생각된다. 한국어에는 일본어 조사, 조동사에 해당하는 말이 있으나, 중국어에는 없기

때문이다. 그리고 한국 학생이 한자를 어렵다고 느끼는 것은 한국의 한자는 일본의 한자와 같이 음독과 훈독으로 따로 읽을 필요가 없기 때문이라고 생각된다.

3.2.2 일본어는 영어와 비교하여 어려운 언어인가

다음으로 일본어는 영어와 비교하여 어떤 언어라고 생각하고 있는지 질문하였다.

○영어와 비교하여 일본어는 어떠한 언어라고 생각합니까?
　a. 영어보다 어렵다.　b. 영어와 비교해서 별로 다를 것이 없다. 어렵지도 쉽지도 않다. c.영어보다 쉽다

조사 결과는 〈표 4〉〈그림 4〉과 같다.

〈표 4〉 영어와 비교하여 일본어는 어려운가

	한국(%)	대만(%)
영어보다 어렵다	10.4	37.9
영어와 다르지 않다	36.4	43.0
영어보다 쉽다	53.6	19.1

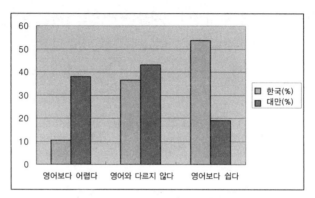

〈그림 4〉 영어와 비교하여 일본어는 어려운가

조사 결과를 보면, 한국 학습자는 일본어는 영어보다 쉽다고 느끼고 있는 학생이 많으며, 대만 학습자는 영어와 다르지 않다고 답하고 있는 학생이 많다는 것을 알 수 있다. 여기에서는 이유를 묻지 않았으므로 왜, 이런 결과가 나왔는지 알 수 없으나, 목표언어와 모어와의 관계가 난이도 결정에 영향을 미치고 있을 가능성도 있을 것으로 생각된다.

3.3 한국과 대만의 일본어 학습자의 현재 일본어 레벨과 도달 목표
한국과 대만의 일본어 학습자에게 현재 일본어능력과 장래 목표 레벨에 대해 질문하였다.

조사 결과는 회화 〈표 5〉〈그림 5〉〈표 6〉〈그림 6〉, 청해 〈표 7〉〈그림 7〉〈표 8〉〈그림 8〉, 독해 〈표 9〉〈그림 9〉〈표 10〉〈그림 10〉, 작문 〈표 11〉〈그림 11〉〈표 12〉〈그림 12〉와 같다.

3.3.1 회화

○ 현재, 자신의 일본어능력은 어느 정도라고 생각합니까?

또 앞으로 일본어를 어느 정도 할 수 있으면 만족합니까?

* 일본어 회화에 대해서

　　a. 잘 할 수 있다 (전문적인 토론이 가능)

　　b. 할 수 있다 (일본에서 혼자서 여행이 가능)

　　c. 조금 할 수 있다 (일본어로 쇼핑이 가능)

　　d. 거의 할 수 없다

〈표 5〉 현재 레벨과 목표 레벨 (회화·한국)

	현재 레벨(%)	목표 레벨(%)
잘 할 수 있다	2.3	56.4
할 수 있다	18.1	40.6
조금 할 수 있다	40.5	2.6
거의 할 수 없다	39.2	0.3

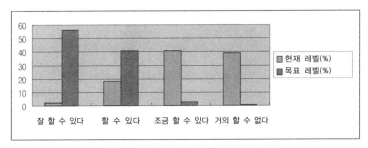

〈그림 5〉 현재 레벨과 목표 레벨 (회화·한국)

〈표 6〉 현재 레벨과 목표 레벨 (회화·대만)

	현재 레벨(%)	목표 레벨(%)
잘 할 수 있다	0	35.8
할 수 있다	4.7	58.4
조금 할 수 있다	56.8	5.8
거의 할 수 없다	38.5	0

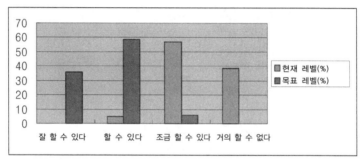

〈그림 6〉 현재 레벨과 목표 레벨 (회화·대만)

조사 결과를 보면, 회화능력은 한국과 대만의 학습자는 「조금 할 수 있다」고 생각하고 있는 사람이 가장 많고, 이어 「거의 할 수 없다」 「할 수 있다」 「잘 할 수 있다」 순으로 되어있다. 그러나 장래의 목표 레벨을 보면 한국 학습자의 다수가 「잘 할 수 있다」고 답하고 있는 것에 비해, 대만 학습자는 「할 수 있다」를 선택하고 있는 사람이 많다. 이러한 결과로 부터, 한국 학습자 쪽이 대만 학습자에 비해 장래 목표 레벨이 높음을 알 수 있다.

3.3.2 청해

○ 현재, 자신의 일본어 능력을 어느 정도라고 생각합니까?

또 앞으로 일본어를 어느 정도 할 수 있으면 만족합니까?

*일본어 듣기에 대해서

a. 잘 할 수 있다 (TV를 보거나, 라디오를 들을 때, 내용을 충분히 이해 할 수 있는 정도)

b. 할 수 있다 (TV 드라마에서 말하는 내용을 대부분 이해한다)

c. 조금 할 수 있다 (TV 드라마의 내용을 조금 이해할 수 있다)

d. 거의 할 수 없다.

〈표 7〉 현재 레벨과 목표 레벨 (청해·한국)

	현재 레벨(%)	목표 레벨(%)
잘 할 수 있다	3.9	70.6
할 수 있다	15.2	24.1
조금 할 수 있다	34.6	4.6
거의 할 수 없다	46.3	0.7

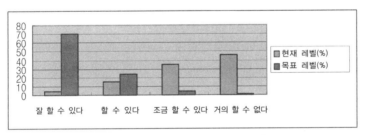

〈그림 7〉 현재 레벨과 목표 레벨 (청해·한국)

〈표 8〉 현재 레벨과 목표 레벨 (청해·대만)

	현재 레벨(%)	목표 레벨(%)
잘 할 수 있다	0.4	66.3
할 수 있다	8.2	30.8
조금 할 수 있다	61.3	2.5
거의 할 수 없다	30.1	0.4

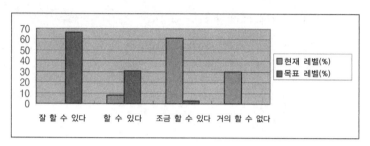

〈그림 8〉 현재 레벨과 목표 레벨 (청해·대만)

조사 결과를 보면 현재 레벨에 있어서 한국 학습자는 「거의 할 수 없다」고 답한 사람이 많았으나, 대만 학습자는 「조금 할 수 있다」고 답한 사람이 가장 많았다. 그리고 목표 레벨을 보면 한국과 대만에 있어서 「잘 할 수 있다」를 선택한 사람이 가장 많았으나, 대만 학습자가 66.3%이었던 것에 비해, 한국 학습자는 70.6%로, 한국 학습자 쪽이 목표 레벨이 높은 사람이 많다는 것을 알 수 있다.

3.3.3 독해

○ 현재, 자신의 일본어 능력은 어느 정도라고 생각합니까?

또 앞으로 일본어를 어느 정도 할 수 있으면 만족합니까?

*일본어 독해에 대해서

a. 잘 할 수 있다 (사전을 찾지 않고 소설을 읽을 수 있다)

b. 할 수 있다 (사전을 찾지 않고 신문을 읽을 수 있다)

c. 조금 할 수 있다 (사전을 찾으면서 신문을 읽을 수 있다)

d. 거의 할 수 없다

〈표 9〉 현재 레벨과 목표 레벨 (독해·한국)

	현재 레벨(%)	목표 레벨(%)
잘 할 수 있다	1.6	67.5
할 수 있다	11.0	26.5
조금 할 수 있다	52.1	5.3
거의 할 수 없다	35.3	0.7

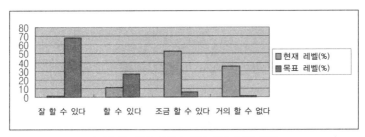

〈그림 9〉 현재 레벨과 목표 레벨 (독해·한국)

〈표 10〉 현재 레벨과 목표 레벨 (독해·대만)

	현재 레벨 (%)	목표 레벨(%)
잘 할 수 있다	0.4	55.8
할 수 있다	3.6	35.0
조금 할 수 있다	54.3	8.8
거의 할 수 없다	41.7	0.4

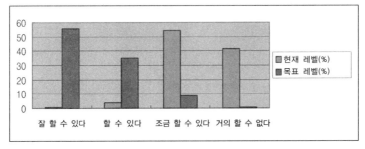

〈그림 10〉 현재 레벨과 목표 레벨 (독해·대만)

조사 결과를 보면 독해의 현재 레벨에서는 한국과 대만의 학습자 모두 「조금 할 수 있다」고 답한 사람이 가장 많으며, 장래의 목표 레벨에서는 「잘 할 수 있다」를 선택한 사람이 많았으나, 퍼센트를 보면 한국이 67.5%인데, 대만은 55.8%이었다. 독해도 역시, 한국 학습자가 대만 학습자에 비해 목표 레벨이 높은 학생이 많다고 말할 수 있다.

3.3.4 작문

○ 현재, 자신의 일본어 능력은 어느 정도라고 생각합니까?
   또 앞으로 일본어를 어느 정도 할 수 있으면 만족합니까?
   * 일본어 작문에 대해서
   a. 잘 할 수 있다 (리포트를 쓸 수 있다)
   b. 할 수 있다 (메일을 쓸 수 있다)
   c. 조금 할 수 있다 (간단한 메모를 쓸 수 있다)
   d. 거의 할 수 없다

〈표 11〉 현재 레벨과 목표 레벨 (작문·한국)

	현재 레벨(%)	목표 레벨(%)
잘 할 수 있다	5.2	62.7
할 수 있다	20.4	33.0
조금 할 수 있다	41.4	4.0
거의 할 수 없다	33.0	0.3

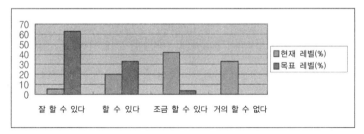

〈그림 11〉 현재 레벨과 목표 레벨 (작문·한국)

〈표 12〉 현재 레벨과 목표 레벨 (작문·대만)

	현재 레벨(%)	목표 레벨(%)
잘 할 수 있다	0	53.1
할 수 있다	9.7	36.4
조금 할 수 있다	39.4	10.2
거의 할 수 없다	50.9	0.4

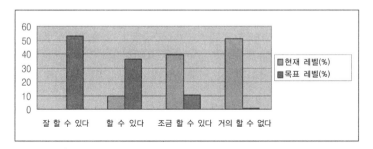

〈그림 12〉 현재 레벨과 목표 레벨 (작문·대만)

　조사 결과를 보면 한국 학습자의 현재 레벨에 관한 응답 중에서 가장 많았던 것은 「조금 할 수 있다」이었으나, 대만에서는 「거의 할 수 없다」이었다. 그리고 장래의 목표 레벨은 한국과 대만 모두 「잘 할 수 있다」를 선택한 학습자가 많았으나, 한국이 62.7% 인데, 대만은 53.1%로, 한국 학습자 쪽이 목표 레벨이 높은 사람이 많다는 것을 알 수 있다.

이상의 결과로 부터, 회화, 청해, 독해, 작문, 모든 항목에 있어서 한국 학생이 대만 학생보다 장래의 목표 레벨을 높게 설정하고 있음이 밝혀졌다.

3.4 일본어 학습의 장래성

여기서는 일본어를 학습하여 장래 도움이 될 것인지 여부를 질문 하였다.

○ 일본어를 공부하여 장래 도움이 될 것이라 생각합니까?

　1.예 2. 아니요 3.기타

조사 결과는 〈표 13〉 〈그림 13〉 와 같다.

〈표 13〉 일본어는 장래 도움이 되는가

	한국(%)	대만(%)
예	86.9	89.6
아니요	8.0	5.3
기타	5.1	5.1

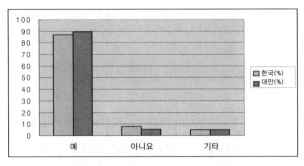

〈그림 13〉 일본어는 장래 도움이 되는가

조사 결과를 보면, 한국과 대만 학생 모두 일본어가 장래 유용하다고
생각하고 있음을 알 수 있다

다음으로 구체적으로 어떻게 도움이 된다고 생각하는지 질문하였다.

○ 1.을 선택한 사람 →구체적으로 어떤 점이 도움이 될 것이라 생각
   합니까?(복수 선택가능)
   1. 직업상 2. 취직 3. 관광 4. 현재 일본 상황을 알기 위해 5. 일
   본인과의 커뮤니케이션 6. 전문적 기술·정보의 수용 7. 승진
   8. 기타
조사 결과는 〈표 14〉〈그림 14〉와 같다.

〈표 14〉 일본어는 장래 도움이 되는가

	한국 (%)	대만 (%)
취직 시	50.1	30.0
직업상	49.0	78.7
일본인과의 커뮤니케이션	48.2	67.8
전문 기술·정보의 수용	43.7	48.7
관광	37.5	22.2
승진	11.0	25.2
현재 일본 상황을 알기 위해	10.1	28.4
기타	3.9	

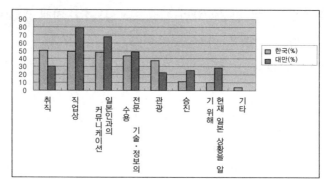

〈그림 14〉 일본어는 장래 도움이 되는가

조사 결과를 보면 한국에서는 취직, 직업상, 일본인과의 커뮤니케이션 순으로 많으며, 대만에서는 직업상, 일본인과의 커뮤니케이션, 전문 기술·정보의 수용 순으로 많음을 알 수 있다.

4. 일본·일본어에 대한 이미지

4.1 한국과 대만의 일본에 대한 이미지

다음으로 일본에 대한 이미지에 대해 질문하였다.

○ 당신은 일본에 대하여 어떤 이미지를 갖고 있습니까?
　　a.매우 좋다　b.좋다　c.다른 나라와 별로 다를 게 없다.
　　d.나쁘다　e.매우 나쁘다
조사 결과는 〈표 15〉 〈그림 15〉와 같다.

〈표 15〉 한국과 대만의 일본에 대한 이미지

	한국 (%)	대만 (%)
매우 좋다	3.6	19.0
좋다	38.9	64.2
다른 나라와 별로 다를 게 없다	42.3	9.3
나쁘다	12.7	6.5
매우 나쁘다	2.4	1.1

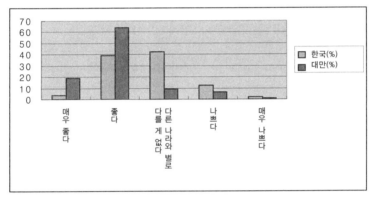

〈그림 15〉 한국과 대만의 일본에 대한이미지

조사 결과를 보면 한국보다 대만 대학생 쪽이 일본에 대하여 좋은 이미지를 가지고 있는 사람이 많다는 것을 알 수 있다. 한국에서는 「매우 좋다」와 「좋다」의 합계가 42.5%인데, 대만에서는 83.2%로 큰 차이가 있다. 그리고 한국에서는 「다른 나라와 별로 다를 게 없다」가 42.3%이며 대만은 9.3%이었다.

4.2 전공분야와 일본에 대한 이미지

한국과 대만 학생의 전공분야와 일본에 대한 이미지 조사 결과는 〈표 16〉 〈표 17〉과 같다.

〈표 16〉전공분야와 일본에 대한 이미지 (한국)

(%)

	일본어 관련학과	교양일본어 이수자	이공계 학생
매우 좋다	2.9	4.3	3.8
좋다	59.7	36.9	19.1
다른 나라와 별로 다를 게 없다	34.5	37.6	55.7
나쁘다	2.2	19.1	16.8
매우 나쁘다	0.7	2.1	4.6

〈표 17〉 전공분야와 일본에 대한 이미지 (대만)

(%)

	일본어 학습자	과거에 학습한 학생	비학습자
매우 좋다	24.9	17.9	5.9
좋다	64.3	66.7	62.2
다른 나라와 별로 다를 게 없다	5.1	10.3	18.5
나쁘다	5.4	5.1	10.1
매우 나쁘다	0.3	0	3.4

　　조사 결과를 보면 한국과 대만 모두 전공분야에 따라, 혹은 일본어 학습자인지, 비학습자인지에 따라 이미지가 다르다는 것을 알 수 있다. 한국의 경우는 일본어 관련학과, 교양일본어 이수자, 이공계 학생 순으로 좋은 이미지를 가지고 있으며, 일본어 학습자는 비학습자와 비교하여 좋은 이미지를 가지고 있다고 말할 수 있다. 또 대만에 있어서는 현재 일본어를 학습하고 있는 학생의 89.2%가 일본에 대해서 좋은 이미지를 가지고 있다는 것을 알 수 있다. 또한, 예전에 일본어를 학습한 경험이 있는 학생의 84.6%가 좋은 이미지를 가지고 있으며, 비학습자의 68.1%와 비교하여 높은 수치를 보이고 있다는 것을 알 수 있다. 그러나 대만의 수치는 한국에 비해 상당히 높다. 한국에 있어서 가장 좋은 이미지를 가지고 있다고 생각되는 일본어 관련학과의 「매우 좋다」

와 「좋다」를 합한 수치는 62.6%로, 대만의 비학습자 수치보다 낮다는 것을 알 수 있다.

4.3 일본에 대한 이미지 형성의 요인

다음으로 한국과 대만의 학생이 가지고 있는 일본에 대한 이미지 형성에 영향을 준 요인에 대해 기술하고자 한다.

○ 당신의 일본에 대한 이미지 형성에 아래의 항목이 각각 어느 정도의 영향을 주고 있습니까?(각 문항마다 a, b, c, d 중 하나를 고르시오)
1. 과거의 한일관계 2. 일본의 전통문화 3. 일본영화·애니메이션 4.일본의 유행 5. 일본인 관광객 6. 신문 보도 7. 고등학교까지의 교육 8. 일본의 TV 프로그램 9. 현재의 일본 경제 10. 한국과 일본의 무역관계 11. 일본 가수·탤런트 12. 일본인 일본어교사 13. 한국인 일본어교사 14. 일본 제품 15. 양국 간의 영토문제 16. 현재의 일본 정책 17. 일본의 기업 활동 18. 일본인 유학생 19. 월드컵 20. 대중문화 21.재일한국인

조사 결과는 〈표 18〉 〈그림 16〉과 같으나, 여기에서는 한국에서의 질문 항목을 기준으로 하여, 대만과의 공통 항목에 대해서 기술한다. 대만의 질문 용지에는 「대중문화 개방」 「월드컵」 「재일한국인」 항목은 없다. 그 대신, 19 「일본에 갔을 때 경험(16.1%)」 20 「일본의 대학, 대학생과의 교류(9.0%)」 21 「과거의 일대관계(14.5%)」에 대해 질문하고 있다.

〈표 18〉 일본의 이미지 형성 요인

순위	영향을 준 요인	한국(%)	대만(%)
1	일본 영화(만화)·애니매이션	50.1	52.8
2	일본 제품	42.1	51.4
3	과거의 한일(일대)관계	40.8	22.0
4	양국 간의 영토문제	39.7	13.0
5	대중문화 개방	36.4	0
6	월드컵	28.6	0
7	일본 가수·탤런트	23.3	40.5
8	일본의 유행	22.6	40.5
9	일본 TV 프로그램	20.1	46.7
10	고등학교까지의 교육	17.5	5.1
11	현재의 일본 경제	17.0	11.7
12	현재의 일본 정책	16.3	6.2
13	한일(일대) 간의 무역관계	14.6	10.7
14	신문(뉴스) 보도	14.4	8.5
15	한국인(중화민국적) 일본어교사	13.1	16.3
16	일본인 일본어교사	12.4	16.5
17	일본의 기업 활동	12.2	7.7
18	일본의 전통문화	11.2	24.5
19	재일한국인	10.3	0
20	일본인 유학생	7.3	9.0
21	일본인 관광객	6.6	8.2

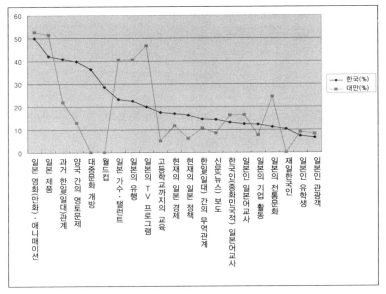

<그림 16> 일본의 이미지 형성 요인

조사 결과를 보면, 1위와 2위는 매우 비슷하나, 대만의 3위에 「일본의 TV 프로그램」이 있는 것이 주목할 만하다. 앞서 말한 바와 같이 대만에서는 일본의 TV 프로그램을 많이 방송하고 있으므로 이러한 결과가 나왔다고 생각된다. 그리고 한국에서는 「과거의 한일관계」나 「양국 간의 영토문제」가 이미지 형성에 큰 영향을 주고 있는 것에 비해, 대만에서는 「과거의 일대관계」가 그다지 영향을 주고 있지 않다는 것은 커다란 차이이다. 또한, 한국의 「대중문화 개방」, 「월드컵」과 같은 2003년 시점에서는 새로운 요인의 출현도 주목할 만하다.

4.4 일본어에 대한 이미지

한국과 대만의 학습자에게 일본어에 대한 이미지에 대해 질문해 보았다.

○ 당신은 일본어에 대해서 어떠한 이미지를 갖고 있습니까?

(각 문항마다 하나를 고르시오)

(1) 거칠다 · 정중하다 · 어느 쪽도 아니다 (2) 지저분하다 · 품위 있다 · 어느 쪽도 아니다 (3) 난폭하다 · 온화하다 · 어느 쪽도 아니다 (4) 싫어한다 · 좋아한다 · 어느 쪽도 아니다 (5) 답답하다 · 경쾌하다 · 어느 쪽도 아니다 (6) 알아 듣기 어렵다 · 알아 듣기 쉽다 · 어느 쪽도 아니다 (7) 비능률적이다 · 능률적이다 · 어느 쪽도 아니다 (8) 장황하다 · 산뜻하다 · 어느 쪽도 아니다 (9) 느리다 · 빠르다 · 어느 쪽도 아니다 (10) 딱딱하다 · 부드럽다 · 어느 쪽도 아니다 (11) 어렵다 · 쉽다 · 어느 쪽도 아니다

조사 결과는 〈표 19〉〈그림 17〉〈그림 18〉〈그림 19〉〈그림 20〉〈그림 21〉〈그림 22〉〈그림 23〉〈그림 24〉〈그림 25〉〈그림 26〉〈그림 27〉과 같다.

〈표 19〉 한국과 대만의 일본어에 대한 이미지

		한국(%)	대만(%)
1	거칠다	7.3	3.0
	정중하다	48.7	78.4
	어느 쪽도 아니다	44.0	18.6
2	지저분하다	7.8	3.8
	품위 있다	14.8	59.8

	어느 쪽도 아니다	77.4	36.3
3	난폭하다	6.8	3.6
	온화하다	36.2	70.4
	어느 쪽도 아니다	57.0	26.0
4	싫어한다	9.8	10.0
	좋아한다	48.4	60.6
	어느 쪽도 아니다	41.8	29.4
5	답답하다	22.3	21.5
	경쾌하다	28.9	41.2
	어느 쪽도 아니다	48.8	37.3
6	알아듣기 어렵다	33.9	46.0
	알아듣기 쉽다	35.1	30.8
	어느 쪽도 아니다	31.0	23.0
7	비능률적이다	21.6	29.3
	능률적이다	25.3	34.9
	어느 쪽도 아니다	53.1	35.8
8	장황하다	13.5	46.6
	산뜻하다	31.6	27.1
	어느 쪽도 아니다	54.9	26.2
9	느리다	7.3	17.9
	빠르다	59.6	59.4
	어느 쪽도 아니다	33.1	22.6
10	딱딱하다	27.1	17.8
	부드럽다	32.7	48.2
	어느 쪽도 아니다	40.2	34.0
11	어렵다	34.5	45.0
	쉽다	27.9	14.9
	어느 쪽도 아니다	37.6	40.0

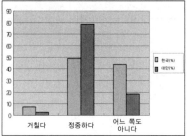

〈그림 17〉 거칠다·정중하다·어느 쪽도 아니다

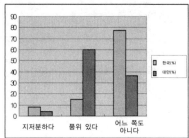

〈그림 18〉 지저분하다·품위 있다·어느 쪽도
아니다

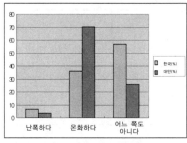

〈그림 19〉 난폭하다·온화하다·어느 쪽도
아니다

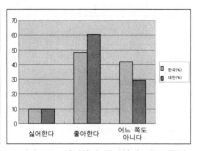

〈그림 20〉 싫어한다·좋아한다·어느 쪽도
아니다

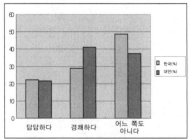

〈그림 21〉 답답하다·경쾌하다·어느 쪽도
아니다

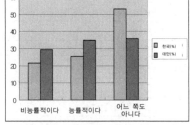

〈그림 22〉 비능률적이다·능률적이다·어느
쪽도 아니다

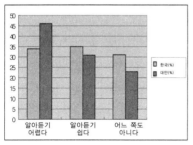

〈그림 23〉 알아듣기 어렵다·알아듣기
쉽다·어느 쪽도 아니다

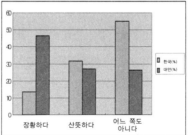

〈그림 24〉 장황하다·산뜻하다·어느 쪽도
아니다

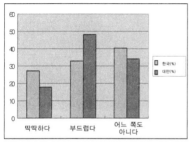

〈그림 25〉 딱딱하다·부드럽다·어느 쪽도
아니다

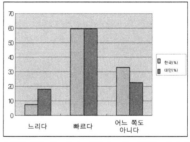

〈그림 26〉 느리다·빠르다·어느 쪽도 아니다

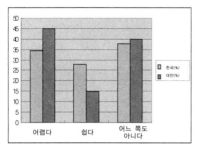

〈그림 27〉 어렵다·쉽다·어느 쪽도 아니다

조사 결과를 보면 항목에 따라 한국과 대만 학습자의 일본어에 대한 이미지는 다른 것 같다. 대만 대학생 쪽이 한국 대학생보다 큰 수치를 나타낸 항목은 「정중하다」「품위 있다」「온화하다」「좋아한다」「경쾌하다」「능률적이다」「부드럽다」이며, 한국 대학생이 대만 대학생보다 큰 수치를 나타낸 항목은 「알아듣기 쉽다」「산뜻하다」「쉽다」이다. 그리고 한국과 대만 대학생 모두 일본어는 「빠르다」고 느끼고 있는 것 같다.

5. 결론

본 장은 한국과 대만의 대학생을 대상으로 실시한 일본어 학습과 일본·일본어에 관한 이미지에 관한 앙케트 조사결과를 보고한 것이다. 먼저, 학습 동기에 대해 기술하였고, 이어 일본어 학습자에게 어려운 것은 무엇인가에 대해 언급하였으며, 다음으로 일본어는 영어와 비교하여 어려운 언어인가에 대해 질문하였다. 그리고 한국과 대만의 일본어 학습자의 현재 레벨과 도달 목표에 대해, 「회화」「청해」「독해」「작문」의 순으로 질문한 결과를 나타냈다.

다음으로 일본어 학습의 장래성, 대학졸업 후에 일본어를 사용하여 하고 싶은 것에 대해 질문하고, 마지막으로 일본어 학습자가 가지고 있는 일본과 일본어에 대한 이미지와 일본에 대한 이미지 형성에 영향을 준 요인에 대해 조사하였다.

그 결과, 학습 동기에 대해서는 양국의 사정에 따라 다른 점도 있으나, 어느 쪽도 「일본, 일본인, 일본문화에 흥미가 있다」는 답이 1위를 차지하고 있다는 것을 알았다. 또한 상위에 영화, 만화, 애니메이션 등의 대중문화가 있다는 점도 공통되고 있었다. 일본어 학습자에 있어서 어려운 학습항목에 대해서는 한국 학습자에게 어려운 「한자」가 중국 학습자에게는 가장 쉽다는 반대 결과가 나왔다. 그리고 한국에서는 일본어는 영어와 비교하여 쉽다고 답한 학생이 많았던 것에 비해, 대만에서는 영어와 다르지 않다고 답한 학생이 많아, 이는 모어 문법과 관련이 있다고 생각된다. 일본어 학습자의 장래 도달 목표 레벨에 관해서는 한국 쪽이 대만에 비해 목표 레벨이 높은 학생이 많다는 것이 밝혀졌다.

그리고 일본어 학습을 하여, 장래 도움이 될 것인가 여부를 질문한 결과, 한국에서는 취직할 때, 직업상, 일본인과의 커뮤니케이션, 순으로 많았으며, 대만에서는 작업상, 일본인과의 커뮤니케이션, 전문 기술·정보의 수용 순으로 많다는 것을 알았다. 또한, 일본에 대한 이미지에 대해서는, 한국에 비해 대만 쪽이, 좋은 이미지를 가지고 있는 사람이 많다는 결과를 얻었다. 그리고 이미지 형성에 영향을 준 큰 요인으로는 일본의 영화나 만화, 애니메이션, 일본 제품 등을 들 수 있다. 일본어에 대한 이미지에 대해서는 질문 항목마다 차이를 보였으나, 전체적으로는 대만 학생 쪽이 한국 학생보다 일본어에 대해도 좋은 이미지를 가지고 있다는 것이 밝혀졌다.

이번 조사를 통하여 이상과 같은 결과를 얻었으나, 이후 검토해야 할, 몇 가지 문제가 있다. 예를 들면, 이미지 형성에 영향을 준 요인의 항목으로 한국에서는 「일본 영화·애니메이션」이라고 한 것에 비해, 대만에서는 「일본 만화나 애니메이션」이라고 하고 있다는 것이다. 앞으로는 이와 같이 세세한 점을 통일해 감에 따라 보다 정확한 데이터를 얻을 수 있으리라고 생각된다.

　* 본고에서 나타낸 대만의 조사결과는 篠原信行 교수가 2003년에
　행한 조사 데이터에 기초를 둔 것이다.

▌参考文献

篠原信行(2003) 「台湾の大学生の日本と日本語に関する意識とそのイメージ形成に影響を与え
　　　　る要因について」『日本言語文芸研究』4 台湾日本語言文藝研究学会
篠原信行(2004) 「台湾の日本語学習者は日本語学習をどのように捉えているか」『日本言語文芸
　　　　研究』5 台湾日本語言文芸研究学会
生越直樹(2006) 「韓国に対するイメージ形成と韓国語学習」『言語·情報·テクスト』13 東京大学
　　　　大学院総合文化研究科 言語情報科学専攻
齊藤明美(1994) 「日本語教育の歴史と大学生の意識」『論輯』22 駒澤大学大学院国文学会
齊藤明美(1996) 「日本語学習の意識調査研究」『인문학 연구』2·3 한림대학교 인문학연구소(原文
　　　　は韓国語)
齊藤明美(1999) 「日本語学習者に対する基礎調査」『인문학 연구』6 한림대학교 인문학연구소(原
　　　　文は韓国語)
齊藤明美(2004a) 「韓国の大学生の日本、日本人、日本語に対する意識とイメージ形成に影響
　　　　を与える要因について」『日本語文学』21 韓国日本語文学会
齊藤明美(2004b) 「韓国における大学生の日本語学習の現状について」『인문학 연구』11 한림대
　　　　학교 인문학연구소
齊藤明美(2006) 「韓国と台湾における日本語学習の現状と日本に対するイメージについて」『日
　　　　本語教育研究』11 韓国日語教育学会

제5장

일본어 학습자와 한국어 학습자의 목표언어에 대한 이미지
― 한국과 일본의 학습자를 중심으로 ―

齊藤明美

1. 서론

한국에 있어서 일본어에 대한 이미지 연구는 오늘날까지 이루어지고 있다. 그러나 일본어 학습 경험의 유무와 일본어에 대한 이미지와의 관계에 대한 연구는 그다지 많지 않았다고 생각된다. 또한 일본에 있어서 한국어 학습 경험과 한국어에 대한 이미지와의 관계에 대해서도 그다지 언급되지 않았다고 생각된다. 따라서 본 장에서는 한국의 일본어 학습경험자와 비경험자 및 일본의 한국어 학습경험자와 비학습자 간의 일본어 혹은 한국어에 대한 이미지의 차이에 관한 앙케트 조사의 결과에 대해 기술한다. 한국어 학습자에 대해서는 生越直樹 교수가 2003년 일본에서 행한 조사 결과인『한국 및 한국어에 관한 앙케트 조사』를 사용하였다.

2. 조사의 개요

한국에서의 조사는 대학교에서 일본학과, 또는 일어일문학과에 소속되어 1년 이상 일본어를 학습하고 있는 학생(139명, 이하 일본어 관련 학과라 한다.)과 교양일본어 수업을 이수하고 있는 학생(141명) 및 이공계 학생(132명)을 대상으로 앙케트 조사를 하여 412명으로부터 응답을 얻었다. 덧붙이자면, 이공계 학생 중에는 일본어 학습 경험이 있다고 답한 학생(77명)과 일본어 학습 경험이 없다고 답한 학생(55명)이 있었다. 조사를 한 대학은 강원도 소재 A대학교와 서울 소재 B대학교 2곳이다. 그리고 일본조사는 生越直樹 교수가 2003년 10월부터 11월에 걸쳐 도쿄 소재 대학 및 도쿄 부근 소재 대학 몇 곳에서 조사하였으며, 한국어 학습자 211명과 비학습자 147명, 총 358명을 대상으로 하였다.

3. 조사내용과 방법

조사표는 일본어에 관해서는 ① 거칠다, 정중하다, 어느 쪽도 아니다 ② 지저분하다, 품위 있다, 어느 쪽도 아니다 ③ 난폭하다, 온화하다, 어느 쪽도 아니다 ④ 싫어한다, 좋아한다, 어느 쪽도 아니다 ⑤ 답답하다, 경쾌하다, 어느 쪽도 아니다 ⑥ 알아듣기 어렵다, 알아듣기 쉽다, 어느 쪽도 아니다 ⑦ 비능률적이다, 능률적이다, 어느 쪽도 아니다 ⑧ 장황하다, 산뜻하다, 어느 쪽도 아니다 ⑨ 느리다, 빠르다, 어느 쪽도 아니다 ⑩ 딱딱하다, 부드럽다, 어느 쪽도 아니다 ⑪ 어렵다, 쉽다, 어느 쪽도 아니다 의 11항목이다. 그러나 여기서는 x^2검정에서 유의미한 차이가 없었던 ⑥ 알아듣기 어렵다, 알아듣기 쉽다, 어느 쪽도 아니다 ⑨ 느리다, 빠르다, 어느 쪽도 아니다 ⑪ 어렵다, 쉽다, 어느 쪽도 아니다의 3항목을 제외한 8항목에 대한 조사 결과를 기술한다. 조사 방법은 수업 시간에 조사표를 배포하여, 무기명으로 그 자리에서 답하게 한 후 회수하였다.

4. 조사 시기

한국에서의 조사는 예비조사를 2002년 11월에 실시하였으며, 본 조사는 2003년 5월에 행하였다.

일본에서의 조사는 2003년 10월부터 11월에 걸쳐 실시하였다.

5. 한국에서 일본어를 학습하고 있는 학생의 조사결과

한국에 있어서 일본어에 대한 이미지 조사의 질문 항목은 다음과 같다.

○ 당신은 일본어에 대해서 어떠한 이미지를 갖고 있습니까?
   (각 문항마다 하나를 고르시오)
   (1) 거칠다 · 정중하다 · 어느 쪽도 아니다 (2) 지저분하다 · 품위 있다 · 어느 쪽도 아니다 (3) 난폭하다 · 온화하다 · 어느 쪽도 아

니다 (4) 싫어한다 · 좋아 한다 · 어느 쪽도 아니다 (5) 답답하다 · 경쾌하다 · 어느 쪽도 아니다 (6) 알아듣기 어렵다 · 알아듣기 쉽다 · 어느 쪽도 아니다 (7) 비능률적이다 · 능률적이다 · 어느 쪽도 아니다 (8) 장황하다 · 산뜻하다 · 어느 쪽도 아니다 (9) 느리다 · 빠르다 · 어느 쪽도 아니다 (10) 딱딱하다 · 부드럽다 · 어느 쪽도 아니다 (11) 어렵다 · 쉽다 · 어느 쪽도 아니다

(1) 거칠다 · 정중하다 · 어느 쪽도 아니다

「거칠다 · 정중하다 · 어느 쪽도 아니다」의 조사결과는 〈표 1〉〈그림 1〉과 같다.

〈표 1〉 거칠다 · 정중하다 · 어느 쪽도 아니다

	일본어에 대한 이미지			Total
	거칠다	정중하다	어느 쪽도 아니다	
일본어 관련학과	4	97	38	139
	(2.9)	(69.8)	(27.3)	(100%)
교양일본어	10	61	69	140
	(7.1)	(43.6)	(49.3)	(100%)
이공계 학습자	9	28	40	77
	(11.7)	(36.4)	(51.9)	(100%)
이공계 비학습자	7	14	34	55
	(12.7)	(25.5)	(61.8)	(100%)
Total	30	200	181	411
	(7.3)	(48.7)	(44.0)	

$(\chi^2(6)=44.67, p<.001)$

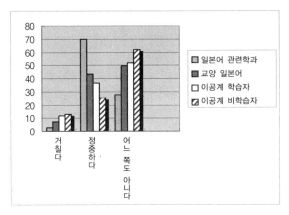

〈그림 1〉 거칠다 · 정중하다 · 어느 쪽도 아니다 (수치%)

결과를 보면 「거칠다」「어느 쪽도 아니다」고 답한 학생은 이공계 일본어 비학습자, 이공계 일본어 학습경험자, 교양일본어 이수자, 일본어 관련학과 학생의 순으로 많으며 「정중하다」고 답한 학생은 일본어 관련학과, 교양일본어 이수자, 이공계 일본어 학습경험자, 이공계 일본어 비학습자의 순으로 많았음을 알 수 있다. 따라서 일본어 학습자는 비학습자에 비해, 일본어에 대하여 긍정적인 이미지를 가지고 있다는 것을 알 수 있다.

(2) **지저분하다 · 품위 있다 · 어느 쪽도 아니다**

「지저분하다 · 품위 있다 · 어느 쪽도 아니다」의 조사결과는 〈표 2〉 〈그림 2〉와 같다.

〈표 2〉 지저분하다 · 품위 있다 · 어느 쪽도 아니다

| | 일본어에 대한 이미지 | | | Total |
	지저분하다	품위 있다	어느 쪽도 아니다	
일본어 관련학과	3	35	101	139
	(2.2)	(25.2)	(72.7)	(100%)
교양일본어	12	17	111	140
	(8.6)	(12.1)	(79.3)	(100%)
이공계 학습자	7	7	63	77
	(9.1)	(9.1)	(81.8)	(100%)
이공계 비학습자	10	2	43	55
	(18.2)	(3.6)	(78.2)	(100%)
Total	32	61	318	411
	(7.8)	(14.8)	(77.4)	(100%)

$(\chi^2(6)=31.29, p<.001)$

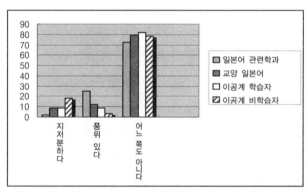

〈그림 2〉 지저분하다 · 품위 있다 · 어느 쪽도 아니다 (수치%)

이것을 보면, 「지저분하다」고 답한 학생의 비율은 이공계 비학습자, 이공계 일본어 학습경험자, 교양일본어 이수자, 일본어 관련학과 학생 순으로 많으며, 반대로 「품위 있다」고 답한 학생 수는 일본어 관련학과의 학생, 교양일본어 이수자, 이공계 일본어 학습경험자, 이공계의 비학습자의 순으로 많다는 것을 알 수 있다. 하지만 「어느 쪽도 아니다」고 답한 학생이 압도적으로 많다는 것은 주목할 만하다.

(3) 난폭하다 · 온화하다 · 어느 쪽도 아니다

「난폭하다 · 온화하다 · 어느 쪽도 아니다」의 조사결과는 〈표 3〉 〈그림 3〉과 같다.

〈표 3〉 난폭하다 · 온화하다 ·어느 쪽도 아니다

| | 일본어에 대한 이미지 | | | Total |
	난폭하다	온화하다	어느 쪽도 아니다	
일본어 관련학과	2	74	62	138
	(1.4)	(53.6)	(44.9)	(100%)
교양일본어	10	50	80	140
	(7.1)	(35.7)	(57.1)	(100%)
이공계 학습자	9	14	53	76
	(11.8)	(18.4)	(69.7)	(100%)
이공계 비학습자	7	10	38	55
	(12.7)	(18.2)	(69.1)	(100%)
Total	28	148	233	409
	(6.8)	(36.2)	(57.0)	(100%)

$(\chi^2(6)=41.70, p<.001)$

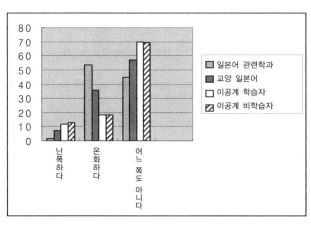

〈그림 3〉 난폭하다 · 온화하다 ·어느 쪽도 아니다 (수치%)

결과를 보면, 「난폭하다」라고 답한 학생의 비율은 이공계 비학습자, 이공계 학습경험자, 교양일본어 이수자, 일본어 관련학과 학생 순으로 많으며, 반대로 「온화하다」고 답한 학생의 비율은 일본어 관련학과 학생, 교양일본어 이수자, 이공계 학습경험자, 이공계 비학습자 순으로 많다는 것을 알 수 있다.

(4) 싫어한다 · 좋아한다 · 어느 쪽도 아니다

「싫어한다 · 좋아한다 · 어느 쪽도 아니다」의 조사결과는 〈표 4〉〈그림 4〉와 같다.

〈표 4〉 싫어한다 · 좋아한다 ·어느 쪽도 아니다

	일본어에 대한 이미지			Total
	싫어한다	좋아한다	어느 쪽도 아니다	
일본어 관련학과	4	96	39	139
	(2.9)	(69.1)	(28.1)	(100%)
교양일본어	15	71	53	139
	(10.8)	(51.1)	(38.1)	(100%)
이공계 학습자	7	22	48	77
	(9.1)	(28.6)	(62.3)	(100%)
이공계 비학습자	14	9	31	54
	(25.9)	(16.7)	(57.4)	(100%)
Total	40	198	171	409
	(9.8)	(48.4)	(41.8)	(100%)

$(\chi^2(6)=68.94, p<.001)$

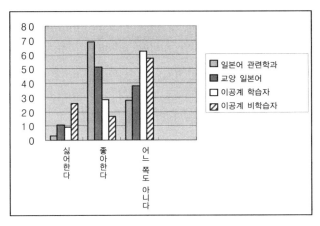

〈그림 4〉 싫어한다 · 좋아한다 ·어느 쪽도 아니다 (수치%)

결과를 보면, 「싫어한다」고 답한 학생의 비율은 이공계 비학습자, 교양일본어 이수자, 이공계 일본어 학습경험자, 일본어 관련학과 학생 순으로 많으며, 반대로 「좋아한다」고 답한 학생의 비율은 일본어 관련 학과 학생, 교양일본어 이수자, 이공계 학습경험자, 이공계의 비학습자 순으로 많다는 것을 알 수 있다.

(5) 답답하다 · 경쾌하다 · 어느 쪽도 아니다

「답답하다 · 경쾌하다 · 어느 쪽도 아니다」의 조사결과는 〈표 5〉〈그림 5〉와 같다.

〈표 5〉 답답하다 · 경쾌하다 · 어느 쪽도 아니다

| | 일본어에 대한 이미지 | | | Total |
	답답하다	경쾌하다	어느 쪽도 아니다	
일본어 관련학과	34	46	58	138
	(24.6)	(33.3)	(42.0)	(100%)
교양일본어	25	47	68	140
	(17.9)	(33.6)	(48.6)	(100%)
이공계 학습자	17	19	40	76
	(22.4)	(25.0)	(52.6)	(100%)
이공계 비학습자	15	6	33	54
	(27.8)	(11.1)	(61.1)	(100%)
Total	91	118	199	408
	(22.3)	(28.9)	(48.8)	(100%)

$$(\chi^2(6)=13.81, p<.05)$$

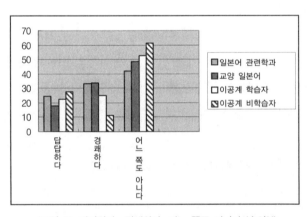

〈그림 5〉 답답하다 · 경쾌하다 · 어느 쪽도 아니다 (수치%)

결과를 보면, 「답답하다」고 답한 학생의 비율이 가장 높았던 것은 이공계 비학습자이다. 그 다음으로 일본어 관련학과 학생, 이공계 일본어 학습경험자, 교양일본어 이수자로 이어진다. 또한 「경쾌하다」고 답한 학생은 교양일본어 이수자, 일본어 관련학과 학생, 이공계 일본어 학습경험자, 이공계 비학습자 순이었다.

(6) 비능률적이다 · 능률적이다 · 어느 쪽도 아니다

「비능률적이다 · 능률적이다 · 어느 쪽도 아니다」의 조사결과는 〈표 6〉 〈그림 6〉과 같다.

〈표 6〉 비능률적이다 · 능률적이다 · 어느 쪽도 아니다

	일본어에 대한 이미지			Total
	비능률적이다	능률적이다	어느 쪽도 아니다	
일본어 관련학과	23	47	69	139
	(16.5)	(33.8)	(49.6)	(100%)
교양일본어	31	34	74	139
	(22.3)	(24.5)	(52.3)	(100%)
이공계 학습자	21	16	40	77
	(27.3)	(20.8)	(51.9)	(100%)
이공계 비학습자	13	6	33	52
	(25.0)	(11.5)	(63.5)	(100%)
Total	88	103	216	407
	(21.6)	(25.3)	(53.1)	(100%)

$(\chi^2(6)=13.01, p<.05)$

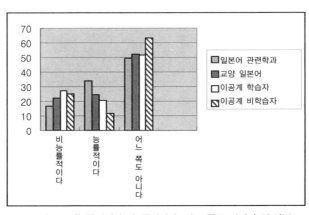

〈그림 6〉 비능률적이다 · 능률적이다 · 어느 쪽도 아니다 (수치%)

결과를 보면, 「비능률적이다」라고 답한 학생의 비율은 이공계 일본어 학습경험자, 이공계 비학습자, 교양일본어 이수자, 일본어 관련학과 학생 순으로 많으며, 반대로 「능률적이다」로 답한 학생의 비율은 일본어 관련학과 학생, 교양일본어 이수자, 이공계 일본어 학습경험자, 이공계 비학습자 순으로 많다는 것을 알 수 있다. 하지만 「어느 쪽도 아니다」고 답한 학생이 상당히 많았던 것은 주목할 만하다.

(7) 장황하다 · 산뜻하다 · 어느 쪽도 아니다

「장황하다 · 산뜻하다 · 어느 쪽도 아니다」의 조사결과는 〈표 7〉〈그림 7〉과 같다.

〈표 7〉 장황하다 · 산뜻하다 · 어느 쪽도 아니다

	일본어에 대한 이미지			Total
	장황하다	산뜻하다	어느 쪽도 아니다	
일본어 관련학과	19	58	61	138
	(13.8)	(42.0)	(44.2)	(100%)
교양일본어	14	50	76	140
	(10.0)	(35.7)	(54.3)	(100%)
이공계 학습자	12	13	50	75
	(16.0)	(17.3)	(66.7)	(100%)
이공계 비학습자	10	8	37	55
	(18.2)	(14.5)	(67.3)	(100%)
Total	55	129	224	408
	(13.5)	(31.6)	(54.9)	(100%)

$(\chi^2(6)=24.21, p\langle.001)$

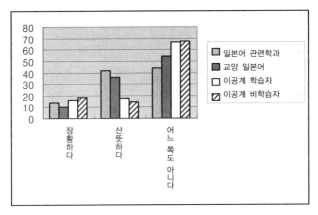

〈그림 7〉 장황하다·산뜻하다·어느 쪽도 아니다 (수치%)

결과를 보면, 「장황하다」고 답한 학생의 비율은 이공계 비학습자, 이공계 일본어 학습경험자, 일본어 관련학과의 학생, 교양일본어 이수자 순으로 많으며, 반대로 「산뜻하다」고 답한 학생 수는 일본어 관련학과 학생, 교양일본어 이수자, 이공계의 일본어 학습경험자, 이공계 비학습자 순으로 많다는 것을 알 수 있다.

(8) 딱딱하다·부드럽다·어느 쪽도 아니다

「딱딱하다·부드럽다·어느 쪽도 아니다」의 조사결과는 〈표 8〉〈그림 8〉과 같다.

〈표 8〉 딱딱하다 · 부드럽다 · 어느 쪽도 아니다

	일본어에 대한 이미지			Total
	딱딱하다	부드럽다	어느 쪽도 아니다	
일본어 관련학과	19	68	52	139
	(13.7)	(48.9)	(37.4)	(100%)
교양일본어	37	47	56	140
	(26.4)	(33.6)	(40.0)	(100%)
이공계 학습자	30	15	32	77
	(39.0)	(19.5)	(41.6)	(100%)
이공계 비학습자	25	4	25	54
	(46.3)	(7.4)	(46.3)	(100%)
Total	111	134	165	410
	(27.1)	(32.7)	(40.2)	(100%)

$(\chi^2(6)=47.35, p<.001)$

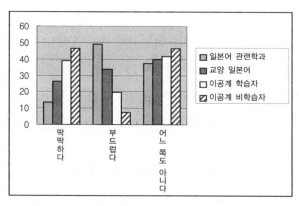

〈그림 8〉 딱딱하다 · 부드럽다 · 어느 쪽도 아니다 (수치%)

결과를 보면, 「딱딱하다」고 답한 학생의 비율은 이공계 비학습자, 이공계 일본어 학습경험자, 교양일본어 이수자, 일본어 관련학과 학생의 순으로 많으며, 반대로 「부드럽다」고 답한 학생 수는 일본어 관련학과 학생, 교양일본어 이수자, 이공계 일본어 학습경험자, 이공계 비학습자 순으로 많다는 것을 알 수 있다.

6. 일본에서 한국어를 학습하고 있는 학생의 조사결과

일본에서 한국어를 학습하고 있는 학생과 학습하고 있지 않는 학생이 한국어에 대하여 어떤 이미지를 가지고 있는지에 대해, 生越直樹 (2003)의『한국 및 한국어에 관한 앙케트 조사』를 근거로 정리해 보면 다음과 같다.

질문 내용은 다음과 같다.

○ 당신은 한국어에 대하여 어떤 이미지를 가지고 있습니까?
(각 항목마다 하나를 선택하여 주십시오)
(1) 거칠다 · 정중하다 · 어느 쪽도 아니다 (2) 지저분하다 · 품위 있다 · 어느 쪽도 아니다 (3) 난폭하다 · 온화하다 · 어느 쪽도 아니다 (4) 싫어한다 · 좋아한다 · 어느 쪽도 아니다 (5) 답답하다 · 경쾌하다 · 어느 쪽도 아니다 (6) 알아듣기 어렵다 · 알아듣기 쉽다 · 어느 쪽도 아니다 (7) 비능률적이다 · 능률적이다 · 어느 쪽도 아니다 (8) 장황하다 · 산뜻하다 · 어느 쪽도 아니다 (9) 느리다 · 빠르다 · 어느 쪽도 아니다 (10) 딱딱하다 · 부드럽다 · 어느 쪽도 아니다 (11) 어렵다 · 쉽다 · 어느 쪽도 아니다 (12) 큰 소리로 말 한다 · 작은 소리로 말 한다 · 어느 쪽도 아니다

위의 항목 중에서 한국의 조사결과와 비교하기 위해, 한국조사에서 유의미한 차이가 보인 항목에 대해 살펴보기로 한다.

(1) 거칠다·정중하다·어느 쪽도 아니다

「거칠다·정중하다·어느 쪽도 아니다」의 조사결과는 〈표 9〉〈그림 9〉와 같다.

〈표 9〉 거칠다·정중하다·어느 쪽도 아니다

	한국어에 대한 이미지			Total
	거칠다	정중하다	어느 쪽도 아니다	
한국어 학습자	18	67	114	199
	(9.0)	(33.7)	(57.3)	(100%)
한국어 비학습자	17	18	119	154
	(11.0)	(11.7)	(77.3)	(100%)
Total	35	85	233	353
	(9.9)	(24.1)	(66.0)	(100%)

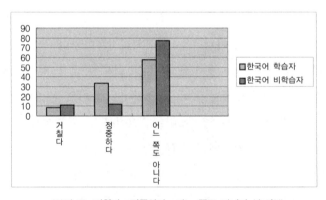

〈그림 9〉 거칠다·정중하다·어느 쪽도 아니다 (수치%)

결과를 보면, 「거칠다」「어느 쪽도 아니다」고 답한 학생의 비율은 한국어 학습자보다 비학습자 쪽이 많으며, 반대로 「정중하다」고 답한 학생은 한국어 학습자 쪽이 많다는 것을 알 수 있다.

(2) 지저분하다 · 품위 있다 · 어느 쪽도 아니다

「지저분하다 · 품위 있다 · 어느 쪽도 아니다」의 조사결과는 〈표 10〉 〈그림 10〉과 같다.

〈표 10〉 지저분하다 · 품위있다 · 어느 쪽도 아니다

	한국어에 대한 이미지			Total
	지저분하다	품위 있다	어느 쪽도 아니다	
한국어 학습자	14	42	143	199
	(7.0)	(21.1)	(71.9)	(100%)
한국어 비학습자	15	16	124	155
	(9.7)	(10.3)	(80.0)	(100%)
Total	29	58	267	354
	(8.2)	(16.4)	(75.4)	(100%)

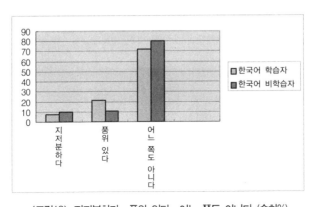

〈그림10〉 지저분하다 · 품위 있다 · 어느 쪽도 아니다 (수치%)

결과를 보면, 〈표 9〉〈그림 9〉와 같이 「지저분하다」「어느 쪽도 아니다」고 답한 학생의 비율은 한국어 학습자보다 비학습자 쪽이 많으며, 반대로 「품위 있다」고 답한 학생은 한국어 학습자 쪽이 많다는 것을 알 수 있다. 그러나 여기에서도 「어느 쪽도 아니다」고 답한 학생이

상당히 많았던 것은 주목할 만하다.

(3) 난폭하다·온화하다·어느 쪽도 아니다

「난폭하다·온화하다·어느 쪽도 아니다」의 조사결과는 〈표 11〉
〈그림 11〉과 같다.

〈표 11〉 난폭하다·온화하다·어느 쪽도 아니다

| | 한국어에 대한 이미지 | | | Total |
	난폭하다	온화하다	어느 쪽도 아니다	
한국어 학습자	61	22	116	199
	(30.7)	(11.1)	(58.3)	(100%)
한국어 비학습자	45	12	97	154
	(29.2)	(7.8)	(63.0)	(100%)
Total	106	34	213	353
	(30.0)	(9.6)	(60.3)	(100%)

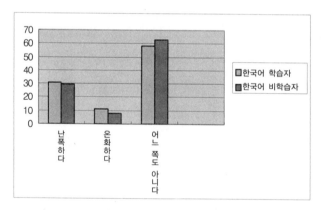

〈그림 11〉 난폭하다·온화하다·어느 쪽도 아니다 (수치%)

결과를 보면, 「난폭하다」「온화하다」 모두 한국어 학습자 쪽이 비학
습자에 비해 %가 높다는 것을 알 수 있다. 그러나 전체적으로 보면

「난폭하다」라고 답한 학생이 「온화하다」고 답한 학생보다 많았던 것은 주목할 만하다.

(4) 싫어한다 · 좋아한다 · 어느 쪽도 아니다

「싫어한다 · 좋아한다 · 어느 쪽도 아니다」의 조사결과는 〈표 12〉 〈그림 12〉 와 같다.

〈표 12〉 싫어한다 · 좋아한다 · 어느 쪽도 아니다

| | 한국어에 대한 이미지 | | | Total |
	싫어한다	좋아한다	어느 쪽도 아니다	
한국어 학습자	11	123	65	199
	(5.5)	(61.8)	(32.7)	(100%)
한국어 비학습자	14	24	116	154
	(9.1)	(15.6)	(75.3)	(100%)
Total	25	147	181	353
	(7.1)	(41.6)	(51.3)	(100%)

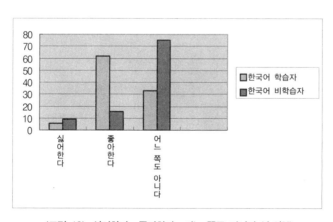

〈그림 12〉 싫어한다 · 좋아한다 · 어느 쪽도 아니다 (수치%)

결과를 보면, 「싫어한다」고 답한 학생의 비율은 비학습자 쪽이 높으며, 「좋아한다」고 답한 것은 한국어 학습자 쪽이 압도적으로 수치가 높다는 것을 알 수 있다.

(5) 답답하다 · 경쾌하다 · 어느 쪽도 아니다

「답답하다 · 경쾌하다 · 어느 쪽도 아니다」의 조사결과는 〈표 13〉 〈그림 13〉과 같다.

〈표 13〉 답답하다 · 경쾌하다 · 어느 쪽도 아니다

| | 한국어에 대한 이미지 | | | Total |
	답답하다	경쾌하다	어느 쪽도 아니다	
한국어 학습자	23	93	83	199
	(11.6)	(46.7)	(41.7)	(100%)
한국어 비학습자	28	43	82	153
	(18.3)	(28.1)	(53.6)	(100%)
Total	51	136	165	352
	(14.5)	(38.6)	(46.9)	(100%)

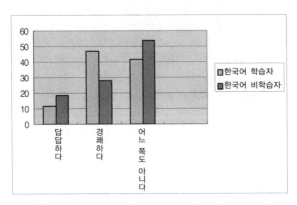

〈그림 13〉답답하다 · 경쾌하다 · 어느 쪽도 아니다 (수치%)

결과를 보면, 「답답하다」고 답한 학생의 비율은 한국어 비학습자 쪽이 높으며, 「경쾌하다」라고 답한 학생의 비율은 한국어 학습자 쪽이 높다는 것을 알 수 있다. 전체적으로 보면 「경쾌하다」고 답한 학생이 「답답하다」고 답한 학생보다 상당히 많다는 것을 알 수 있다.

(7) 비능률적이다 · 능률적이다 · 어느 쪽도 아니다

「비능률적이다 · 능률적이다 · 어느 쪽도 아니다」의 조사결과는 〈표 14〉〈그림 14〉와 같다.

〈표 14〉 비능률적이다 · 능률적이다 · 어느 쪽도 아니다

| | 한국어에 대한 이미지 | | | Total |
	비능률적이다	능률적이다	어느 쪽도 아니다	
한국어 학습자	15	101	82	198
	(7.6)	(51.0)	(41.4)	(100%)
한국어 비학습자	12	36	104	152
	(7.9)	(23.7)	(68.4)	(100%)
Total	27	137	186	350
	(7.7)	(39.1)	(53.1)	(100%)

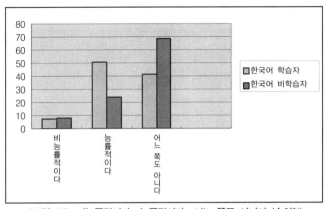

〈그림 14〉 비능률적이다 · 능률적이다 · 어느 쪽도 아니다 (수치%)

결과를 보면, 「비능률적이다」고 답한 학생의 비율은 한국어 비학습자 쪽이 조금 높으며, 「능률적이다」고 답한 학생의 비율은 한국어 학습자 쪽이 상당히 높음을 알 수 있다.

(8) 장황하다·산뜻하다·어느 쪽도 아니다

「장황하다·산뜻하다·어느 쪽도 아니다」의 조사결과는 〈표 15〉 〈그림 15〉와 같다.

〈표 15〉 장황하다·산뜻하다·어느 쪽도 아니다

	한국어에 대한 이미지			Total
	장황하다	산뜻하다	어느 쪽도 아니다	
한국어 학습자	24	68	106	199
	(12.1)	(34.2)	(53.3)	(99.6%)
한국어 비학습자	36	19	96	151
	(23.8)	(12.6)	(63.6)	(100%)
Total	60	87	202	349
	(17.1)	(24.9)	(57.7)	(99.7%)

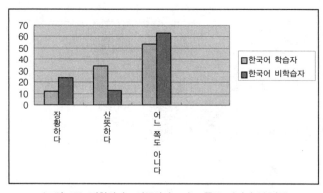

〈그림 15〉 장황하다·산뜻하다·어느 쪽도 아니다 (수치%)

결과를 보면, 「장황하다」고 답한 학생의 비율은 한국어 비학습자 쪽이 높으며, 「산뜻하다」고 답한 학생의 비율은 한국어 학습자 쪽이 높다는 것을 알 수 있다.

(10) 딱딱하다 · 부드럽다 · 어느 쪽도 아니다

「딱딱하다 · 부드럽다 · 어느 쪽도 아니다」의 조사결과는 〈표 16〉 〈그림 16〉과 같다.

〈표 16〉 딱딱하다 · 부드럽다 · 어느 쪽도 아니다

	한국어에 대한 이미지			Total
	딱딱하다	부드럽다	어느 쪽도 아니다	
한국어 학습자	76	52	70	198
	(38.4)	(26.3)	(35.4)	(100%)
한국어 비학습자	58	23	72	153
	(37.9)	(15.0)	(47.1)	(100%)
Total	134	75	142	351
	(38.2)	(21.4)	(40.5)	(100%)

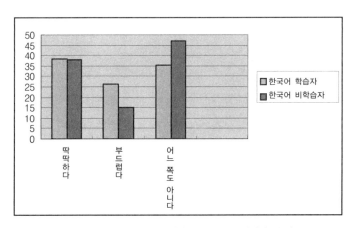

〈그림 16〉 딱딱하다 · 부드럽다 · 어느 쪽도 아니다 (수치%)

결과를 보면, 「딱딱하다」고 답한 학생의 비율과 「부드럽다」고 답한 학생의 비율 모두 한국어 학습자 쪽이 높다는 것을 알 수 있다. 이 결과는 다른 조사 항목의 결과와 다소 차이가 있다. 그리고 전체적으로 보면 「부드럽다」고 답한 학생보다 「딱딱하다」고 답한 학생이 많았던 것은 주목할 만하다.

이상의 조사결과로부터 일본의 대학교에서 한국어를 학습하고 있는 학생과 비학습자가 한국어에 대하여 가지고 있는 이미지를 비교한 결과, 학습자와 비학습자 간의 차이가 있다는 것이 밝혀졌다.

7. 결론

본 장은 한국에 있어서 일본어 학습자와 비학습자가 일본어에 대하여 어떤 이미지를 가지고 있는지에 대해 조사하였으며 더욱이 일본에 있어서 한국어 학습자와 비학습자가 한국어에 대하여 어떤 이미지를 가지고 있는지에 대해 조사한 결과이다.

한국조사에서는 학생의 전공별로 분석하였으나, 일본조사에서는 한국어 학습자와 비학습자 2가지로 나누어 결과를 나타내고 있다. 이러한 차이는 있으나, 조사결과를 보면, 일본어와 한국어 모두 학습자, 혹은 학습경험자는 비학습자에 비해, 목표언어에 대하여 대체적으로 긍정적인 이미지를 가지고 있는 경우가 많다는 것을 알 수 있었다. 하지만 일본어와 한국어 자체가 가지고 있는 언어의 특색에 따라 다른 결과를 얻을 수 있었던 부분도 있다. 예를 들면 「난폭하다·온화하다·어느 쪽도 아니다」의 항목에서는 일본어에서는 전반적으로 「난폭하다」라고 답한 학생보다 「온화하다」고 답한 학생이 많았으나, 한국어에서는 「난폭하다」라고 답한 학생이 많았다. 그리고 「답답하다·경쾌하다·어느 쪽도 아니다」의 항목에서는 한국어는 「경쾌하다」고 답한 학생이 상당히 많았던 것에 비해, 일본어에 대해서는 그다지 큰 차이를 볼 수 없었다. 또한 「딱딱하다·부드럽다·어느 쪽도 아니다」의 항목에서는 한국어는 「딱딱하다」고 답한 학생이 많으며, 일본어에 대해서는 「부드럽다」고 답한 학생이 많았다.

그리고 앞으로의 과제로 선택지의 개수에 대한 문제가 있다. 이번 조사에서는 선택지가 3개로 항목에 따라서는 「어느 쪽도 아니다」가 압도적으로 많았다는 결과가 나왔다. 특히 일본에 있어서 한국어 비학습자 다수가 「어느 쪽도 아니다」를 선택한 경우가 많았다. 이것은 선택 사항의 문제가 아니라, 학생들이 한국어에 대해 잘 모르고 있다는 것의 표현일 수도 있으므로, 앞으로 조사에서는 선택지를 5단계로 하여 질문해 보고자 한다. 혹은 한국어에서도 일본어 조사와 동일하게 전공별로 분석한다면, 더욱 확실한 데이터를 얻을 수 있을 것으로 생각된다. 이렇듯 조사 방법에 있어서도 해결해야 할 문제가 남아있으나 이들에 대해서는 이후 하나씩 해결하면서 연구를 진척시켜, 장래에는 일본어와 한국어뿐만 아니라 중국어 등의 다른 외국어에 대해서도 조사하여, 외국어교육과 학습자의 이미지에 대해 밝히고자 한다.

┃参考文献

生越直樹(2003)『韓国及び韓国語に関するアンケート調査』
齊藤明美(2003)『한국, 대만에서의 일본어 교육현황 및 일본에서의 한국어 교육현황 고찰 - 어학 교육을 위한 언어적, 문화적 기초조사를 중심으로 - 基礎資料(韓国篇)』

〈부록〉 앙케트 조사표(한국조사·일본어판)

○日本及び日本語に関するアンケート調査

　* 最初に、あなたご自身のことについて少し教えてください。

　　　　　　　　　　学科　　　　　学年　氏名　　　　(満年令　　才(男・女
出生地　　　　　　道　　　　　　市
家族に日本語を話せる人がいますか。(はい・いいえ)
日本人の先生に日本語を教わったことがありますか。(はい・いいえ)
日本人の知り合いがいますか。(はい・いいえ)
今まで日本語を学習したことがありますか。(はい・いいえ)
(はいと答えた人)
学習期間はどのくらいですか。
　　1。半年未満　2。半年以上1年未満　3。1年以上2年未満　4。2年以上
いつ学習しましたか。
　　1。小学校以前　2。小学校時代　3。中学校時代　4。高校時代　5。大学入学後
次の質問に答えてください。

1。あなたは日本に対してどんなイメージを持っていますか。
　　(1) とてもよい。
　　(2) よい。
　　(3) 特に他の国と変らない。
　　(4) 悪い。
　　(5) かなり悪い。

2。以下の各事項は、あなたの日本に対するイメージ形成にどのくらい大きな影響を与えていますか。各事項に就き、影響の度合を一つ選んでください。

		大	中	小	無
(1)	過去の日韓関係	a☐	b☐	c☐	d☐
(2)	日本の伝統文化	a☐	b☐	c☐	d☐
(3)	日本の映画・アニメ	a☐	b☐	c☐	d☐
(4)	日本の流行	a☐	b☐	c☐	d☐

(5) 日本人観光客	a☐	b☐	c☐	d☐
(6) 新聞の報道	a☐	b☐	c☐	d☐
(7) 高等学校までの教育	a☐	b☐	c☐	d☐
(8) 日本のテレビ番組	a☐	b☐	c☐	d☐
(9) 現在の日本の経済	a☐	b☐	c☐	d☐
(10) わが国と日本との貿易関係	a☐	b☐	c☐	d☐
(11) 日本の歌手・タレント	a☐	b☐	c☐	d☐
(12) 日本人日本語教師	a☐	b☐	c☐	d☐
(13) 韓国人日本語教師	a☐	b☐	c☐	d☐
(14) 日本製の商品	a☐	b☐	c☐	d☐
(15) 両国間の領土問題	a☐	b☐	c☐	d☐
(16) 現在の日本の政策	a☐	b☐	c☐	d☐
(17) 日本企業の活動	a☐	b☐	c☐	d☐
(18) 日本人留学生	a☐	b☐	c☐	d☐
(19) ワールドカップ	a☐	b☐	c☐	d☐
(20) 大衆文化の開放	a☐	b☐	c☐	d☐
(21) 在日韓国人	a☐	b☐	c☐	d☐

※ (19)(20)(21)は韓国のみです。

3。あなたは日本人に対してどんなイメージを抱いていますか。

(1) とてもよい。

(2) よい。

(3) 特に他の国と変らない。

(4) 悪い。

(5) かなり悪い。

4。以下の各事項は、あなたの日本人に対するイメージ形成にどのくらい大きな影響を与えていますか。各事項に就き、影響の度合を一つ選んでください。

	大	中	小	無
(1) 過去の日韓関係	a☐	b☐	c☐	d☐
(2) 日本の伝統文化	a☐	b☐	c☐	d☐
(3) 日本の映画・アニメ	a☐	b☐	c☐	d☐

(4)　日本の流行　　　　　　　　a☐　　　b☐　　　c☐　　　d☐
(5)　日本人観光客　　　　　　　a☐　　　b☐　　　c☐　　　d☐
(6)　新聞の報道　　　　　　　　a☐　　　b☐　　　c☐　　　d☐
(7)　高等学校までの教育　　　　a☐　　　b☐　　　c☐　　　d☐
(8)　日本のテレビ番組　　　　　a☐　　　b☐　　　c☐　　　d☐
(9)　現在の日本の経済　　　　　a☐　　　b☐　　　c☐　　　d☐
(10)　わが国と日本との貿易関係　a☐　　　b☐　　　c☐　　　d☐
(11)　日本の歌手・タレント　　　a☐　　　b☐　　　c☐　　　d☐
(12)　日本人日本語教師　　　　　a☐　　　b☐　　　c☐　　　d☐
(13)　韓国人日本語教師　　　　　a☐　　　b☐　　　c☐　　　d☐
(14)　日本製の商品　　　　　　　a☐　　　b☐　　　c☐　　　d☐
(15)　両国間の領土問題　　　　　a☐　　　b☐　　　c☐　　　d☐
(16)　現在の日本の政策　　　　　a☐　　　b☐　　　c☐　　　d☐
(17)　日本企業の活動　　　　　　a☐　　　b☐　　　c☐　　　d☐
(18)　日本人留学生　　　　　　　a☐　　　b☐　　　c☐　　　d☐
(19)　ワールドカップ　　　　　　a☐　　　b☐　　　c☐　　　d☐
(20)　大衆文化の開放　　　　　　a☐　　　b☐　　　c☐　　　d☐
(21)　在日韓国人　　　　　　　　a☐　　　b☐　　　c☐　　　d☐

※(19)(20)(21)は韓国のみです。

5。あなたは日本語に対してどんなイメージを持っていますか。
　　（各項目ごとに一つを選んでください。）

(1)　ぞんざい　　　　　丁寧　　　　　　　　どちらでもない
(2)　汚ない　　　　　　きれい　　　　　　　どちらでもない
(3)　乱暴　　　　　　　おだやか　　　　　　どちらでもない
(4)　嫌い　　　　　　　好き　　　　　　　　どちらでもない
(5)　重苦しい　　　　　軽快　　　　　　　　どちらでもない
(6)　聞きとりにくい　　聞きとりやすい　　　どちらでもない
(7)　非能率的　　　　　能率的　　　　　　　どちらでもない
(8)　くどい　　　　　　あっさりしている　　どちらでもない
(9)　遅い　　　　　　　速い　　　　　　　　どちらでもない
(10)　固い　　　　　　　柔かい　　　　　　　どちらでもない

(11) 難しい　　　　　易しい　　　　　どちらでもない

(12) 大声で話す　　　小声で話す　　　どちらでもない

6. 日本へ行ったことがありますか。

(1) ある　　　　(2) ない

上の6で(1)を選んだ人→どうして日本へ行ったのですか。（複数選択可）

① 観光

② 語学研修

③ 交流プログラム

④ 親族訪問

⑤ その他(　　　　　)

一番長く滞在した期間はどのくらいですか。(　　　　　)

7. 将来(また)日本に行ってみたいですか。

(1) はい　　　　(2) いいえ　　　(3) どちらでもいい

上の7で(1)を選んだ人→その理由は何ですか。(複数選択可)

① 日本のことをもっと知りたいから。

② 習った日本語を使ってみたいから。

③ 興味があることを直接体験したいから。

④ 近い国だから簡単に行けそうだから。

⑤ 友人に会いたいから。

⑥ 日本語を勉強したいから。

⑦ その他(　　　　　　　　　)

8. 世界共通語は英語だと言われていますが、英語ができても日本語が必要だと思いますか。

(1) はい　　　(2) いいえ　　　(3) その他(　　　　　　　　　　　)

9. 日本語を勉強して将来役に立つと思いますか。

(1) はい　　　(2) いいえ　　　(3) その他(　　　　　　　　　　　)

「(1)を選んだ人→具体的にどのような点で役立つと思いますか。(複数選択可)
　① 仕事をする時
　② 就職する時
　③ 観光旅行に行く時
　④ 日本の状況を知るため
　⑤ 日本人とコミュニケーションする時
　⑥ 専門の技術・情報を知るため
　⑦ 昇進する時
　⑧ その他(　　　　　　　　　)

10。あなたは今後どの外国語を勉強すれば役に立つと思いますか。役に立つと思う順に3つ書
　　いてください。
　　((1)　　　　　　　　　(2)　　　　　　　　(3)　　　　　　　　)

[日本語学習について]

1。あなたは日本語を勉強したことがありますか。
　a□　現在学んでいる→Aへ
　b□　以前学んだことがある→Bへ
　c□　一度も学んだことがない→Cへ

　→A 1。でaを選んだ方に質問します。なぜ日本語を学習していますか。(複数選択可)
　　a　□　日本のことが知りたい。
　　b　□　ほかの外国語より面白そうだ。
　　c　□　易しそうだ。
　　d　□　日本・日本人・日本文化に興味がある。
　　e　□　日本語が指定されていて、学習せざるを得なかった。
　　f　□　マスコミの影響を受けた。
　　g　□　友人の影響を受けた。
　　h　□　父母の影響を受けた。
　　i　□　日本の映画・テレビ番組に興味がある。

j □ 日本の漫画・アニメに興味がある。

k □ 日本語の文献資料を読むため。

l □ 日本へ行くため。

m □ 単位が必要

n □ 就職をする。

o □ 留学する。

p □ その他 （　　　　　　　　　　　　　）

→B 1。でbを選んだ方に質問します。なぜ学習を止めましたか。(複数選択可)

a □ 日本に興味がなくなった。

b □ 日本語は面白くなかった。

c □ 日本語は難しかった。

d □ 日本・日本文化はつまらなかった。

e □ 現在は日本語を履修しなくてもよくなった。

f □ マスコミの影響を受けた。

g □ 友人の影響を受けた。

h □ 父母の影響を受けた。

i □ 日本語を勉強しても希望する就職はできないと思う。

j □ 将来，日本語を使う仕事をする可能性は低いと思う。

k □ 自分の研究では日本語の文献資料を読む必要がない。

l □ 韓国(台湾)社会にとって日本語は以前ほど重要な言語ではない。

m □ もう必要な外国語の単位を取得した。

n □ 日本・日本人が嫌いになった。

o □ 単位がとれなかった。

p □ 日本に行く必要がない。

q □ その他 （　　　　　　　　　　　　）

→C 1。でcを選んだ方に質問します。なぜ日本語を学習しませんか。(複数選択可)

a □ 日本に興味がない。

b □ 日本語は面白くなさそうだ。

c □ 日本語は難しそうだ。

d □ 日本文化が嫌いだ。

e □ 私の学科では日本語を履修しなくてもよい。

f □ マスコミの影響を受けた。

g □ 友人の影響を受けた。

h □ 父母の影響を受けた。

i □ 日本語を勉強しても希望する就職はできないと思う。

j □ 将来，日本語を使う仕事をする可能性は低いと思う。

k □ 自分の研究では日本語の文献資料を読む必要がない。

l □ 韓国(台湾)社会にとって日本語は重要な言語ではない。

m □ 他に勉強したい外国語がある。

n □ 日本・日本人が嫌いだ。

o □ 日本の漫画・アニメに興味がない。

p □ 日本のテレビ番組は面白くない。

q □ 日本に行く必要がない。

r □ その他 (　　　　　　　　　　　　)

2. [非日本語履修者に質問します。]

あなたが現在英語以外に学んでいる外国語は何ですか。もし複数ある場合は、もっとも熱心に学んでいる言葉をひとつだけ選んでください。

a □ ドイツ語　　　b □ フランス語　　c □ スペイン語　　d □ ロシア語

e □ イタリア語　　f □ アラビア語　　g □ 韓国語　　　　h □ 中国語

i □ その他(　　　　　　　　　　　)

あなたがその言語を学ぼうと思ったのはなぜですか。(複数選択可)

a □ その言葉を使う国に興味がある。

b □ 面白しろそうだ。

c □ 易しそうだ。

d □ いろいろな外国語の学習に興味がある。

e □ 私の学科ではその外国語を履修しなければならない。

f □ マスコミの影響を受けた。

g □ 友人の影響を受けた。

h □ 父母の影響を受けた。

i □ その言葉を勉強すると就職の時に有利だ。

j □ 将来，その言葉を使う仕事をする可能性が高いと思う。

k □ 自分の研究ではその言葉で書かれた文献資料を読む必要がある。

l □ 韓国(台湾)社会にとってその外国語は重要な言語だ。

m □ 今はあまり重要ではないが，将来は重要な言語になりそうだ。

n □ その国の文化に興味がある。

o □ その国の製品が好きだ。

p □ その国に行くため。

q □ 特に理由はない。

r □ その他 (　　　　　　　　　　　　)

現在日本語を履修していない人は、ここで終りです。ここからの質問には現在日本語を学習している人のみ答えてください。

3. 日本語を学習する事によって日本語に対するイメージが変わりましたか。

(はい・いいえ)

4. 英語と比べて日本語はどんな言語だと思いますか。

(1) 英語より難しい。

(2) 英語と比べて特に変わりはない。難しくも易しくもない。

(3) 英語より易しい。

5. 現在、自身の日本語の能力で何ができると思いますか。また将来、日本語がどのくらいできれば満足ですか。(□の中にアルファベットを記入してください。)

　　現在の程度 □　　将来の希望 □

　。日本語の会話について

　　a. よくできる(専門的な討論ができる)

　　b. できる(日本で一人で旅行ができる)

　　c. すこしできる(日本語で買物ができる)

　　d. ほとんどできない

。日本語の聴解について
　現在の程度 □　　将来の希望 □
　　a. よくできる(テレビを見たり、ラジオを聴いた時、内容が十分に理解できる程度)
　　b. できる(テレビドラマで言っている内容がおおよそわかる)
　　c. すこしできる(テレビドラマの内容がすこし理解できる)
　　d. ほとんどできない

。日本語の読解について
　現在の程度 □　　将来の希望 □
　　a. よくできる(辞書を引かずに小説が読める)
　　b. できる(辞書を引かずに新聞が読める)
　　c. すこしできる(辞書を引きながら新聞が読める)
　　d. ほとんどできない

。日本語の作文について
　現在の程度 □　　将来の希望 □
　　a. よくできる(レポートが書ける)
　　b. できる(メールが書ける)
　　c. すこしできる(簡単なメモが書ける)
　　d. ほとんどできない

6。あなたにとって日本語で難しいのは下のどれですか。(複数選択可)
　　a. 会話　　b. 聴解　　c. 読解　　d. 作文　　e. その他(　　　　　　　　　　)

7。日本語を学習する時、あなたにとって難しいのは何ですか。(複数選択可)
　　a. 漢字　　　b. 発音・アクセント　　c. ひらがな・カタカナ　　　d. 単語
　　e. 助動詞　　f. 時制　　　g. 助詞　　h. 外来語　　i. 動詞の変化　j. 敬語
　　k. やり、もらい　l. 日本語らしい表現　m. 受け身　n. インフォーマルな会話
　　o. その他(　　　　　　　　　　)

8。あなたにとって日本語で易しいのは下のどれですか。
　　a. 会話　　　b. 聴解　　　c. 読解　　　d. 作文

9。日本語を学習する時、あなたにとって易しいのは何ですか。(複数選択可)
　　a. 漢字　　　b. 発音・アクセント　　　c. ひらがな・カタカナ　　　d. 単語
　　e. 助動詞　　f. 時制　　　g. 助詞　　h. 外来語　　i. 動詞の変化　　j. 敬語
　　k. やり、もらい　　l. 日本語らしい表現　　m. 受け身　n. インフォ-マルな会話
　　o. その他(　　　　　　　　　　　)

10。日本語を学習する時、具体的にはどのようなことで学習しますか。(複数選択可)
　　a. 日本語の教科書を暗記する　　b. 授業を大切にする　　　c. 授業の予習, 復習をする
　　d. 日本の書物・新聞を読む　　e. カセットテープを聴く　　f. ビデオテープを見る
　　g. ラジオを聴く　　h. テレビを見る　　i. 日本人と会話をする　　j. テレビゲームをする
　　k. 漫画を読む　　l. 日本の歌をうたう　　m. 語学学校に行く　　n. 日本への旅行
　　o. 日本語で文通をする　　p. インターネットをする　　　q. その他(　　　　　　　)

11。いままでやってみた日本語学習法の中で役に立った方法は何ですか.
　　(a~qの中から3つ選んでください。)
　　(1.　　　　　　　　　　　2.　　　　　　　　　　　3.　　　　　　　　　　)

12。日本語の授業に望む内容(授業で学びたい内容)や方法は何ですか。
　　(3つ選択してください。)
　　(内容)
　　a. 会話　　　b. 聴解　　　c. 作文　　　d. 読解　　　e. 文法　　　f. 翻訳
　　g. 発音　　h. その他(　　　　　　　　　　　)
　　(方法)
　　。日本人の先生に教わるとすればどういうふうに教えてもらいたいですか。望む方法は
　　　どんな方法ですか。　(5つ選択してください)
　　　a. クイズやゲームを多く取り入れてほしい。
　　　b. 歌を教えてほしい。
　　　c. 漫画や絵などを使って教えてほしい。
　　　d. ビデオを使って教えてほしい。

e. 日本語だけで授業してほしい。

f. 教科書に忠実に教えてほしい。

g. 母国語の翻訳をたくさん入れてほしい。

h. 文法をしっかり教えてほしい。

I. 会話中心に授業をしてほしい。

j. 書きことば中心の授業をしてほしい。

k. 作文ができるように教えてほしい。

l. 文型練習をたくさんしてほしい。

m. 読解中心の授業をしてほしい。

n. 聴解中心の授業をしてほしい。

o. 日本の生活・文化を教えてほしい。

p. 日本の社会について教えてほしい。

q. 日本の政治・経済を教えてほしい。

r. 日本人とコミュニケーションができるようにしてほしい。

s. その他(   )

韓国人の先生に望む方法はどんな方法ですか。　(5つ選択してください)

a. クイズやゲームを多く取り入れてほしい。

b. 歌を教えてほしい。

c. 漫画や絵などを使って教えてほしい。

d. ビデオを使って教えてほしい。

e. 日本語だけで授業してほしい。

f. 教科書に忠実に教えてほしい。

g. 母国語の翻訳をたくさん入れてほしい。

h. 文法をしっかり教えてほしい。

i. 会話中心に授業をしてほしい。

j. 書きことば中心の授業をしてほしい。

k. 作文ができるように教えてほしい。

l. 文型練習をたくさんしてほしい。

m. 読解中心の授業をしてほしい。

n. 聴解中心の授業をしてほしい。

o. 日本の生活・文化を教えてほしい。

p. 日本の社会について教えてほしい。

q. 日本の政治・経済を教えてほしい。

r. 日本人とコミュニケーションができるようにしてほしい。

s. その他(　　　　　　　　　　　　　　　)

13。家で日本語を学習する時に、何に重点を置いて学習していますか。

(2つ選択してください)

a. 会話　　b. 聴解　　c. 漢字　　d. 発音　　e. 単語　　f. 作文

g. 読解　　h. 文法　　i. その他(　　　　　　　　　　　)

14。日本語の学習をする時、現在のあなたの学習環境で問題があるとすれば、どんな点ですか。(複数選択可)

a. 日本語の新聞がない　　　　　　b. 日本語関係のカセットテープが少ない

c. 一クラスの学生数が多い　　　　d. 日本語教材の種類が少ない

e. 日本人の先生が少ない　　　　　f. 授業時間数が少ない

g. クラス以外では使うチャンスがない　h. その他(　　　　　　　　　)

15。大学を卒業した後、日本語を使って何かしたいと考えていますか。

a. 大学院に進学したい　　b. 留学したい　　c. 翻訳家になりたい

d. 通訳になりたい　　　　e. 観光旅行をしたい

f. 仕事上日本語を必要とする会社に就職したい

g. 入社試験に日本語が必要な会社に就職したい

h. 娯楽(ゲーム)　　　　i. 情報収集　　　j. 特になし

k. その他(　　　　　　　　　　　　　　　)

ご協力どうもありがとうございました。

〈부록〉 앙케트 조사표(한국조사·한국어판)

「일본」 및 「일본어」에 대한 앙케트조사

이 설문 조사는 한국과 대만에서 일본어를 전공하는 대학생과 교양으로 일어 수업을 듣고 있는 대학생, 그리고 이공계 대학생을 대상으로 합니다.

내용은 그들이 갖고 있는 「일본」 「일본인」 「일본어」에 대한 이미지와 구체적인 일본어 학습에 관한 것입니다.

대답에 정답, 오답은 없습니다. 느낀대로 편하게 응해 주시기 바랍니다.

일본 및 일본어에 대한 앙케트조사

※ 먼저, 자신에 대한 간략한 소개를 부탁드립니다.

_____ 학과_____ 학년 (만)연령_____ 세(남 · 여)

출생지_____ 도_____ 시

가족 중에 일본어를 할 수 있는 사람이 있습니까? (예 · 아니오)
일본인 선생님에게 일본어를 배운 경험이 있습니까? (예 · 아니오)
알고 지내는 일본인이 있습니까? (예 · 아니오)
지금까지 일본어를 배운 경험이 있습니까? (예 · 아니오)
('예'라고 대답한 사람)
학습기간은 어느정도 입니까?
　1. 반년 미만　　2. 반년 이상 1년 미만　　3. 1년 이상 2년 미만　　4. 2년 이상

언제 공부하셨습니까?
　1. 초등학교 이전　　2. 초등학교 때　　　3. 중학교 때
　4. 고등학교 때　　　5. 대학입학 후

※다음 질문에 답하시오.

1。 당신은 **일본**에 대하여 어떠한 이미지를 갖고 있습니까?
　(1) 매우 좋다.
　(2) 좋다.
　(3) 다른 나라와 별로 다를 게 없다.
　(4) 나쁘다.
　(5) 매우 나쁘다.

2. 당신의 **일본**에 대한 이미지 형성에 아래의 항목이 각각 어느 정도의 영향을 주고 있습니까?
   (각 문항마다 a, b, c, d 중 하나를 고르시오.)

	많이	보통	조금	영향없음
(1) 과거의 한일관계	a☐	b☐	c☐	d☐
(2) 일본의 전통문화	a☐	b☐	c☐	d☐
(3) 일본영화·애니메이션	a☐	b☐	c☐	d☐
(4) 일본의 유행	a☐	b☐	c☐	d☐
(5) 일본인 관광객	a☐	b☐	c☐	d☐
(6) 신문 보도	a☐	b☐	c☐	d☐
(7) 고등학교까지의 교육	a☐	b☐	c☐	d☐
(8) 일본의 TV 프로그램	a☐	b☐	c☐	d☐
(9) 현재의 일본 경제	a☐	b☐	c☐	d☐
(10) 한국과 일본의 무역관계	a☐	b☐	c☐	d☐
(11) 일본 가수·탤런트	a☐	b☐	c☐	d☐
(12) 일본인 일본어교사	a☐	b☐	c☐	d☐
(13) 한국인 일본어교사	a☐	b☐	c☐	d☐
(14) 일본 제품	a☐	b☐	c☐	d☐
(15) 양국 간의 영토문제	a☐	b☐	c☐	d☐
(16) 현재의 일본 정책	a☐	b☐	c☐	d☐
(17) 일본의 기업 활동	a☐	b☐	c☐	d☐
(18) 일본인 유학생	a☐	b☐	c☐	d☐
(19) 월드컵	a☐	b☐	c☐	d☐
(20) 대중문화 개방	a☐	b☐	c☐	d☐
(21) 재일한국인	a☐	b☐	c☐	d☐

3. 당신은 **일본인**에 대해서 어떠한 이미지를 갖고 있습니까?
   (1) 매우 좋다.
   (2) 좋다.
   (3) 다른 나라 사람과 별로 다르지 않다.
   (4) 나쁘다.
   (5) 매우 나쁘다.

4. 아래의 각 항목은 당신의 **일본인**에 대한 이미지 형성에 어느 정도 영향을 주고 있습니까?
   (각 문항마다 a, b, c, d 중 하나를 고르시오.)

	많이	보통	조금	영향없음
(1) 과거의 한일관계	a☐	b☐	c☐	d☐
(2) 일본의 전통문화	a☐	b☐	c☐	d☐
(3) 일본 영화 · 애니메이션	a☐	b☐	c☐	d☐
(4) 일본의 유행	a☐	b☐	c☐	d☐
(5) 일본인 관광객	a☐	b☐	c☐	d☐
(6) 신문 보도	a☐	b☐	c☐	d☐
(7) 고등학교까지의 교육	a☐	b☐	c☐	d☐
(8) 일본 TV 프로그램	a☐	b☐	c☐	d☐
(9) 현재의 일본 경제	a☐	b☐	c☐	d☐
(10) 한국과 일본의 무역관계	a☐	b☐	c☐	d☐
(11) 일본 가수 · 탤런트	a☐	b☐	c☐	d☐
(12) 일본인 일본어교사	a☐	b☐	c☐	d☐
(13) 한국인 일본어교사	a☐	b☐	c☐	d☐
(14) 일본 제품	a☐	b☐	c☐	d☐
(15) 양국 간의 영토문제	a☐	b☐	c☐	d☐
(16) 현재의 일본 정책	a☐	b☐	c☐	d☐
(17) 일본의 기업 활동	a☐	b☐	c☐	d☐
(18) 일본인 유학생	a☐	b☐	c☐	d☐
(19) 월드컵	a☐	b☐	c☐	d☐
(20) 대중문화 개방	a☐	b☐	c☐	d☐
(21) 재일한국인	a☐	b☐	c☐	d☐

5. 당신은 **일본어**에 대해서 어떠한 이미지를 갖고 있습니까?(각 문항마다 하나를 고르시오.)

(1) 거칠다.	정중하다.	어느 쪽도 아니다.
(2) 지저분하다.	품위있다.	어느 쪽도 아니다.
(3) 난폭하다.	온화하다.	어느 쪽도 아니다.
(4) 싫어한다.	좋아한다.	어느 쪽도 아니다.
(5) 답답하다.	경쾌하다.	어느 쪽도 아니다.
(6) 알아듣기 어렵다.	알아듣기 쉽다.	어느 쪽도 아니다.

(7) 비능률적이다.   능률적이다.   어느 쪽도 아니다.
(8) 장황하다.   산뜻하다.   어느 쪽도 아니다.
(9) 느리다.   빠르다.   어느 쪽도 아니다.
(10) 딱딱하다.   부드럽다.   어느 쪽도 아니다.
(11) 어렵다.   쉽다.   어느 쪽도 아니다.

6. 일본에 가본 적이 있습니까?
    (1) 있다.   (2) 없다.

위 6번에서 (1)을 선택한 사람 → 어떤 이유로 일본에 갔습니까? (복수 선택가능)
    ① 관광
    ② 어학연수
    ③ 교류프로그램
    ④ 친척 방문
    ⑤ 기타 (   )
    가장 오랫동안 머물렀던 기간은 어느 정도 입니까? (   )

7. 앞으로(또) 일본에 가보고 싶습니까?
    (1) 예   (2) 아니오   (3)가도 좋고, 안가도 상관없다.

위 7번에서 (1)을 선택한 사람 → 그 이유는 무엇입니까?(복수 선택가능)
    ① 일본에 대해 좀 더 알고 싶어서
    ② 배운 일본어를 사용해 보고 싶어서
    ③ 흥미있었던 것을 직접 체험해 보고 싶어서
    ④ 가까운 나라이므로 쉽게 갈 수 있을 것 같아서
    ⑤ 친구를 만나고 싶어서
    ⑥ 일본어를 배우고 싶어서
    ⑦ 기타 (   )

8. 세계 공통어는 영어라고 말합니다. 영어를 할 수 있어도 일본어가 필요하다고 생각합니까?
    (1) 예   (2) 아니오   (3) 기타 (   )

9。 일본어를 공부하면 장래에 도움이 될 것이라 생각합니까?

　　(1) 예　　　(2) 아니오　　　(3) 기타 (　　　　　　　　　　　　　　)

(1)을 선택한 사람→구체적으로 어떤 점이 도움이 될 것이라 생각합니까?(복수 선택가능)

① 직업상

② 취직

③ 관광

④ 현재 일본 상황을 알기 위해

⑤ 일본인과의 커뮤니케이션

⑥ 전문기술·정보의 수용

⑦ 승진

⑧ 기타　(　　　　　　　　　　　　　)

10。 당신은 앞으로 어떤 외국어를 배우면 도움이 될 것이라 생각합니까? 도움이 될 것이라
　　 생각되는 순서대로 3가지를 쓰십시오.

　　((1)　　　　　　　　　(2)　　　　　　　　　(3)　　　　　　　　　)

[일본어 학습에 대해서]

1。당신은 일본어를 배운 적이 있습니까?
　a☐ 현재 배우고 있다.　　　→ A로
　b☐ 전에 배운 적이 있다.　　→ B로
　c☐ 한번도 배운 적이 없다.　→ C로

→A 1.에서 a를 선택한 사람에게 질문합니다. 왜 일본어를 배우고 있습니까? (복수 선택가능)
　　a ☐ 일본에 대해서 알고 싶어서
　　b ☐ 다른 외국어 보다 재미있을 것 같아서
　　c ☐ 쉬울 것 같아서
　　d ☐ 일본 · 일본인 · 일본문화에 흥미가 있어서
　　e ☐ 일본어가 지정되어 선택의 여지가 없어서
　　f ☐ 매스컴의 영향을 받아서
　　g ☐ 친구의 영향을 받아서
　　h ☐ 부모의 영향을 받아서
　　i ☐ 일본의 영화 · TV방송에 흥미가 있어서
　　j ☐ 일본의 만화 · 애니메이션에 흥미가 있어서
　　k ☐ 일본어 문헌자료를 읽기 위해서
　　l ☐ 일본에 가기 위해서
　　m ☐ 학점을 취득하기 위해서
　　n ☐ 취직을 위해서
　　o ☐ 유학을 가기 위해서
　　p ☐ 기타(　　　　　　　　　　　　　)

→B 1. 에서 b를 선택한 사람에게 질문합니다. 왜 일본어 공부를 그만두었습니까?
　　(복수 선택가능)
　　a ☐ 일본에 흥미가 없어져서
　　b ☐ 일본어가 재미없었기 때문에
　　c ☐ 일본어가 어려웠기 때문에
　　d ☐ 일본 · 일본문화가 시시했기 때문에
　　e ☐ 현재는 일본어를 이수할 필요가 없어서

f ☐ 매스컴의 영향을 받아서

g ☐ 친구의 영향을 받아서

h ☐ 부모의 영향을 받아서

I ☐ 일본어를 배워도 원하는 취직을 할 수 없기 때문에

j ☐ 장래, 일본어를 사용하여 일할 가능성이 적기 때문에

k ☐ 자신의 연구에서는 일본어 문헌자료를 읽을 필요가 없기 때문에

l ☐ 한국사회에 있어서 일본어는 이전만큼 중요한 언어가 아니기 때문에

m ☐ 이미 필요한 외국어 학점을 취득했기 때문에

n ☐ 일본 · 일본인이 싫어졌기 때문에

o ☐ 학점 취득에 실패했기 때문에

p ☐ 일본에 갈 필요가 없다.

q ☐ 기타(   )

→C 1.에서 c를 선택한 사람에게 질문합니다. 왜 일본어를 배우지 않습니까?(복수 선택가능)

a ☐ 일본에 흥미가 없기 때문에

b ☐ 일본어가 재미없을 것 같아서

c ☐ 일본어가 어려울 것 같아서

d ☐ 일본문화가 싫어서

e ☐ 자신의 학과에서는 일본어를 이수하지 않아도 되기 때문에

f ☐ 매스컴의 영향을 받아서

g ☐ 친구의 영향을 받아서

h ☐ 부모의 영향을 받아서

i ☐ 일본어를 배워도 희망하는 취직을 할 수 없기 때문에

j ☐ 장래, 일본어를 사용하여 일할 가능성이 적기 때문에

k ☐ 자신의 연구에서는 일본어 문헌자료를 읽을 필요가 없어서

l ☐ 한국사회에서 일본어는 중요한 언어가 아니기 때문에

m ☐ 다른 외국어를 배우고 싶어서

n ☐ 일본 · 일본인이 싫어서

o ☐ 일본의 만화 · 애니메이션에 흥미가 없어서

p ☐ 일본의 TV방송이 재미가 없어서

q ☐ 일본에 갈 필요가 없어서

r ☐ 기타 (   )

2. [현재 일본어를 공부하고 있지 않는 사람에게 질문합니다.]

당신이 현재 영어 이외에 배우고 있는 외국어는 무엇입니까? 만약 여러 가지인 경우, 가장 중점을 두고 배우고 있는 언어를 한가지만 선택해 주세요.

a□ 독일어   b□ 프랑스어   c□ 스페인어   d□ 러시아어

e□ 이탈리아어   f□ 아라비아어   g□ 중국어   h□ 기타 (   )

당신이 그 언어를 배우려고 하는 이유는 무엇 때문입니까? (복수 선택가능)

a □ 그 언어를 사용하는 나라에 흥미가 있어서

b □ 재미있을 것 같아서

c □ 쉬울 것 같아서

d □ 다양한 외국어 학습에 흥미가 있어서

e □ 자신의 학과에서는 그 외국어를 이수해야 하기 때문에

f □ 매스컴의 영향을 받아서

g □ 친구의 영향을 받아서

h □ 부모의 영향을 받아서

i □ 그 언어를 배우면 취직 할 때 유리하기 때문에

j □ 장래, 그 언어를 사용하여 일할 가능성이 높기 때문에

k □ 자신의 연구에서는 그 언어로 쓰여진 문헌자료를 읽어야 하기 때문에

l □ 한국사회에서 그 외국어는 중요한 언어이기 때문에

m □ 지금은 별로 중요하지 않지만, 앞으로는 중요한 언어가 될 것이기 때문에

n □ 그 나라의 문화에 흥미가 있어서

o □ 그 나라의 제품이 좋아서

p □ 그 나라에 가기 위해

q □ 특별한 이유없이

r □ 기타

현재 일본어를 공부하고 있지 않은 사람은 여기까지입니다.

이제부터의 질문에는 **현재** 일본어를 학습하고 있는 사람만 대답해 주세요.

3。 일본어를 배우면서 일본어에 대한 이미지가 바뀌었습니까? (예 ·아니오)

4。 영어와 비교하여 일본어는 어떠한 언어라고 생각합니까?
   (1) 영어보다 어렵다.
   (2) 영어와 비교해서 별로 다를 것이 없다. 어렵지도 쉽지도 않다.
   (3) 영어보다 쉽다.

5。 현재, 자신의 일본어 능력은 어느 정도라고 생각합니까? 또 앞으로 일본어를 어느 정도 할
   수 있으면 만족합니까? (□ 속에 알파벳을 기입해 주세요)
      현재 수준□   장래 희망□
   。 일본어 회화에 대해서
      a. 잘 할 수 있다.(전문적인 토론이 가능)
      b. 할 수 있다.(일본에서 혼자서 여행이 가능)
      c. 조금 할 수 있다.(일본어로 쇼핑이 가능)
      d. 거의 할 수 없다.

   。 일본어 듣기에 대해서
      현재 수준□   장래 희망□
      a. 잘 할 수 있다.
         (TV를 보거나, 라디오를 들을 때, 내용을 충분히 이해할 수 있는 정도)
      b. 할 수 있다. (TV드라마에서 말하는 내용을 대부분 이해한다)
      c. 조금 할 수 있다. (TV드라마의 내용을 조금 이해할 수 있다)
      d. 거의 할 수 없다.

   。 일본어 독해에 대해서
      현재 수준□   장래 희망□
      a. 잘 할 수 있다. (사전을 찾지 않고 소설을 읽을 수 있다)
      b. 할 수 있다. (사전을 찾지 않고 신문을 읽을 수 있다)
      c. 조금 할 수 있다. (사전을 찾으면서 신문을 읽을 수 있다)
      d. 거의 할 수 없다.

。 일본어 작문에 대해서
　현재 수준□　　　　장래 희망□
　a. 잘 할 수 있다. (레포트를 쓸 수 있다)
　b. 할 수 있다. (메일을 쓸 수 있다)
　c. 조금 할 수 있다. (간단한 메모를 쓸 수 있다)
　d. 거의 할 수 없다.

6。 일본어에서 어렵다고 생각하는 것은 다음 중 어느 것입니까? (복수 선택가능)
　a. 회화　　　b. 청해　　　c. 독해　　　d. 작문　　　e. 기타 (　　　　)

7。 일본어를 배울 때 어려운 것은 무엇입니까? (복수 선택가능)
　a. 한자　　　　　b. 발음·엑센트　　　　c. 히라가나·가타카나　　　　　d. 단어
　e. 조동사　　　f. 시제　　　g. 조사　　　h. 외래어　　　i. 동사 활용　　　j. 경어
　k. 수수동사　　　l. 일본어다운 표현　　　m. 수동태　　　　　　n. 인포멀한 회화
　o. 기타 (　　　　　　　　)

8。 일본어에서 쉽다고 생각하는 것은 어느 것입니까?
　a. 회화　　　　b. 청해　　　c. 독해　　　　d. 작문

9。 일본어를 배울 때 쉬웠던 것은 무엇입니까? (복수 선택가능)
　a. 한자　　　　　b. 발음·엑센트　　　　c. 히라가나·가타카나　　　　　d. 단어
　e. 조동사　　　f. 시제　　　g. 조사　　　h. 외래어　　　i. 동사활용　　　j. 경어
　k. 수수동사　　　l. 일본어다운 표현　　　m. 수동태　　　　　　n. 인포멀한 회화
　o. 기타 (　　　　　　　　)

10。 일본어를 학습 할 때 구체적으로 어떤 방법으로 학습하고 있습니까?
　a. 일본어 교재 암기　　　　　b. 수업 중시　　　　　c. 수업 예습, 복습
　d. 일본서적 ·신문 읽기　　　e. 카세트 테이프 듣기　　　f. 비디오 테이프 보기
　g. 라디오 듣기　　h. TV 보기　　　　i. 일본인과의 회화　　　j. TV게임
　k. 만화 읽기　　　l. 일본 노래 부르기　　m. 어학원　　　　　n. 일본 여행
　o. 일본어 펜팔　　p. 인터넷　　　　　q. 기타 (　　　　　　　　)

11。 지금까지 해 본 일본어 학습 방법 중에서 도움이 되었던 방법은 무엇입니까?
(a~q중에서 3개를 선택해 주십시오.)

(1.   2.   3.   )

12。 일본어 수업에 원하는 내용(수업에서 배우고 싶은 내용)이나 방법은 무엇입니까?
(3가지를 선택하시오.)

(내용)

a. 회화   b. 청해   c. 작문   d. 독해   e. 문법   f. 번역

g. 발음   h. 기타 (   )

(방법)

。 일본인 선생님에게 배운다면 어떤 식으로 배우고 싶습니까? 원하는 방법은 어떤 것입니까? (5개를 선택하시오.)

a. 퀴즈나 게임 등을 자주 하였으면 한다.

b. 노래를 배우고 싶다.

c. 만화나 그림 등을 사용하였으면 한다.

d. 비디오를 이용한 수업

e. 일본어만으로 수업을 받고 싶다.

f. 교과서에 충실한 수업이었으면 한다.

g. 모어로 번역을 많이 했으면 한다.

h. 문법을 확실하게 배우고 싶다.

I. 회화 중심으로 수업을 받고 싶다.

j. 문장체 중심의 수업을 받고 싶다.

k. 작문을 할 수 있게 되었으면 한다.

l. 문형연습을 많이 했으면 한다.

m. 독해중심의 수업을 했으면 한다.

n. 청해중심의 수업을 했으면 한다.

o. 일본의 생활 · 문화를 배우고 싶다.

p. 일본의 사회에 대해 배우고 싶다.

q. 일본의 정치 · 경제를 배우고 싶다.

r. 일본인과 커뮤니케이션을 할 수 있게 되었으면 한다.

s. 기타 (   )

◦ 한국인 선생님에게 바라는 방법은 어떤 것입니까? (5개를 선택해 주세요.)

a. 퀴즈나 게임 등을 자주 하였으면 한다.

b. 노래를 배우고 싶다.

c. 만화나 그림 등을 사용하였으면 한다.

d. 비디오를 이용한 수업

e. 일본어만으로 수업을 받고 싶다.

f. 교과서에 충실한 수업이었으면 한다.

g. 모어로 번역을 많이 했으면 한다.

h. 문법을 확실하게 배우고 싶다.

I. 회화 중심으로 수업을 받고 싶다.

j. 문장체 중심의 수업을 받고 싶다.

k. 작문을 할 수 있게 되었으면 한다.

l. 문형연습을 많이 했으면 한다.

m. 독해중심의 수업을 했으면 한다.

n. 청해중심의 수업을 했으면 한다.

o. 일본의 생활 · 문화를 배우고 싶다.

p. 일본의 사회에 대해 배우고 싶다.

q. 일본의 정치 · 경제를 배우고 싶다.

r. 일본인과 커뮤니케이션을 할 수 있게 되었으면 한다.

s. 기타 (   )

13。 집에서 일본어를 학습 할 때, 중점을 두고 학습하는 부분은 어느 것입니까?

(2개를 선택하시오.)

a. 회화   b. 청해   c. 한자   d. 발음   e. 단어   f. 작문

g. 독해   h. 문법   i. 기타(   )

14。 일본어를 학습할 때 현재 학습환경에 문제가 있다고 생각 한다면 어떤 점들이 있습니까?

(복수 선택가능)

a. 일본어 신문이 없다.   b. 일본어 관련 카세트 테이프가 적다.

c. 한 반에 학생수가 많다.   d. 일본어 교재의 종류가 적다.

e. 일본인 선생님이 적다.   f. 수업시간이 부족하다.

g. 수업시간 이외에는 쓸 기회가 없다.   h. 기타 (   )

15。 대학을 졸업한 후 일본어를 사용하여 하고 싶은 일은 무엇입니까?

    a. 대학원 진학   b. 유학   c. 번역가   d. 통역

    e. 관광 여행   f. 직업상 일본어를 필요로 하는 회사에 취직

    g. 입사시험에 일본어가 필요한 회사에 취직   h. 오락(게임)

    i. 정보 수집   j. 특별히 없음   k. 기타 (   )

설문에 응해주셔서 대단히 감사합니다.

색인

(ㄱ)

감쇠 상황 ·································· 66
강독 ······································· 18
개발 ···························· 25, 159, 286
견실성 요인 ····························· 69
결과 ······································· 91
경연성(硬軟性) 요인 ··············· 72
경제언어학 ······························ 264
경향 ······································· 130
고등교육 ································· 246
고등교육기관 ······ 150, 260, 269, 273
고등학교 ···························· 89, 265
고유치 ···································· 66
관심 ····························· 20, 26, 104
교과서 ···································· 258
교사 수 ······················· 243, 245
교사부족 ································· 157
교사양성 프로그램 ···················· 158
교수법 ············· 259, 260, 261, 310
교양 ······························· 278, 279
교양언어 ································· 278
교양일본어 ········· 299, 307, 334, 346
교양일본어 이수자 ···················· 353
교원 ······································ 18

교원 면허제도 ························· 158
교육 ······························· 304, 305
교육 내용 ································· 196
교육 방법 ································· 26
교육 방법·내용 ························· 24
교육 상황 ································· 61
교육개혁 ································· 152
교육방책 ································· 286
교육실습기간 ··························· 158
교육재생회의 ··························· 273
교재 ·············· 25, 27, 158, 241, 259,
                    260, 261, 310
교재 개편 ································· 286
교재개발 ·························· 159, 286
국제공통어 ······························ 275
국제교류기금 ··························· 264
국제어 ···································· 160
국제화 ···································· 278
그늘 ······································· 277
그리스어 ································· 278
긍정적 ······························· 60, 86
긍정적 이미지 ························· 308
긍정적인 감정 ··························· 90
긍정적인 이미지 ················ 78, 79, 85
기관 수 ······················· 243, 245

기억 전략 ···············93, 105
기업 ···············269

(ㄴ)

나라 ···············39
난이도 ···············100, 322
내재적 동기 ···············91
내적일관성 ···············66
네이티브 스피커 ···············104, 113
누적 설명량 ···············69
뉴질랜드 ···············271, 273
뉴커머(newcomer) ···············270

(ㄷ)

단기대학 ···············15, 17
달성도 ···············90
대1일어 ···············156
대만 ·······29, 117, 118, 145, 183, 249,
261, 313, 315, 316, 318, 322, 332
대만 학생 ···············330, 343
대만어 ···············167
대만조사 ···············120, 126, 314
대중문화 ···············21, 40, 305, 343
대중문화 개방 ···············266
대학교 ···············252
대학생 ···········21, 29, 250, 309, 316
도구적 동기부여 ···············103
도구적 이유 ···············155
도달 목표 ···············205, 322
도달 목표 레벨 ···············343
도달 수준 ···············205

독일 ···············273
독일어 ···············17, 92, 93, 265
독자성 요인 ···············72
독학 ···············210
독해 ···············43, 330, 342
동기 ···············39, 59, 91, 117
동기 모델 ···············91
동기분류 ···············103
동형동의(同形同義) ···············202

(ㄹ)

라틴어 ···············278
러시아어 ···············93, 266

(ㅁ)

만족감 ···············91
만화 ···············266
맞춤법 ···············25, 26
메타 인지 전략 ···············93, 108
모어 ···19, 24, 93, 94, 159, 319, 320,
322, 343
모어화자 ···············23, 113
목표 ···············113
목표 레벨 ···············324, 326, 328, 330
목표언어 93, 106, 320, 322, 345, 368
문법 ···············18, 343
문법체계 ···············319
문제 ···············25, 146
문제점 ···········13, 19, 21, 157, 241
문화 ·······39, 102, 257, 258, 260, 261
물적 접촉 ···············273

미국 ······························271
미디어 ···························266

(ㅂ)

방문경험 ·····················308, 309
방송대학 ·························14
배경 ·····························117
변화 ······················59, 62, 76, 85
보도 ·····························33
보상 전략 ·····················93, 107
보습반 ···························150
본 조사 ···························292
부정적인 감정 ·····················90
북경 ·····························263
분석 ·····························181
분석방법 ·······················65, 75
비경험자 ·························345
비일본어학과 ·······················157
비학습자 ··35, 38, 82, 120, 334, 362,
                                368

(ㅅ)

사람 ·····························39
사회관계적 전략 ·····················110
사회인 ·······················268, 269
사회적 전략 ·························93
상급교재 ···························25
서브 컬처 ···123, 124, 128, 131, 146,
                              155
선진국성 요인 ·························67
선택 과목 ·····················17, 126

선택 필수 ·····················17, 30
선택 필수 과목 ·····················121
선택지 ···························369
선호 ·····························91
선호도 ·······89, 91, 94, 96, 101, 104
선호도 조사 ·························89
성적 ·····························259
세련성 요인 ·························71
소극적인 동기 ·························159
소극적인 이유 ·························156
수업 ·····························63
수험제도 ···························154
쉽다 ·····························202
스페인어 ·················30, 92, 93, 265
습득 ·····························65
시간강사 ···························19
시장가치 ···························275
시청각교재 ·························159
신념 조사 ···························90
실용 ·························278, 279
실용언어 ···························278
실천적인 외국어능력 ·····················18

(ㅇ)

앙케트 조사 ·······29, 119, 132, 195,
                      314, 342, 345
애국심 요인 ·························67
애니메이션 ·······················266, 310
어학 교육 ···························24
어학실력 ···························260
언어 ·······················260, 310, 321
언어 학습 ·························29, 32

언어 학습 경험 ·····················29
언어교육 ··························275
언어습관 ··························257
언어의 경제력 ·····················282
언어의식 ··················275, 277, 278
언어정책 ··························252
언어학습 동기 ·····················91
언어학습자 ·························91
언어행동 ·················258, 260, 261
역채점 문항 ·······················96
연수회 ····························24
영국 ·······················271, 273
영어 ······93, 160, 203, 251, 277, 321
영향 ············123, 163, 250, 264, 304,
                              310, 322
영향 관계 ·························170
영향도 ····························33
예비조사 ·······················64, 292
오스트레일리아 ··········264, 271, 273
온정심성 요인 ·····················69
외국어 ····················15, 61, 126
외국어 수업 ·······················24
외국어교육 ·················19, 281, 289
외국어능력 ·························19
외국어습득 ························281
외국어학습 ········90, 91, 92, 99, 125
외국어학습 태도 ····················93
외국어학습자 ·······················93
외래어 ····························204
외재적 동기 ·······················91
요인 ············69, 76, 163, 250, 304,
                              310, 342
요인 부하량 ·····················66, 71

요인 상관 ·························66
요인분석 ·····················66, 69, 71
요인분석 부하량 ···················66
우호적인 관계 ·····················86
위상 ············264, 274, 277, 285, 286
유사성 ··················259, 261, 266
유사점 ···························319
유학 처 ··························279
유학생 ·······················272, 273
유효성 요인 ·······················71
유효응답 수 ·······················171
음독 ····························321
의식 실태 ·························61
이공계 학생 ·······················334
이공계 학습경험자 ··················353
이공계의 비학습자 ··················353
이문화 커뮤니케이션 ···············61
이미지 ······31, 59, 62, 81, 188, 189,
292, 294, 300, 303, 307, 309, 310, 314
이미지 변화 ··············60, 74, 75, 82
이미지 변화 조사 ················59, 63
이미지 변화 질문지 ···················64
이미지 조사 ············60, 63, 65, 313
이미지 형성 ········29, 32, 121, 123,
        128, 163, 165, 169, 173, 291,
               292, 304, 335, 342, 343
이탈리아어 ·························93
인적 교류 ·························270
인적 네트워크 ·····················270
인적교류 ·····················145, 270
인지 ····························100
인지 전략 ·····················93, 105
인터넷 ···························210

일반인 …………………………21

일본 ………29, 86, 89, 163, 164, 175, 196, 200, 273, 291, 304, 309, 314, 332

일본 사회 ……………………126

일본 이미지 …………………123

일본문화 ……163, 164, 196, 200, 257, 266, 274, 279

일본어 …………29, 93, 154, 163, 163, 168, 175, 188, 252, 266, 277, 278, 279, 285, 290, 291, 307, 308, 309, 310, 314, 319, 331, 338

일본어 관련 학과 …………………346

일본어 관련학과 ·307, 334, 349, 353

일본어 교육과정 …………………290

일본어 교육기관 ……………151, 195

일본어 교재 …………………258

일본어 능력 …………………326

일본어 비관론 …………………267

일본어 비학습자 …………………349

일본어 실력 …………………260

일본어 학습 ………146, 165, 196, 292, 299, 300, 313, 314, 330, 343

일본어 학습 경험 ……………177, 349

일본어 학습 대국 …………………265

일본어 학습 비관론 …………………269

일본어 학습 의욕 …………………287

일본어 학습자 ···151, 241, 291, 315, 317, 318, 334, 342

일본어 학습자 수 ……149, 241, 249

일본어교사 ………158, 164, 175, 178

일본어교사 양성 …………………158

일본어교육 ………146, 157, 164, 175, 178, 181, 200, 241, 258, 260, 268, 270, 285, 286, 287, 289, 291, 313

일본어교육 기관 …………………264

일본어능력 …………………166, 323

일본어조사 …………………123

일본어학 …………………160, 199

일본어학과 ………151, 154, 167, 170, 180, 267

일본어학원 …………………268

일본인 ………29, 175, 196, 200, 274, 296, 300, 303, 309

일본인 교사 …………………176

일본인 유학생 …………………305

일본인교사 …………………177, 180

일본조사 ………36, 40, 117, 120

(ㅈ)

자유 선택과목 …………………30

자유재량 …………………152

자택 학습 …………………210

작문 …………………43, 330, 342

장래성 ……38, 41, 45, 125, 129, 330

재일한국인 …………………305

전공 …………………297

전공분야 …………………307, 333, 334

전기조사 …………………77, 79, 81, 85

전략 …………………91

전임 교원 …………………19

전임 교원 수 …………………22

절차 …………………96

정보의 도수(導水) …………………286

정서적 요인 …………………90

정의 전략 …………………93

제1외국어 ·················147, 159, 160
제2외국어 ········62, 63, 89, 118, 158,
249, 252, 266, 278
제2외국어 과목 ·····················266
제2외국어 교육 ·····················161
제2외국어 학습자 ···················252
제2외국어교육 ·················157, 269
조사 ·······················301, 314
조사 결과 ······29, 76, 211, 295, 319,
322, 326, 347
조사 대상 ··························63
조사 방법 ·····················75, 347
조사 절차 ··························64
조사 참가자 ·················63, 64, 74
조사 항목 ·····················196, 368
조사기간 ··························96
조사표 ···················292, 315, 346
종합적 이유 ························155
주요인법 ··························66
주장성 요인 ·························69
중국 ·····249, 258, 261, 263, 264, 269
중국 학습자 ························343
중국문화 ··························274
중국어 ··········17, 93, 167, 251, 264,
266, 277, 278, 279, 281, 285, 320
중국어학과 ·························267
중국어학원 ·························268
중국인 ····························274
중급교재 ···························25
중등교육 ··························252
중등교육기관 ·······················151
지도목표 ··························290
지역학 ····························286

질문지 ·························63, 75
질문지 조사 ·························61

(ㅊ)

참가자 ····························93
청해 ·····················43, 330, 342
초·중등교육기관 ·····················269
초급한국어 학습자 ···················60
초등·중등교육 ······················246
충성성 요인 ·························67
취직 ·····························278
친근감 ·························62, 86
친근성 요인 ·························72

(ㅋ)

캐나다 ·························271, 273
커리큘럼 ···········74, 146, 152, 286
커뮤니커티브·어프로치 ·····259, 261
커뮤니케이션 ········18, 42, 130, 255,
261, 286, 343
코리아타운 ·························270
크로스 분석 ·····················177, 181
크롬바 α ··························66

(ㅌ)

태국어 ····························93
태도변화 ···························61
터키어 ····························93
통계적 유의차이 ·····················98
통계적으로 유의한 차이 ··············99

통합적 동기 ······························91
통합적 동기부여 ···············103, 113

(ㅍ)

페이스 시트 ···············165, 166, 292
편차 ····································76
평균(M) ········65, 69, 75, 76, 77, 97
평균치 ··································66
평정 척도 ·························92, 95
표적언어 ·······························94
표준 ···································75
표준어 ·····························25, 26
표준편차(SD) ···············65, 76, 97
프랑스 ·······························273
프랑스어 ····17, 30, 92, 93, 265, 266
프로 맥스 회전 ·······················66
필수과목 ·17, 89, 198, 199, 257, 261

(ㅎ)

하리 ···································146
하리 족 ································145
학과학습자 ····························127
학교 교육 ·····························246
학부제 ·································259
학생 ···································353
학습 ·······························309, 310
학습 경험 ·····34, 59, 60, 79, 82, 85,
                              86, 169
학습 경험자 ······30, 35, 38, 82, 260,
                              345, 368
학습 기간 ···········62, 292, 301, 303,

308, 310
학습 동기 ··38, 45, 90, 92, 125, 126,
     128, 146, 154, 166, 196, 199, 200,
     255, 313, 315, 316, 317, 342
학습 목적 ···········241, 254, 256, 260
학습 방법 ············62, 202, 208, 313
학습 시기 ·························292, 310
학습 신념 ·············89, 91, 95, 112
학습 언어 ···············124, 131, 208
학습 전략 ··89, 93, 94, 95, 104, 112
학습 전략 조사 ·······················90
학습 태도 ·····························93
학습 형태 ····························127
학습의욕 ······26, 290, 291, 310, 310
학습자 ········13, 62, 65, 77, 81, 120,
                    250, 251, 252, 258, 313
학습자 수 ···········13, 14, 196, 243,
                              246, 260
학습태도 ·····························290
학습효과 ·························291, 310
한국 ·······13, 29, 59, 62, 75, 85, 86,
     249, 261, 264, 309, 313, 315, 316, 318,
                              332
한국 드라마 ···························61
한국 문화 ·························104, 131
한국 선호가 요인 ······················66
한국 이미지 ··························123
한국 학생 ····························343
한국 학습자 ···············322, 329, 343
한국문화 ·······························39
한국어 ·········23, 29, 59, 62, 72, 75,
                    85, 89, 93, 319
한국어 모어화 ··························24

한국어 수업 ·············17
한국어 학습 ··········29, 79, 82, 96,
104, 112, 117, 345
한국어 학습 동기 ···········131
한국어 학습자 ········13, 59, 60, 62,
65, 85, 130, 362, 368
한국어 호평가 요인 ·········71
한국어교사 ·············24
한국어교육 ········13, 14, 19, 21, 22,
24, 27, 118, 287
한국어교육 전문가 ···········23
한국어교육의 문제점 ··········22
한국어능력 ·············130
한국어조사 ·············122
한국어학과 ···········122, 130
한국인 ···29, 59, 62, 75, 82, 85, 131
한국인 선호가 요인 ·········69
한국인 커뮤니티 ···········270
한국조사 ·············36
한류 드라마 ·············62
한류 붐 ···········13, 124
한문 ·············278
한일관계 ·········263, 287, 310
한자어 ·············202
행동 ·············91

호감 ·············181
호감도 학습 신념 ·········89
호전 ·············61
확고한 목적의식 ··········290
활발성 요인 ·············67
회화 ···········18, 43, 330, 342
회화능력 ·············207
후기조사 ···········77, 86
훈독 ·············321

(기타)

2009년 개정 교육 과정 ········252
5단계 ·············369
5점 척도 법 ·········64, 65, 95
7점 척도 법 ·············64
BALLI ·········92, 94, 95
CAI교재 ·············159
H그룹 ·············97
L그룹 ···········97, 102
SD법 ···········65, 75
SILL ···········93, 94
t검정 ·············97
α계수 ·············72

初出論文目録

제Ⅰ부 일본과 대만에 있어서 한국어교육과 이미지 형성

제1장 출처없음

제2장 生越直樹(2006) 「韓国に対するイメージ形成と韓国語学習」(『言語・情報・テクスト』13호 東京大学大学院総合文化研究科言語情報科学専攻)에 가필 수정을 가했다.

제3장 齊藤良子(2011) 「日本人韓国語学習者の韓国、韓国人、韓国語に対するイメージとその変化」(『日本言語文化』第20輯 韓国日本言語文化学会)에 가필 수정을 가했다.

제4장 齊藤良子(2009) 「日本人韓国語学習者の韓国語学習に対する好意度が学習ビリーフと学習ストラテジーに与える影響について」(『동북아문화연구(東北ア文化研究)』第18輯 동북아시아문화학회(東北アジア文化学会))에 가필 수정을 가했다.

제5장 生越直樹(2010) 「한국에 대한 이미지 형성과 한국어 학습 -대만/일본 조사 결과 비교-」(『第19回中韓文化関係国際学術会議 論文集』中華民国韓国研究学会·国立政治大学韓国語文学系 台湾 台北(원문은 한국어))을 일본어로 번역하고 가필 수정을 가했다.

제Ⅱ부 대만에 있어서 일본어교육과 이미지 형성

제1장 篠原信行(2003) 「台湾の日本語教育事情」(『日本研究』第18輯 中央大学校日本研究所)에 가필 수정을 가했다.

제2장 篠原信行(2004) 「台湾の日本語学習者は日本語学習をどのように捉えているか」(『日本言語文芸研究』第5号 台湾日本語言文藝研究学会)에 가필 수정을 가했다.

제3장 篠原信行(2003) 「台湾の大学生の日本と日本語に関する意識とそのイメージ形成に影響を与える要因について」(『日本言語文芸研究』第4号 台湾日本語言文藝研究学会, 의表(中国語))을 일본어로 번역하고 가필 수정을 가했다.

제Ⅲ부 한국에 있어서 일본어교육과 이미지 형성

제1장 齊藤明美(2011)「韓国における日本語教育に関する一考察―学習者数の推移、学習目的、教材、問題点について―」(『인문학연구』第17輯 한림대학교 인문학연구소)에 가필 수정을 가했다.

제2장 任栄哲(2007)「韓国における日本語の位相―中国語との比較を中心として―」(『日本言語文化』第11輯 韓国日本言語文化学会)에 가필 수정을 가했다.

제3장 齊藤明美(2004)「韓国の大学生の日本、日本人、日本語に対する意識とイメージ形成に影響を与える要因について」(『日本語文学』第21輯 韓国日本語文学会)을 일부 수정했다.

제4장 齊藤明美(2006)「韓国と台湾における日本語学習の現状と日本に対するイメージについて」(『日本語教育研究』第11輯 韓国日語教育学会)에 가필 수정을 가했다.

제5장 齊藤明美(2007)「言語学習と言語に対するイメージについて―日本語学習と韓国語学習の場合を中心として―」(『日本語文学』第35輯 韓国日本語文学会)에 가필 수정을 가했다.

집필자소개 (* 은 편자)

齊藤明美 * (사이토 아케미)
　소속 : 한림대학교 일본학과 교수(한국)
　집필 : 제Ⅲ부 1장, 3장, 4장, 5장

生越直樹(오고시 나오키)
　소속 : 동경대학 대학원 종합문화연구과 교수(일본)
　집필 : 제Ⅰ부 1장, 2장, 5장

篠原信行(시노하라 노부유키)
　소속 : 대만 외교부 외교학원 일어강사(대만)
　집필 : 제Ⅱ부 1장, 2장, 3장

任栄哲(임영철)
　소속 : 중앙대학교 아시아문화학부 일본어문학전공 교수(한국)
　집필 : 제Ⅲ부 2장

齊藤良子(사이토 료코)
　소속 : 동경대학 EALAI 특임강사(일본)
　집필 : 제Ⅰ부 3장, 4장

한국, 일본, 대만의 언어 학습과 이미지 형성 연구
- 한국어 학습자와 일본어 학습자를 중심으로 -

초판인쇄 2014년 08월 29일
초판발행 2014년 09월 05일

편 저 자 齊藤明美
공동저자 生越直樹 篠原信行 任栄哲 齊藤良子
발 행 인 윤석현
발 행 처 제이앤씨
등록번호 제7-220호
책임편집 최인노 · 김선은

우편주소 132-702 서울시 도봉구 창동 624-1 북한산현대홈시티 102-1106
대표전화 (02) 992-3253(대)
전   송 (02) 991-1285
홈페이지 www.jncbms.co.kr
전자우편 jncbook@hanmail.net

ISBN 978-89-5668-405-5 93730
정가 29,000원